옮긴이
정지영

바른번역 소속 번역가. 고려대학교 영어영문학과를 졸업하고, 글밥 아카데미를 수료했다. 오랫동안 사회운동 단체에서 활동하며 정치적·사회적 이슈를 분석하고 노동, 여성 등의 문제를 다뤘다. 인간과 지구가 모두 평화롭게 공존할 수 있는 세상을 지향하며, 더 나은 사회를 만드는 데 기여하는 양서를 번역하고자 한다. 옮긴 책으로는 『코번트가든의 여자들』이 있다.

해제
김만권

정치철학자. 현재 경희대학교 학술연구교수이자 국가인권위원회 사회권전문위원회의 전문위원으로 있으며, 사회권 보장을 위한 입법과제 위원회 자문위원으로 활동하고 있다.
지은 책으로는 『외로움의 습격』『새로운 가난이 온다』『호모 저스티스』『불평등의 패러독스』『자유주의에 관한 짧은 에세이들』『참여의 희망』 등이 있고, 옮긴 책으로는 『자유론』『민주주의는 거리에 있다』 등이 있다.

독재자는
어떻게
몰락하는가

HOW TYRANTS FALL

Copyright © Marcel Dirsus 2024
All rights reserved.

Korean translation copyright © 2025 by Book21 Publishing Group
Korean translation rights arranged with John Murray Press
through EYA Co., Ltd.

이 책의 한국어판 저작권은 EYA Co., Ltd.를 통해
John Murray Press와 독점계약한 ㈜북이십일에 있습니다.
저작권법에 의해 한국 내에서 보호를 받는 저작물이므로
무단 전재 및 복제를 금합니다.

독재자는 어떻게 몰락하는가

국가는 어떻게 살아남는가

HOW TYRANTS FALL

마르첼 디르주스
정지영 옮김
김만권 해제

MARCEL DIRSUS

arte

아넬리제에게

차례

해제   꿈틀대는 독재의 망령에 맞서는 방법   9
서문   황금 권총의 역설   16

1장
독재자의 트레드밀   41

2장
내부의 적   77

3장
군사집단 약화하기   115

4장
반군, 총, 돈   155

5장
외국의 적과 국내의 적   187

6장
총을 쏘면 패한다   **217**

7장
다른 선택지는 없다   **253**

8장
말이 씨가 된다   **285**

9장
독재자를 무너뜨리는 방법   **319**

감사의 말   358
주   361
찾아보기   400

일러두기

- 국립국어원의 한글맞춤법과 외래어표기법을 따르되, 일부는 현실발음과 관용을 고려하여 표기했다.
- 책은 겹낫표(『 』), 정기간행물은 겹화살표(《 》), 연구물·보고서·논문 등 짧은 글은 홑낫표(「 」), 영화·미술작품·음악 등은 홑화살표로(〈 〉) 묶었다.
- 옮긴이 주 중에서 간략한 설명을 덧붙인 경우 해당 용어 다음에 사선대괄호(〔 〕)로 묶어 부가했고, 해설이 필요한 경우 각주 †로 두어 설명했다.
- 각주 중에서 원주는 *로 표시했다.
- 원문에서 이탤릭으로 강조한 부분은 볼드로 표시했다.

해제

꿈틀대는 독재의 망령에 맞서는 방법

김만권(정치철학자)

    2024년 12월 3일 이전, 대한민국에 사는 우리 대다수는 민주주의를 당연하게 여겼다. 2024년 9월, 당시 야당이던 더불어민주당에서 윤석열 정부가 비상계엄을 기획하고 있다고 경고했을 때도 마찬가지였다. 이제 우리 사회에서 독재의 시대는 끝났으며, 아무리 정치세력이 서로를 적대하고 있다 해도 독재 정권이 들어서는 일은 없으리라고 서로 확신했다. 한마디로, 민주주의가 정착된 이 땅에서 비상계엄이라는 무리한 시도를 할 지도자나 정치세력은 없다고 여겼다. 하지만, 12·3 비상계엄 선포는 이런 낙관을 완전히 뒤집어 놓았다.
    『독재자는 어떻게 몰락하는가』에서 마르첼 디르주스는 이렇게 말한다. "민주주의는 역사가 짧고 독재는 오래되었다." 그렇다. 디르주스가 정확히 짚어 냈듯이, 오랜 정치의 역사에서 더 일반적인 것은 민주주의가 아니라 독재였다. 역사적으로 보면, 민주주의의 시대가 예외나 다름없다. "잔인하고 억압적인 정부는 예외가 아니라 표준이었다." 우리 역사만 봐도 그렇다. 보수세력이 떠받드는 두 지도자, 이승만과 박정희는 모두 독재자였다.

이런 측면에서 정치에 관심이 있는 이라면 독재가 어떻게 성립하고, 유지되며, 몰락하는지에 대한 이해는 필수적이다. 특히 우리나라처럼 공화국이 성립한 이후 40여 년 동안 독재가 만연했던 역사를 지닌 나라라면, 더하여 일부 정치세력이 그 독재의 기억에 자기 정체성의 뿌리를 두고 있다면 더욱 그렇다. 하지만 우리는 마치 이 공화국이 처음부터 민주국가였던 듯, 독재라는 지배 방식에 그다지 관심을 두지 않았다.

늦은 밤 선포된 12·3 비상계엄 이후 많은 사람들의 태도에서도 이런 경향이 드러난다. "자고 일어나니 비상계엄은 끝나 있더라. 큰일 아니다." "계몽령이라고 하지 않느냐. 오죽하면 대통령이 비상계엄을 선포했겠는가?" "비상계엄은 대통령의 고유 권한이니 아무 문제 없다." 이런 이유로 비상계엄을 선포한 대통령에 대한 탄핵을 반대하는 이가 2025년 3월에는 37퍼센트(한국갤럽조사연구소 2023년 3월 11일~13일, 전국 유권자 1001명 대상)에 이르렀다.

헌법재판소가 탄핵 결정문에서 비상계엄이 위헌이고 불법이며, 대한민국은 계엄으로 질서를 유지할 필요가 없는 국가라고 명백히 밝힌 이후에도 여전히 이런 태도를 유지하는 이들이 존재한다. 심지어 현 대한민국 정당정치의 한 축을 이루며, 100여 석을 차지한 야당에서도 계엄을 옹호하고 탄핵에 반대하는 세력이 계속 권력을 잡은 채 당내에서 강력한 영향력을 발휘하고 있다. 사실상 민주정치에서 보수와 진보의 대결 구도는 더 이상 유효하지 않으며, 민주 대 반민주 세력의 대결이 오히려 더 중요해진 듯하다.

그렇다면 어떻게 정당정치 내에서 반민주 세력이 대놓고 활동할 수 있게 된 것일까? 민주주의에 대한 이해가 부족하기 때문일까? 돌아보면, 12·3 비상계엄 선포 이전에 있었던 여러 가지 경고음에도 그런 일은 없으리라고 대다수가 낙관했던 것은 이 땅에 뿌리내린 민주주의, 특히 우리가 거리에서 함께 만들어 온 민주주의에 대한 믿음 때문이었다. 하지만 계엄 이후에 우리가 새삼 깨닫게 된 사실 하나는 '상황에 따라서는 독재정권이 집권해도 괜찮다'라는 믿음이 생각보다 넓게 퍼져 있다는 사실이다. 예를 들어, 2025년 5월 한겨레·한국정당학회의 의뢰로 STI(여론조사 업체)가 실시한 '2025~26 유권자 패널 조사'(전국 유권자 2775명 대상)에서 국민의 13.9퍼센트는 '상황에 따라서 독재가 민주주의보다 낫다'라고 답했으며, 3.9퍼센트는 '나 같은 사람에게는 민주주의든 독재든 상관없다'라고 응답했다.

이런 맥락에서 우리가 주목해야 하는 것은 '독재정권이 집권해도 괜찮다'라는 발상이 어떻게 지금도 지속되는가이다. 여기서 생각해 볼 수 있는 그 이유는 우리가 "오히려 '독재'가 무엇이고, 어떻게 작동하며, 어떤 영향을 미치는지에 대해 제대로 이해하지 못하고 있기 때문은 아닐까?"이다.

이런 점에서 독재의 본질을 깊이 있게 다룬 마르첼 디르주스의 『독재자는 어떻게 몰락하는가』는 매우 유익한 지침서이다. 디르주스에 따르면, "독재자가 된다는 것은 결코 내려설 수 없는 트레드밀에 갇히는 것과 같다". 간단히 말해, 독재는 한번 시작되면 독재자 스스로 그만둘 수 없는 통치 방식이다. "독재자의 세계에서 권력을 유지하려는 노력은 대체로 끝이 좋지 않지만 스스로 권력을 포기하는 일은 훨씬 더 위험"하기 때문이다. 무엇보다 독재는 억압과 폭력이라는 통치 방식에 기초해 있기에 권력에서 물러나는 순간 독재자 자신이 위험에 처하게 된다. 실제로 "독재자 중 69퍼센트가 감옥에 가거나 해외로 추방되거나 죽음을 당했다".

이는 우리 역사만 보아도 쉽게 이해할 수 있다. 이승만은 재선 및 사실상 영구 집권을 위해 발췌개헌, 사사오입개헌을 시도했다. 대통령직을 이어 가기 위해 시도한 발췌개헌 와중에 백골단과 같은 폭력 조직을 동원했고, 국회해산과 같은 시도 등을 서슴지 않았다. 2차 개헌 때는 정족수가 미달된 헌법개정안을 위헌적으로 통과시키는 일도 주저하지 않았다. 4선에 도전한 이승만이 무너진 것은 3·15부정선거에 맞선 4·19혁명 때문이었다. 이승만은 하와이로 망명했다.

1961년, 5·16 쿠데타로 권력을 잡은 박정희 역시 마찬가지였다. 두 번의 대통령 임기를 채우자 3선개헌으로, 그 이후에는 사실상 영구 집권을 보장하는 유신 개헌으로 이어졌다. 강고해 보이던 박정희의 장기독재는 김재규 중앙정보부장이 쏜 권총에 무너졌다.

여기에 더해 디르주스는 독재는 또 다른 독재로 이어지는 경향이 있다는 사실도 명백히 지적한다. "독재자를 제거하면 새로운 독재자가 탄생하고, 독재와 혼란이 다시 독재로 이어지는 악순환이 계속될 위험이 있다." 우리 역사에서 이승만 정권 이후 잠시 혼란기를 거쳐 박정희 정권이, 박정희 정권 이후 또 다른 짧은 혼돈의 시기를 거쳐 전두환 정권이 들어서는 과정에서도 이를 확인할 수 있다.

만약 12·3 비상계엄을 통해 이런 독재가 부활했다면 우리의 미래는 어떻게 되었을까? 12·3 비상계엄 포고령은 계엄이 성공했다면 펼쳐질 세계를 명확히 보여 준다. "1. 국회와 지방의회, 정당의 활동과 정치적 결사, 집회, 시위 등 일체의 정치활동을 금한다." "3. 모든 언론과 출판은 계엄사의 통제를 받는다." "5. 전공의를 비롯하여 파업 중이거나 의료 현장을 이탈한 모든 의료인은 48시간 내 본업에 복귀하여 충실히 근무하고 위반 시에는 계엄법에 의해 처단한다.'' "이상의 포고령 위반자에 대해서는 대한민국 계엄법 제9조(계엄사령관 특별조치권)에 의하여 영장 없이 체포, 구금, 압수수색을 할 수 있으며, 계엄법 제14조(벌칙)에 의하여 처단한다."

민주주의에 대한 신념이 조금이라도 있는 이라면 이런 포고문을 보며 묻는다. '도대체 어떤 정신상태로 이런 포고문을 작성할 수가 있지?' 디르주스는 독재자들이 '악성 나르시시스트'(malignant narcissist)적인 자기애적 성격장애 성향을 지니고 있어서 "거만하고 자기중심적이며 비판에 지나치게 민감하고 타인에게 공감하지 못"하며, 이들에게 궁극적 목표는 언제나 생존이라고 밝힌다. 그래서 "궁지에 몰리면 극도로 위험한 인물이 되어서 어떤 일도 서슴지" 않는다고 경고한다. 생각해보면, 2024년 12월 3일 민주주의가 정착한 대한민국에서 누구도 상상치 못한 비상계엄을 선포한 이도 일종의 악성 나르시시스트가 아니었을까?

이 연구에서 저자는 독재체제에서는 독재자 역시 제정신인 상태에서 살지 못한다고 강조한다. 지도자가 제정신이 아니라면, 올바른 독재라는 게 존재할 수 있을까? 이 책을 읽고 나면, '선한 군주는 있어도, 선한 독재자는 없다'라는 사실을, '독재자들은 강한 사람처럼 보이지만 알고 보면 두려움에 떨고 있는 이들'임을 쉽게 이해할 수 있다.

민주주의 시대에 독재보다 민주주의에 관한 연구가 훨씬 많은 것은 당연한 일이다. 하지만 2010년대에 들어 전 세계적으로 민주주의가 여기저기서 고통받고 있다. 특히 여러모로 독재자와 비슷한 성향을 드러내는 도널드 트럼프의 등장 이후, 여러 민주국가에서 그를 모방하는 이들이 등장하고 있다. 예를 들어, 공산권 붕괴 당시 민주주의의 최전선에 있던 헝가리의 경우 오르반 빅토르라는 독재자의 집권 아래 들어간 상태다.

이런 시점에서 『독재자는 어떻게 몰락하는가』는 매우 의미 있으면서도 유용한 연구서이다. 가장 최근에 간행된 독재에 대한 연구서로서 다양한 사례를 통해 일반적인 경향을 발견하고, 더하여 예외적인 사례까지 세심하게 보여 준다. 저자는 세상을 보고 싶은 마음에 콩고민주공화국의 한 양조장에서 일하던 가운데 일어난 쿠데타 시도를 목격한 이후 독재를 연구하기 시작했다고 밝힌다. 경험을 통해 마주한 질문과 그에 관한 탐구가 이 책에 현장에 있는 듯한 생동감을 불어넣고 있다.

비상계엄 이후 새로이 민주주의를 정비하고 구축해야 할 지금, 꿈틀대는 독재의 망령을 제압해야 할 바로 이 순간이 이 책을 열어볼 가장 적합한 때이다. 독재에 관한 올바른 이해가 우리의 민주주의에 대한 열망을 더욱 강력하게 만들어 줄 것이라 확신한다.

서문

황금 권총의 역설

내가 외롭다는 사실을 부인하지 않겠습니다. 뼛속 깊이 외롭죠. 왕은 누구에게도 자신이 하는 말과 행동을 설명할 필요가 없으니, 필연적으로 혼자일 수밖에 없습니다.[1]

모하마드 레자 팔라비(Mohammad Reza Pahlavi, 이란 국왕)

지구상에서 가장 막강한 권력을 가진 독재자들은 평생을 두려움에 떨며 살아야만 한다. 그들은 손가락 하나만 까딱해도 적을 제거할 수 있다. 독재자와 그 가족 그리고 그의 추종자들은 호화로운 궁전에 앉아서 나라 전체를 좌지우지할 수 있을지 몰라도 깨어 있는 순간에는 항상 모든 것을 잃을지 모른다는 두려움에 전전긍긍하며 살아야 한다. 제아무리 강력한 독재자라고 한들, 돈이나 명령으로 그런 두려움을 사라지게 할 수는 없다. 단 한 수만 잘못 두어도 그들은 몰락할 것이다. 그러고는 결국 망명하거나 투옥되거나 땅에 묻힌다.

2007년 말 어느 추운 겨울날, 초록색 위장복을 입고 순찰 중이던 아마조니언가드(Amazonian Guard, 전원 여성으로 이루어진 카다피의 개인 경호부대)가 "이상 없음" 사인을 보냈다. 잠시 후 무아마르 카다피(Muammar Gaddafi) 대령이 파리 중심부에 위치한 마리니호텔에서 모습을 드러냈다. 카다피는 계단을 내려와서 파릇파릇한 잔디 위에 깔린 레드카펫을 따라 걸음을 옮겼다. 카펫 끝에는 거대한 천막이 세워져 있었다. 프랑스 정부가 국빈 숙소로 사용하던 마리니호텔 측은 권력자들의 변덕스러운 요구를 맞추는 데 익숙했지만, 방문 중인 독재자가 '사막의 전통(desert tradition)'에 따라 손님을 맞을 수 있도록 정원에 베두인(아라비아반도 내륙 사막에서 천막생활을 하는 유목민으로 카다피의 출신 부족) 천막을 세운 것은 처음이었다.[2]

천막 내부는 낙타와 야자나무 그림으로 장식되어 있고, 손님이 앉아서 카다피의 말을 경청할 수 있도록 커다란 가죽 의자도 놓여 있었다. 저녁에는 커다란 모닥불에서 일렁이는 불꽃이 방문하는 손님들을 맞이했다.

카다피는 업무를 보는 천막에 그치지 않고 파리를 자신의 놀이터로 만들었다. 원래 카다피는 프랑스에 단 3일 일정으로

초청받았으나 5일 동안 체류하기로 결정했다. 게다가 악명 높은 여성 경호부대를 비롯해 지나치게 규모가 큰 수행단을 데리고 파리에 도착한 탓에, 도시를 가로지르는 데 차량 100여 대가 동원되어야 했다. 니콜라 사르코지(Nicolas Sarkozy) 프랑스 대통령은 군 의장대를 완벽히 갖추어 카다피를 맞았다. 루이 14세에 큰 관심을 보인 카다피는 베르사유궁전을 보겠다고 결정하더니 100여 명에 이르는 '대표단'을 꾸려서 데리고 다녔다. 천막에서 나와 이동할 때면 가는 곳마다 교통체증을 유발할 정도로 긴 흰색 리무진을 이용했고, 보트를 타고 센강을 유람할 때는 강변 다리를 폐쇄해야 했다.[3] 심지어 꿩 사냥을 나가기도 했는데, 21세기 국가 수장의 방문 치고는 매우 이례적인 야외 일정이었다.[4] 하지만 카다피에게 이런 일은 일상이었다. 카다피가 전 세계를 상대로 고압적인 태도를 취했다는 사실은 2008년 아들이 고급 호텔에서 가사사용인 두 명을 폭행한 일로 제네바에서 체포되었을 당시 그의 대응에서 아주 잘 드러났다. 이듬해 이 독재자는 이탈리아와 독일, 프랑스에 스위스를 "해체"해 달라고 요청했다.[5] 요청이 받아들여지지 않자, 카다피는 전 세계 이슬람교도들에게 스위스를 상대로 성전을 벌이자고 촉구했다. 각국 정상들이 보통 15분씩 연설하는 유엔총회에서 카다피는 장장 93분간 연설했다. 연설 중에 카다피는 안전보장이사회를 "테러 이사회"라고 불렀고, 자신의 웹사이트를 홍보했으며, 시차로 인해 피곤하다고 불평하고, 존 F. 케네디

대통령의 암살에 관해 언급했다.[6]

　기이한 행동은 차치하더라도 1960년대 후반부터 리비아를 통치했던 카다피는 잔인한 독재자였다.

　그런 삶을 계속 유지하려면 카다피는 자신의 권력을 지켜야 했다. 그는 권력을 유지하기 위해 모든 이들에게 공포심을 불어넣는 방법을 선택했다. 트리폴리(Tripoli, 리비아의 수도) 거리에서는 평범한 사람들도 정권을 반대하는 뜻을 밝혔다가는 바로 구속되거나 심지어 사형까지 당할 수 있는 위험에 처했다. 1996년 여름 어느 날 단 하루에만 카다피 보안군이 고문 감옥 중 한 곳에서 사람을 1200명 이상 학살하기도 했다.[7] 반정권적인 생각을 하는 것만으로도 위험하다고 여겨졌다. 어떤 리비아인은 "정권 수뇌부에 대한 비판을 표현하는 것은 물론이고 비판적인 **생각**조차 할 수 없었습니다"라고 말했다.[8]

　하지만 권력의 정점에 있을 때조차, 이미 수많은 적들을 죽이거나 감옥에 가둬 놓았음에도 카다피는 사방에 위협이 도사리고 있다고 생각했다. 그가 주로 거주하던 관저를 둘러싼 벽은 높이가 4미터, 두께가 1미터에 달했다. 카다피는 부하들에게 관저 지하에 골프 카트로 이동할 수 있을 만큼 거대한 터널망을 구축하도록 했다.[9] 그 터널은 탈출 수단으로 사용되었을 뿐만 아니라 포위된 상황에서도 독재자의 연설을 국민에게 송출할 수 있도록 지하 방송 시설도 갖추고 있었다.[10] 트리폴리에 있는 다른 관저에는 유혈 봉기가 일어나도 독재자가 생명을 지킬 수 있도록 견고한 방폭 문을 갖춘 수술실이 있었다. 그곳 지하통로는 워낙 규모가 커서 한 기자가 "미로"라고 부르기도 했다.[11]

자신의 앞날이 밝다고 생각하는 사람은 수 킬로미터에 달하는 지하터널을 갖춘 관저를 여러 채 가지고 있을 필요가 없다. 하지만 카다피는 자신의 미래가 안전하지 않을 것임을 알고 있었다. 실제로 독재자들은 이런 방어시설을 구축할 필요성을 느낀다. 그들을 향한 위협은 거대할 뿐만 아니라 지속적이기 때문이다.

2011년 2월 15일, 1996년에 교도소에서 벌어진 학살 희생자를 대변하던 변호사가 투옥되자 리비아에서 두 번째로 인구가 많은 도시 벵가지(Benghazi)에서 시위가 발생했다. 반대 의견이 용인되지 않는 카다피 체제의 리비아에서 이 시위는 보기 드문 반체제적 조짐이었다.[12] 정권의 철갑에 균열이 생기자 반정부 시위가 격화되고 다른 도시들로 확대되면서 사태는 급속도로 악화됐다. 카다피는 국영방송에 모습을 드러내고는 "모든 집을 샅샅이 뒤져서 리비아를 깨끗이 씻어 내겠다"라고 다짐하는 연설을 했다.[13] "나는 결코 조국을 떠나지 않을 것이다"라면서 "순교자로 죽겠다"라고도 덧붙였다.[14]

이때까지만 해도 카다피는 자신은 죽지 않는다고 자신했다. 비록 반군이 도시 전체를 장악했지만, 정권은 반군을 계속 공격할 능력이 있었다. 3월 16일이 되자 카다피 군대는 반군이 장악한 벵가지에 매우 근접했고, 카다피 아들 중 한 명은 자신

만만하게 "48시간 안에 모든 게 끝날 것"이라고 인터뷰했다.[15]

카다피가 정적을 쥐새끼라고 지칭한 상황이라서, 전 세계인의 눈앞에 대량살상 사태가 펼쳐질 가능성이 현실화되고 있었다.[16] 이런 전망을 마주한 유엔안전보장이사회는 민간인 보호를 위해 "필요한 모든 조치"를 취한다는 결의를 10대 0으로 가결했다(5개국은 기권했다).[17] 카디피 독재정권이 끝나기까지는 이후로도 오랜 시간이 걸렸지만, 이 결의가 그 출발점이 되었다. 이틀 후 프랑스 전투기가 리비아 정권을 공격하기 위해 공습에 나섰고 동시에 미 해군 군함이 리비아 방공체계를 무력화하기 위해 순항미사일을 발사했다. 버락 오바마 미국 대통령은 브라질에서 이렇게 연설했다. "독재자가 국민에게 자비는 없을 것이라 말할 때 우리가 하릴없이 가만히 있을 수는 없습니다."[18]

정권이 심각하게 약해지고 여전히 하늘에서 폭탄이 떨어지고 있던 10월, 카다피는 자신이 오랫동안 두려워했던 순간이 다가왔음을 깨달았다. 독재자를 보호할 관저도, 터널도, 벽도 더 이상 존재하지 않았다. 그 대신 카다피와 그 부하들은 카다피 고향 인근에 위치한 해안도시 시르테(Sirte)에서 이 집 저 집을 전전했다. 보급품이 한정적이라 경호원들은 카다피와 부하들을 먹일 파스타와 쌀을 구하러 돌아다녀야 했다. 카다피 자신도 매우 당황하며 "왜 물이 없지? 전기는 왜 안 들어와?"라고 경호실장에게 묻곤 했다. 도피 시도는 위험한 일이었지만, 반군이 너무 가까이 왔고 포격이 계속되는 상황에서 더 이상 시르테에 머물 수는 없었다. 결국 카다피는 마지못해 탈출에 동의했다. 원래 출발 예정 시각은 어둠이 짙은 새벽 3시였으나, 40대에 이르는 호송 차량은 예정된 시간에서 다섯 시간이 지나서야 출발했다. 이미 해가 뜨고 난 후였다. 호송 차량은 출발한 지 30분 만에 미사일 공격을 받았다. 그중 하나는 카다피가 타고 있던 토요타 랜드크루저의 에어백이 터질 정도로 가까이에서 폭발했다.[19] 카다피와 부하 몇 명이 걸어서 도망치기로 했다. 농장 하나를 가로지르고 나자, 악취가 나는 배수구에 숨는 것 말고는 다른 방도가 없었다.[20]

반군이 카다피를 붙잡았을 때, 그는 상황이 어떻게 돌아가고 있는지 짐작할 수조차 없었다. 그는 무아마르 카다피 대령이자 리비아의 대부, 아프리카 왕들의 왕이었다. 그는 한때 자신을 리비아인들의 마음속 지도자로 묘사하기도 했다. "이게 뭐야? 내 아들들아, 어떻게 된 거지? 지금 뭣들 하는 거야?" 카다피는 물었다.[21] "아들들"은 카다피를 끝까지 잔인하게 다뤘다. 카다피의 마지막 영상은 군중에 맞고 총검으로 난자당한 채 머리에서 피를 흘리며 차 위에서 자비를 구걸하는 모습이었다.[22]

마침내 독재자를 손에 넣은 반군들은 환호했다. 결정적인 교전 장면을 담은 사진 한 장에는 젊은 반군 한 명이 동료들의 어깨에 올라타고는 정교한 무늬가 각인된 황금 권총을 들어 보이는 모습이 나온다. 그 총은 카다피의 것으로, 아들 중 한 명에게 준 것으로 추정된다.²³ 이것이 내가 황금 권총의 역설(The Golden Gun paradox)이라고 부르는 것이다. 독재자들은 권력을 과시할 수단이라면 무엇이든, 심지어 금으로 만든 권총까지도 가질 수 있지만 자신을 살리기 위해 권력을 사용해야 하는 순간이 오면 때는 이미 너무 늦었다. 황금 권총으로 자신을 구할 수 있는 독재자는 없다. 카다피가 황금 권총을 들고 있다 한들, 사람들이 권총에서 권력이 나온다고 믿는 동안에만 효과가 있을 뿐이다. 사람들에게서 그런 믿음이 사라지는 순간 권총은 쓸모없어졌다.

2011년 10월 20일, 그날이 끝나 갈 무렵 총은 사라졌고 독재자는 사망했다. 마지막까지 치욕스럽게도, 카다피는 시신을 빠르게 매장하는 이슬람 관습을 따르지 못했다. 대신 카다피 시신은 상의가 벗겨진 채 마을 쇼핑몰의 고기 저장고에 모두가 볼 수 있게 전시되었다.²⁴ 어느 기자가 마을 주민 한 명에게 이에 관해 의견을 묻자, 그는 카다피가 스스로 선택한 운명이라며 이렇게 답했다. "카다피가 좋은 사람이었다면, 우리는 그를 묻어 주었을 겁니다."²⁵

카다피가 좋은 사람이었거나, 독재자가 아니라 민주적 지도자였다면 그는 아주 다른 결말을 맞이했을 것이다.

독재는 위험하다.

국가 통치자 2790명이 권력을 잃는 방식을 조사한 최근 연구에 따르면, 1925명(69퍼센트)은 퇴임 후에도 전혀 문제가 없었다. 그들 중 '단' 23퍼센트만이 추방당하거나 투옥되거나 살해당했다.[26] 하지만 이 수치는 전 세계 모든 국가와 정치체제를 통틀어서 나온 것이다. 거의 모든 권력을 자기 한 사람에게 집중시키는 개인 권력형 독재자들로 범위를 좁히면 수치는 역전된다. 독재자 중 69퍼센트가 감옥에 가거나 해외로 추방되거나 죽음을 당했다.[27] 퇴임 후 평화로운 생활을 누릴 가능성은 동전 던지기 확률보다 더 낮았다.

나는 10년 넘게 독재자들과 그들이 권력을 유지하거나 잃는 방식을 연구했다. 옥스퍼드대학원에서는 소련공산당정치국(Politburo of the Community Party of the Soviet Union) 인사들의 삶을 조사했다. 그들은 어떤 사람들이었을까? 그토록 적대적인 체제에서 어떻게 최고 자리에 오를 수 있었을까? 그리고 그들이 가장 중요하게 생각한 것은 무엇이었을까?

옥스퍼드를 떠난 후 나는 독재에 대해 고민하는 일(그리고 먼지 쌓인 도서관에 앉아 있는 일)에서 완전히 손을 뗐다고 생각했다. 세상을 보고 싶은 마음에 콩고민주공화국의 한 양조장에서 일하기로 했다. 하지만 그곳에서 내가 배운 가장 기억에 남는 교훈은 홉이나 보리에 관한 것이 아니라, 권위주의적 정권이 어떻게 작동하는지 그리고 얼마나 많은 독재자가 칼날 같은 위험 속에서 살고 있는지에 관한 것이었다.

2013년 12월 30일, 내가 루붐바시(Lubumbashi, 콩고민주공화국 샤바주의 주도)에 있었을 때, 무장한 괴한들이 킨샤사

(Kinshasa)에 있는 국영방송국 스튜디오를 습격했다. 총을 든 괴한들은 방송을 장악하더니 조제프 카빌라(Joseph Kabila) 대통령을 공격하는 메시지를 내보냈다. 이들은 대통령을 겨냥하여 카빌라는 이제 끝났고, 그에게 주어진 시간도 다 되었다고 말했다. 이들이 연설하는 동안 공범들은 국가 주요 공항을 공격했다. 군사기지도 공격받았다.[28]

나라 내 반대편 루붐바시에서는 믿을 만한 정보를 접하기 어려웠다. 궁금한 사람들이 양조장에서 물었다. "킨샤사에서 무슨 일이 일어났는지 들은 적 있어요?" 점심시간에 나는 정확히 무슨 일이 벌어지고 있는지 알아내려고 애썼다. 하지만 무슨 일인지 아는 사람이 전혀 없었다. 폭력은 먼 곳의 일인 듯했고, 그래서 나는 내 방갈로와 같은 단지에 있는 사무실로 발걸음을 돌렸다. 평범한 월요일이면 방갈로와 사무실 사이를 걷는 이 산책이 하루 중 최고의 시간이 되었을 것이다. 루붐바시 자체는 딱히 나무가 많은 도시는 아니었지만 단지 내에는 초목이 무성했다. 산책을 하는 동안 나는 거대한 야자수를 보며 감탄하거나 머리 위를 날아다니는 신기하게 생긴 새들을 구경하곤 했다. 그곳은 마치 오아시스처럼 보였다.

하지만 그날은 달랐다. 사무실로 돌아오는 길에 날카로운 소리가 고요한 공기를 갈랐다. 총소리였다. 그러고 나서 또 한 번, 또 한 번, 세 방향에서 기관총 소리가 들려왔다. 그 후 좀 더 큰 폭발 소리가 들렸다. 백만 가지 생각이 머릿속을 스쳐 지나갔다. 단지의 벽 뒤편에 있으면 유탄은 문제가 되지 않을 것 같았다. 그런데 그 폭발이 박격포를 쏜 것이라면 어떻게 해야 하지? 애초에 나를 표적으로 삼은 게 아니라도, 그중 한 발이 심각한 결과를 낳을 수 있었다. 나는 독일대사관에서 1500킬로미터도 더 떨어진 곳에 있었다. 공항은 폐쇄되었고, 따라서 상황이 더 나빠져도 비행기는 선택지가 될 수 없었다. 피난을 해야 한다면, 육로로 남쪽으로 내려가 잠비아 국경을 넘어야 했다. 살짝 겁에 질린 나는 동료들을 돌아보며 물었다. "이제 어쩌죠?" 돌아온 답은 "그냥 있으면 돼요"였다. 그렇다, 동료들은 총성을 듣기는 했지만, 이전에도 여러 번 이와 같은 상황이 벌어졌고, 그때도 심각한 피해를 입은 적이 없는데, 이번이라고 굳이 뭔가 해야 할 이유가 있을까?

그리고 그게 다였다. 콘크리트 벽 뒤에 있는 방문 유럽인인 나와 위험 사이에는 방어막 한 겹이 놓여 있었다. 벽 바깥에 있는 이 도시의 다른 이들은 나처럼 운이 좋지 않았다.

나는 걸음을 돌려 다시 일하러 갔다.

킨샤사에서 일어난 쿠데타 시도는 종교 지도자인 폴조제프 무쿤구빌라(Paul-Joseph Mukungubila)에 의해 시작되었으며, 군대가 루붐바시에 있는 무쿤구빌라의 교회를 공격하는 중이었다.[29] 이 자칭 예언자는 쿠데타에 성공하지 못할 것이 분명해지자 부인 18명 중 5명과 자녀 19명 중 12명을 데리고 나라를 떠났다.[30] 부친이 암살된 이후 나라를 통치해 왔던 조제프 카빌라는 권력을 지켰다.

    나는 사람들의 그런 평온한 반응이 이상하다고 생각했다. 뭔가 해야 하지 않을까? 그렇지만 다시 또 무쿤구빌라와 카빌라 간의 분쟁에 대해 생각해 보면, 과연 무엇을 할 수 있을까? 아무것도 없다. 할 수 있는 것이라고는 독재자가 몰락할 것인지를 기다리고 지켜보다가 결국 다른 독재자가 그 자리에 오르는 길을 열어 주는 일뿐이다.

    몇 달 후 나는 유럽으로 돌아왔지만, 그날을 머릿속에서 지울 수 없었다. 일부 국가에서 심각할 정도로 불안정한 상황을 국민들이 아주 익숙한 상황처럼 받아들일 수 있는 이유는 무엇일까? 어떻게 카빌라 대통령은 5년 더 권력을 유지할 수 있었을까? 카빌라 같은 지도자들은 언제 권력을 잃는 걸까? 그들이 권력을 잃은 후에는 어떤 일이 생길까?

    나는 독재자들이 어떻게 몰락하는지 연구하기로 했다. 박사과정 동안 나는 콩고민주공화국에서 벌어졌던 무쿤구빌라의 시도처럼 비정상적인 리더십 변화를 집중적으로 파고들었다. 그 이후 대학에서뿐만 아니라 다국적기업, 재단, 북대서양조약기구(NATO)와 경제협력개발기구(OECD) 같은 국제기구에서도 이 주제를 연구하면서 독재자는 어떻게 몰락하는지에 대한 문제를 언제나 놓지 않았다.

    1938년 10월, 나치 독일이 오스트리아를 합병하고 수데테란트〔Sudetenland, 체코슬로바키아 서쪽의 독일인 거주 지역〕

를 점령했을 때 윈스턴 처칠은 미국인들을 대상으로 군대를 요청하는 연설을 했다.

여러분은 이 독재자들이 군대의 총검과 경찰 곤봉의 호위를 받으며 지배자의 위치에 올라선 모습을 보고 있습니다. 이들은 수많은 무장한 사람들, 대포, 비행기, 방어시설 등의 보호를 받으며 세계에 자신을 뽐내고 자랑하지만, 가슴속에는 말하지 못할 두려움을 품고 있습니다.[31]

독재자라고 하면 사람들은 대부분 절대적인 권력을 휘두르는 사람(거의 항상 남자)의 이미지를 떠올린다. 그것은 신화다. 절대적인 권력을 가졌던 정치지도자는 한 명도 없다. 가장 막강한 권력을 지닌 독재자들조차 권력을 유지하려면 다른 이들이 필요하다. 계속 권좌를 지키려면 최측근들을 잘 다뤄야 한다. 그렇지 않으면 바로 위험에 빠질 수 있다.

독재자들이 직면하는 핵심적인 문제는 자신의 지위를 위협하는 수많은 즉각적인 요소를 제거하는 데 많은 비용이 들고, 새로운 문제들이 끊임없이 발생한다는 것이다. 결국 독재자는 몰락할 수도 있다. 그럴 경우 위험에 빠지는 것은 독재자만이 아니다. 나라 전체가 몰락하는 독재자와 함께 휘청거릴 수 있다.

좀 더 논의를 진전시키기 전에 주의할 점을 한 가지 짚고 넘어가자. 세상에 어떤 독재정권도 서로 닮지 않았다. 북한은 투르크메니스탄이 아니고, 쿠바는 러시아가 아니다. 마찬가지로 독재자들도 모두 서로 다르다. 오늘날 지도자들이 잔인하고 억압적인 방식으로 행동할 때 우리는 보통 그들을 독재자라고 부른다. 이런 정의에 따르면 믿을 수 없을 정도로 광범위한 지도자들이 독재자 범주에 들어간다. 이들은 대부분 남성이기 때문에 나는 독재자를 대체로 그[he]로 지칭할 것이다. 독재자는 왕일 수도 있고, 개인 권력형 독재자일 수도 있으며, 군부정권의 수장일 수도 있다. 아니면 일당(一黨)독재국가의 당 서기장이나 신의 뜻으로 정당성을 부여받는 정교일치 국가의 최고위직일 수도 있다. 그들이 통치하는 국가 역시 부유할 수도 있지만 가난할 수도 있고, 산악지대에 위치할 수도 있고 평야지대에 위치할 수도 있다.

이런 다양성은 독재자 자신에게도 적용된다. 사담 후세인처럼 어린 시절에 끔찍한 구타와 학대에 시달린 이들이 있는가 하면,[32] 마오쩌둥처럼 귀하게 자란 이들도 있다.[33] 아돌프 히틀러는 한번 흥분하면 고래고래 소리를 질러 대는 성마른 사람이었고, 폴 포트(Pol Pot)는 감정을 거의 드러내지 않았다. 이 독재자들이 권력을 장악한 방식에도 어마어마한 차이가 있었다. 어떤 이들은 조직화에 능하고 경쟁자를 노련하게 압도하는 능력을 바탕으로 지도자의 위치에 올랐다. 이디 아민(Idi Amin, 1971년부터 1979년까지 우간다를 지배한 독재자) 같은 이들은 그저 세상 누구보다 잔인했다. 가장 '성공한' 독재자들, 일례로 스탈린 같은 이들은 두 가지에 모두 능했다.

이런 다양성 때문에 전반적인 설명에는 언제나 예외가 있을 것이다. 그러나 패턴과 공통된 특성은 있다. 숲을 살펴보면 여러 나무를 더 잘 이해할 수 있다. 안타깝게도 우리가 항상 독재자들을 가까이에서 살펴볼 수 있는 것은 아니다. 비교적 투명하고 개방적인 민주주의국가와 달리 독재국가는 비밀의 소굴이다. 경솔하게 말을 내뱉었다가는 흔적도 없이 사라질 수도 있다. 정부 문서에는 거짓이 섞여 있고, 진실을 보도하는 기자들은 오래 살아남지 못할 것이다.

독재를 이해하는 일은 쉽지 않다. 부총리가 꼭두각시에 불과할 수도 있지만 실제로 정치적 이인자일 수도 있다. 또는 혁명적 정당이 모든 것을 통제하기 때문에 국가 제도가 그다지 중요하지 않을 수도 있다. 아니면 권력이 독재자 한 사람에게 지나치게 집중되어 있어서 국가나 정당 모두 전혀 중요하지 않을 수도 있다. 경호원이 독재자의 귀 역할을 하거나 독재자와의 물리적 근접성이 공식적인 권력보다 더 중요해서, 경호원이 내각 구성원이나 정당 엘리트보다 더 막강한 권력을 휘두를 수도 있다. 알기 어려운 일들이다. 독재국가는 귓속말과 비밀 거래, 은폐를 기반으로 굴러간다.

독재자의 몰락을 연구하면서 직면하는 또 다른 어려움은 아무리 정치적 불안정성이 심하고 반란이 빈번하게 발생한다고 해도 독재자가 실제로 몰락하는 일이 일상적으로 일어나지는 않다는 점이다.[34] 유의미한 선거를 바탕으로 순조롭게 기능하는 민주주의국가에서는 지도자들이 어떻게 자리에서 내려오는지 관찰할 기회가 많다. 반면에 독재자들은 수십 년간 자리를 유지한다. 자리에서 물러나는 순간이 오더라도 총격 한 발로 사망하거나 쿠데타로 몇 시간 만에 실각하는 등 한순간에 몰락할 수 있다. 그리고 독재자들이 정확히 어떻게 몰락하는지를 파악하기 어려울 수도 있다. 이는 독재자의 몰락이 매우 드물게 발생하기 때문이기도 하지만, 독재자의 몰락에는 종종 결정적인 전환점, 즉 독재자의 지위가 너무나 불안정해져서 지지자들이 일제히 등을 돌리는 순간이 오기 때문이기도 하다(그들은 나중에 자신들이 처음부터 독재자를 반대했던 것처럼 행동한다).[35]

게다가 단지 인물을 살피는 것만으로는 독재자를 이해할 수 없다. 독재자는 체제 안에서 움직이며, 권력을 유지하기 위해서는 체제가 필요하다. 따라서 독재정권이 어떻게 작동하는지를 살펴봐야 한다. 지도자의 경우와 달리, 정권에 대해 사고하는 한 가지 방법은 새로운 지도자가 선택되는 규칙을 바탕으로 그 정권을 분석하는 것이다.[36] 그러므로 군사독재 국가를 수립한 장군들이 자신들의 수장을 새로운 사람으로 교체해 지도자가 바뀌었다고 해도 정권이 바뀌었다고 볼 수는 없다. 그러나 저항 세력이 군부 정권 전체를 일소하고 민주주의국가나 공산주의 독재국가를 수립한다면, 그때는 정권이 바뀌었다고 할 수 있다. 단지 인물이 아니라 체제 자체가 바뀌어야 한다.

이 책을 집필하기 시작하면서 나는 외교관, 기자, 반체제인사, 인권 활동가, (전직) 첩보원 등과 이야기를 나눴다. 책의 주제가 워낙 광범위해서, 경제제재와 핵무기, 군의 역사, 양적 예보를 비롯한 여러 다른 주제에 대해서 전문가들에게도 의견을 구했다. 이 모든 이들을 인용할 수는 없으나, 모두 대단한 사람들이었다.

더 특이한 만남도 많았다. 초반에 친절하게도 칼리굴라 황제(Emperor Caligula) 치세에 관해 아주 자세히 설명해 준 친절한 로마사 교수와 이야기를 나눴다. 그다음에는 10억 년을 통치하겠다고 장담하던 독재자로부터 조국을 해방시키려는 모의를 했다는 이유로 투옥된 감비아계 미국인을 만났다. 한번은 전범으로 기소된 중앙아프리카공화국 정치인과 왓츠앱으로 통화를 했는데, 그는 내가 진정으로 자신을 "만나서 반가운지" 궁금해하기도 했다.

이 책을 쓰면서 나는 내 나라에 대해 더 많이 알게 되었다. 냉전이 종식된 후 서쪽 독일에서 태어난 나에게 독일민주공화국(German Democratic Republic, GDR, 이하 동독)은 언제나 멀게만 느껴졌다. 동독은 오래전에 존재했던 곳도, 아주 멀리 있던 곳도 아니었다. 하지만 그렇게 가까이 있다고는 상상조차 할 수 없었기 때문에 다른 우주에 있는 것이나 마찬가지였다. 이 책을 쓰는 여정을 거치면서 그런 생각은 바뀌었다. 장벽 너머에서 동독 정권을 붕괴시키는 데 중요한 역할을 했던 지그베르트 셰프케(Siegbert Schefke, 1989년 10월 라이프치히 평화시위 영상을 서방 세계에 알린 언론인)를 만나기 위해 나는 라이프치히로 차를 몰았다. 셰프케가 1989년 10월 9일, "두려움의 역학관계가 뒤바뀐" 날†에 관해 이야기하는 것을 듣는 순간, 추상적으로만 보였던 것들이 전부 실제처럼 느껴지면서 나를 포함한 모든 이들이 그날의 일을 이해하는 것이 중요하다고 여겨졌다.[37]

이 책은 독재자와 주변 사람들이 대면하는 상충관계에 관한 책이다. 그들은 모두 여러 가지를 원하지만, 원하는 전부를 가질 수는 없기에 어려운 선택을 해야 한다. 1장인 '독재자의 트레드밀'에서는 독재자가 일단 권력을 잡으면 그 자리에서 물러나지 않으려 하는 이유를 설명할 것이다. 가장 중요한 이유는 독재가 매력적인 상태일 수 있기 때문이다. 하지만 더 중요한 이유는 자발적으로 물러나는 일은 상상할 수 없을 정도로 위험하기 때문이다. 거의 모든 독재자는 그런 위험을 감수할 생각이 없으며, 따라서 권좌에 계속 머무르려고 한다. 권력을 유지할 가능성을 높이기 위해 그들은 궁정 엘리트나 군인 들에게 집중해야 한다. 하지만 2장 '내부의 적'과 3장 '군사집단 약

---

† 라이프치히에서 평화시위가 있었던 날로, 이 시위가 동독 전체로 확대되며 베를린 장벽이 무너진 계기가 되었다.

화하기'에서 설명하듯이, 그렇게 하기는 쉽지 않다. 게다가 무장한 이들과 강력한 엘리트들의 위협을 무력화하는 데 시간과 돈을 집중하면 나중에 많은 문제가 발생한다. 일반 대중에게서 자원을 강탈해 최고 권력자 측근에 있는 소수에게 나눠 준다면, 국민은 정권에 맞서 봉기할 수 있다. 수도에서 숙청된 엘리트 집단 중 일부가 반란 지도자가 되어 벽지에서 돌아올 수도 있다. 그리고 군대가 마비되면 군인들은 반란이나 외세의 침략을 막아 내기 더 어려워진다. 마지막으로 어떤 일들은 단순히 독재자의 통제 밖에서 벌어지기도 한다. 독재자는 권력을 유지할 수 있는 가능성을 극대화하려고 수단과 방법을 가리지 않지만, 그럼에도 불구하고 암살당할 수 있다. 모든 일을 '제대로' 한 결과, 위험이 더 커질 수도 있다. 결국 자연사를 하든 폭력적으로 제거당하든, 모든 독재자는 몰락한다. 그렇다면 그다음에는 어떤 일이 일어날까? 독재자의 몰락은 종종 혼란과 갈등으로 이어진다. 8장 '말이 씨가 된다'에서는 독재자의 몰락이 혼란과 갈등으로 이어지는 상황을 예방할 수 있는 조건에 대해 살펴볼 것이다. 독재자가 몰락하는 과정과 그 이후 어떤 일이 일어나는지 살펴본 후에는 다른 질문을 던질 것이다. 외부 세력이 몰락을 가속할 수 있는가? 만약 그렇다면, 어떻게 할 수 있는가? 그리고 그래야만 하는가?

독재자는 무시할 수 없다. 우리는 독재자들에게 주의를 기울여서 그들을 더 잘 이해해야 한다. 그들에게 권력을 잃는다는 것은 단지 특권의 상실이 아니라 분명 자유, 심지어 목숨의 상실을 의미할 것이다. 그리고 이런 위험은 독재자가 권력을 쥐고 있는 동안 왜 그런 행동을 하는지 그 이유를 대략적으로 설명해 준다. 우리는 모두 정신이 나간 독재자들의 기담을 읽은 적이 있다. 투르크메니스탄의 독재자 사파르무라트 니야조프(Saparmurat Niyazov)는 아시가바트(Ashgabat, 투르크메니스탄의 수도)에 있는 태양을 따라 회전하는 기념비 꼭대기에 12미터 높이로 자신의 황금 동상을 세웠다.[38] 북한 지도자 김정은은 교육부 관료 한 명을 대공포로 처형했는데, 아마 그가 회의 중에 잠들었기 때문으로 추정된다.[39] 이디 아민이 스스로 부여한 칭호는 '땅 위의 모든 짐승과 바닷속 모든 물고기의 왕이자, 좁게는 우간다와 넓게는 아프리카에서 대영제국을 무찌른 정복자'였다.[40]

얼핏 보면 이 통치자들은 미친 것 같다. 확실히 정상적인 인간들은 아니다. 이들은 대체로 나르시시스트이고 때때로 사이코패스이면서 거의 항상 무자비하다. 하지만 놀라운 사실은 이들 중 대다수가 **이성적**이기도 하다는 점이다. 이들은 정신을 놓지 않았다. 이들이 운영하는 체제와 가지고 있는 정보를 생각해 보면, 대통령 궁에서 부를 축적하는 동안 대중을 고문하고 죽이고 굶주리게 하는 전략은 합리적이다. 이것이 그들이 생존하는 방식이다.

그리고 수천 년 동안 지속되어 온 방식이기도 하다. 현재 우리가 알고 있는 민주주의는 역사가 짧고 독재는 오래되었다. 역사가 기록된 이래로, 인간은 독재자 치하에서 고통받았다. 1800년에 지구상에서 진정한 민주주의하에서 살았던 사람은 없었다. 잔인하고 억압적인 정부는 예외가 아니라 표준이었다. 독재자의 명칭이 족장, 군주, 왕, 황제, 주교, 술탄, 식민지 총독, 그 무엇이든 상관없이, 그것이 바로 사회가 조직되는 방식이었다. 사람들 대부분은 피지배자였고 독재는 불가피하다고 생각했다. 정치적 변화는 대체로 독재자가 있느냐 없느냐가 아니라 누가 독재자인지를 결정할 뿐이었다.

비교적 최근 역사에서도 독재자는 절대적인 권력을 휘둘렀다. 제2차세계대전이 끝날 무렵, 전 세계 국가 중 90퍼센트 이상이 민주주의국가가 아니었다.[41] 이때는 또한 세계에서 많은 지역이 스스로 통치하지 못했던 시기였다. 그 지역들은 멀리 떨어진 국가로부터 통치를 받는 식민지였다. 이후 냉전 시기에 양 진영은 자신의 이익에 부합한다고 판단되는 독재자를 지원했다. 영국 정부는 이란에서 민주적으로 선출된 지도자를 전복시키고 샤 팔라비(Shah Pahlavi)를 지지했다. 중국 정부는 폴 포트 정권이 사람들을 학살하는 동안 그 정권이 유지되도록 도왔다. 아시아 국가들이 도미노처럼 상대편으로 넘어갈 것을 우려한 미국은 한국과 베트남에서 사악한 독재정권을 방어하기 위해 전쟁을 벌였다. 프랑스 정부는 굶주리는 국민을 두고 스스로 황제로 즉위한 중앙아프리카공화국 독재자 장베델 보카사(Jean-Bédel Bokassa)의 대관식 비용을 지불했다. 보카사는 독재자였지만, 그 나라 국민의 독재자였을 뿐이다. 1977년에 일어난 일이었다.

하지만 냉전 시기는 한때 식민 지배를 받던 많은 나라들이 통치권을 되찾은 민족해방 시기이기도 했다. 처음에 유엔 회원국은 51개국이었다. 1970년대 중반이 되자, 회원국은 144개국으로 늘어났다. 현재는 193개국이다.[42] 안타깝게도 민족해방이 항상 자유나 민주주의로 이어지지는 않았다. 실제로 연구에 따르면 1946년부터 1970년대까지 독재정권 수는 증가했다.[43] 많은 나라에서 독립은 외세와 현지 독재자 사이의 자리 교체를 의미했다. 그리고 외세는 지속적으로 그 국가에 영향력을 행사하기 위해 충성스러운 독재자를 지지하곤 했다. 그들은 종종 선출된 적대자보다 우호적인 독재자가 더 유용하다고 생각했다.

냉전이 끝난 후 민주주의가 꽃을 피웠다. 2012년까지 전체 국가 중에서 시민들이 전혀 선택권을 갖지 못하는 폐쇄적인 독재체제를 유지하는 국가는 12퍼센트 미만이었다.[44] 한동안 자유민주주의 모델이 승리하여 새로운 표준이 된 것처럼 보이기도 했다. 서구 사회는 프랜시스 후쿠야마(Francis Fukuyama)가 '역사의 종말(End of History)'이라고 부른 민주주의의 궁극적 승리를 기다렸다.[45]

하지만 물론 독재는 완전히 사라진 적이 없었고, 단지 무시하기 쉬워졌을 뿐이다. 21세기에는 독재를 무시하는 것도 불가능해졌다. 공격 단 한 번으로 도시 전체를 초토화할 수 있는 핵무기를 보유한 김정은이 일본 상공으로 미사일을 발사했을 때, 세계는 그를 무시할 수 없었다. 블라디미르 푸틴은 유럽 대륙 전체를 불안정하게 만들었으며, 그 과정에서 전쟁범죄를 저질렀다. 사우디아라비아의 독재자는 암살단을 보내《워싱턴포스트(Washington Post)》소속 기자를 살해하고 그의 시신을 훼손했다. 르완다 정권은 반복적으로 반대자를 추적해 살해했다.[46] 중국공산당 내에서 종신 최고지도자 지위를 확보한 시진핑은 장군들에게 "과감히 싸워야" 한다고 말했다.[47]

지금까지는 이미 존재하는 독재정권만을 언급했을 뿐이다. 예를 들어 유럽에서는 여러 민주주의국가가 임박한 위기 앞에 놓여 있다. 2014년 오르반 빅토르(Orbán Viktor)는 헝가리를 사실상 권위주의의 한 형태인 '비자유적 민주주의(illiberal democracy)'로 만들겠다고 선언했다. 튀르키예에서는 레제프 타이이프 에르도안(Recep Tayyip Erdoğan)과 협력자들이 정치적 공간을 제한한 탓에 야당이 선거에서 승리하기가 점점 더 어려워지고 있다.

전체주의적 지도자들은 점차 드물어졌으나, 전 세계에 남아 있는 독재자들은 끊임없이 자국민과 반대자를 핍박하고 있다. 독재정치의 위협은, 그것이 정복 전쟁이든 문화 전체를 파괴하려는 시도든, 여전히 심각하다. 독재자가 어떻게 움직이는

지를 이해하지 못하면 자국 내에서 그들을 억제하거나 해외에서 그들의 위협을 제한할 수 없다.

지난 10년 동안 자유민주주의 수호에 관한 신문 기사, 트윗, 서적이 수없이 쏟아졌다. 어느 것도 충분하지는 않을 것이다. 쿠데타를 통한 급작스러운 방식이든 핵심 제도가 점진적으로 해체되는 방식이든, 일부 민주주의는 사라질 것이다. 우리는 모두 그런 일이 발생한다면 그다음에 어떤 일이 일어날지, 그리고 어떻게 되돌릴 수 있는지를 알아야 한다.

이것이 바로 이 책의 주요 목적이다. 그래서 독재자의 한계, 독재정권의 약점, 그들이 붕괴하는 방식에 대한 가이드를 제공하려 한다. 하지만 독재자에 대한 이해만으로는 충분하지 않다. 따라서 독재자를 끌어내리는 방법에 대해서도 알아볼 것이다.

독재자를 무너뜨린다는 것이 이상적인 말처럼 들릴 수 있다. 무엇보다 독재정치는 놀랄 만큼 안정적으로 보일 때가 많기 때문이다. 세계에서 가장 유명한 일부 독재자들이 이런 생각을 뒷받침한다. 예를 들어 무아마르 카다피는 리비아를 40년 이상 통치했으며, 이는 앙겔라 메르켈 독일 총리 재임 기간보다 두 배 이상 길다. 게다가 데이터는 독재정권이 개별 지도자보다 훨씬 더 오래 지속될 수 있음을 보여 준다.[48] 딱 한 예만 들더라도, 북한은 반세기 이상 아버지에서 아들, 손자로 이어지는 세 사람이 통치했다.

하지만 자세히 들여다보면, 권위주의적 안정성은 대체로

신기루에 불과하다는 사실을 금세 깨닫게 된다. 대부분 비민주주의국가는 카다피 체제의 리비아와 다르다. 오히려 중앙정부의 통제가 부족하고 분쟁이나 때로는 내전이 끊이지 않는 카빌라 체제의 콩고민주공화국에 더 가깝다. 심지어 카다피 유형의 독재조차도 안정적으로 보이기만 할 뿐, 실제로는 그렇지 않았다. 민주주의국가와 다르게, 이 나라들의 정치체제는 독재자 한 명이나 소규모 엘리트 집단을 중심으로 돌아가도록 설계되었다. 한동안은 이 체제가 잘 운영될 수 있지만 회복력은 없다. 충격이 가해져서 체제가 도전에 직면하면 분쟁, 기아, 전쟁으로 이어지는 파괴적인 결과를 초래할 수도 있다. 리비아의 사례에서 카다피와 벌인 전쟁은 그의 자리를 차지하려는 민병대 간의 전쟁을 낳았다. 카다피의 황금 권총이 주인을 구하지 못한 지 10년이 넘었지만 총성은 아직 멈추지 않았다.

내가 콩고민주공화국에 있는 동안 일어났던 어설픈 쿠데타 시도는 이례적인 일이 아니다. 독재자를 제거하려는 시도는 대부분 독재자가 준비되어 있는 까닭에 실패한다. 하지만 결국에는 그들도 몰락한다. 그렇다면 문제는 어떻게 몰락하는가이다.

1장
독재자의 트레드밀

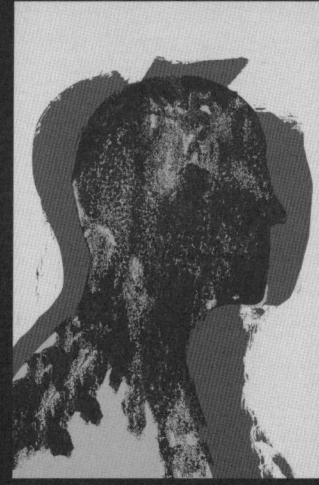

MARCEL DIRSUS

HOW TYRANTS FALL

1장
독재자의 트레드밀

내가 자이르(Zaire)의 전(前) 대통령으로 알려지는 일은 절대 일어나지 않을 것이다.[1]

모부투 세세 세코(Mobutu Sese Seko, 자이르 대통령)

독재자가 된다는 것은 결코 내려설 수 없는 트레드밀에 갇히는 것과 같다.[2] 아무리 뛰고 또 뛰어도 그가 할 수 있는 최선은 트레드밀에 올라선 상태를 유지하는 것뿐이다. 한순간이라도 방심했다가는 트레드밀에서 떨어져 다치고 만다. 한번 트레드밀에서 떨어진 독재자는 결코 그 자리에 다시 올라설 수 없다. 게다가 안전하게 내려올 수도 없다. 독재자의 세계에서 권력을 유지하려는 노력은 대체로 끝이 좋지 않지만 스스로 권력을 포기하는 일은 훨씬 더 위험할 수 있다.

그런데 독재의 트레드밀에서 내려서기가 그렇게 힘들다면, 애초에 그 위에 올라가려는 이유는 무엇일까?

적어도 한동안은 그 트레드밀 위에 있는 것이 나쁘지만은 않기 때문이다. 어느 국가에서나 정치인들은 비교적 부유한 축에 속한다. 예를 들어 2018년에 미국 상원의원들의 재산 중간값은 176만 달러였다.[3] 민주주의국가에서 퇴임한 몇몇 지도자들은 연설이나 책 판매로 수백만 달러를 벌기도 한다. 일례로 보리스 존슨[Boris Johnson, 좀 더 정확하게는 알렉산더 보리스 디 페펠 존슨(Alexander Boris de Pfeffel Johnson)]은 영국 총리직에서 물러난 후 싱가포르에서 연설 한 번으로 거의 25만 파운드를 받았다.[4]

민주주의국가에는 정치인이 국고에 손대는 일을 막을 수 있는 규칙이 존재한다. 민주주의 정치지도자들이 부정을 저지르고 싶어 하더라도, 실제로 부패에 연루되는 순간 발각될 가능성이 아주 크다. 탐사보도 기자들이나 독립적인 경찰, 활동적인 시민사회가 지척에서 그들을 감시하기 때문이다. 게다가 판사들이 권력에 장악되어(또는 매수되어) 그들의 부정을 눈감아 주는 경우도 거의 없으므로 부패가 발각되면 그 결과는 심각해질 것이다. 일단 위법행위가 밝혀지면 야당 정치인들은 다음 선거에서 승리하여 비리를 저지른 지도자를 최대한 처참하게 짓밟기 위해 온 힘을 다할 것이다. 이것이 최선의 시스템은 아니지만, 대체로 최악의 권력 남용은 막을 수 있다.

반대로 독재자들은 미국 서부 시대와 아주 유사한 환경에서 군림한다. 규칙이 있지만 실행되지 않거나 선택적으로만 실행된다. 독재체제는 부를 가져다주는 기계와 같다. 민주주의국가처럼 지도자를 규제하는 제약이 없으므로 횡령 기회는 무궁무진하다.

수도에 새로운 공항이 필요한가? 독재자는 며느리에게 계약을 넘겨주어 가족들이 그 일을 맡도록 할 수 있다. 세무 당국과 더 이상 마찰을 원하지 않는 외국 기업이 있는가? 당국에 '수수료'를 내면 해결될 것이다. 주문한 탄약 전부가 군부대에 도착하는 것이 정말 중요할까? 탄약 일부가 운송 중에 분실되고, 그 가치만큼의 금액이 독재자의 외국은행 계좌로 입금될 수도 있다. 국영기업이 곧 민영화될 예정인가? 충성을 보이는 지지자에게 실제 기업가치의 10퍼센트만 받고 파는 것은 어떤가? 누이 좋고 매부 좋게 상부상조하다 보면 돈은 끊임없이 돌고 돈다.

이런 시스템이 효과적으로 실행되면 고위층 모두가 돈을 벌 수 있다. 그렇다면 독재자 자신은 어떨까? 상상을 뛰어넘을 정도로 부를 축적할 수 있다.

투르크메니스탄은 지구상에서 가장 비밀스러운 사회라고 할 수 있다. 세계에서 방문객 수가 가장 적은 이 나라의 국민들은 엄청난 빈곤에 빠져 있었다. 1998년, 투르크메니스탄 국민

열 명 중 네 명 이상이 하루 2.15달러 미만으로 생활하는 극빈층이었다.[5] 그렇지만 나라로서 투르크메니스탄이 가난하다고 말하기는 어렵다. 세계은행에 따르면, "투르크메니스탄의 천연가스 매장량은 세계 4위 규모로 추정되며, 이는 전 세계 매장량 중 10퍼센트에 달한다". 세계은행의 분석가들은 "이 나라에는 면화와 천연가스 외에도 석유와 황, 요오드, 소금, 벤토나이트 점토, 석회석, 석고, 시멘트 등 화학 및 건설 산업에 투입될 만한 자원이 풍부"하다고 말한다.[6]

투르크메니스탄의 문제는 돈이 없는 것이 아니라 필요한 사람에게 돈이 분배되지 않는다는 점이었다. 하지만 적어도 권력의 정점에 있던 단 한 사람은 언제나 부유했다. 밀레니엄 전환기 당시, 투르크메니스탄의 최고 권력자는 1985년에 집권한 이후로 터무니없는 개인숭배를 일삼아 유명해진 독재자 사파르무라트 니야조프(Saparmurat Niyazov)였다. 니야조프는 심장 수술 후 자신이 담배를 끊어야 한다는 이유로 공공장소에서 흡연을 금지했고, 스스로 '투르크멘바시(Turkmenbashi, 민족의 아버지)'라는 칭호를 부여했으며, 남성들이 차에서 라디오를 듣지 못하게 하거나, 1년 열두 달의 명칭을 자신과 어머니의 이름을 따서 바꿨다.[7]

니야조프는 『루흐나마(Ruhnama)』라는 책을 쓰기도 했다. 자전적 내용과 시, 훈계가 섞여 있는 이 책은 기본적으로 종교 서처럼 취급되었다. 투르크메니스탄 학생이라면 한 명도 빠짐

없이 이 책을 읽어야 했다. 공무원들은 매주 의무적으로 이 책을 공부하는 시간을 가졌다(예를 들어 외무부는 매주 수요일 오후 5시 30분에 모였다). 니야조프에 대한 미화가 어찌나 심했던지 한번은 니야조프 자신마저도 "여러 사람이 이 책을 개인숭배라고 하더군"이라고 짤막하게 언급했을 정도였다.[8] 정말 심각한 수준이었다.

니야조프가 투르크메니스탄인들이 지켜야 할 터무니없는 규칙을 만드느라 바쁘지 않을 때면, 국민들의 재산을 훔치느라 여념이 없었다. 2001년에 투르크메니스탄과 우크라이나는 천연가스 공급계약서에 서명했다. 이후 독일 잡지 《슈피겔(Der Spiegel)》에서 조사한 바에 따르면, 투르크메니스탄은 그 거래로 바로 이듬해 1년 동안에만 약 17억 달러를 벌 수 있었다. 그러나 당시에 (그리고 지금도) 독재정권이 지배하고 있던 투르크메니스탄에서 그 금액 중 대부분은 정부 예산이 아니라 니야조프가 직접 관리하는 외국은행 계좌로 들어갔다. 정확한 세부 내용은 알려지지 않았지만, 보도가 다소 부정확하다는 점을 감안해서 니야조프가 그 금액 중 '단' 10퍼센트만 챙겼다고 해도 1년 동안 거래 한 번으로 1억 7000만 달러를 번 셈이다. 당연히 이 사례가 니야조프가 저지른 부정 축재의 전부는 아니었다. 런던에 본부를 둔 한 비정부기구는 니야조프의 자금을 조사한 후 다음과 같은 결론을 내렸다. "정부 수입 중 상당 부분이 국고로 들어가지 않았다." 또한 "국가 지출 중 75퍼센트에 해당하는 엄청난 금액이 [정부] 예산 밖에서 이루어지는 것으로 보인다"라고 덧붙였다.[9] 이런 기회들을 고려하면 독재자들이 그 나라에서 가장 부유한 사람이라는 사실이 전혀 이상하지 않다.

이 정도면 독재자의 트레드밀에 올라설 만한 충분한 동기가 된다. 하지만 트레드밀은 무자비하다.

2022년 1월 5일, 57세인 아셀(Asel)은 알마티(Almaty, 카자흐스탄의 최대 도시이자 과거 수도)의 중앙 광장에 서 있었다. 투르크메니스탄 접경국 중 가장 큰 나라인 카자흐스탄 집권 정부가 액화석유가스(LPG)에 지급하던 보조금을 삭감했다. 그러자 교통수단에 액화석유가스를 주로 사용하던 서쪽 지역에서 바로 시위가 시작되었다. 아셀이 한때 대통령 관저였던 건물 앞에 있는 공화국광장에 나갔을 때쯤에 시위는 나라 전역에서 벌어지고 있었다.

그날 카자흐스탄의 가장 큰 도시에서 통제 불가능한 상황이 발생했다. 아셀이 평화시위를 벌이는 와중에 젊은 남성 한 무리가 나타났다. 복면으로 얼굴을 가린 그 남성들은 광장 바로 옆에 있는 정부 건물 쪽으로 가면서 창문을 박살 내고 차량을 부쉈다. 총알이 날아다니기 시작했고 사람들은 공황 상태에 빠졌다. 아셀은 정신을 잃었다. 정신을 차렸을 때는 다리에서 피가 많이 흐르고 있었다. 아셀은 총에 맞았고, 치료를 받지 못하면 곧 목숨을 잃을 상황이었다. 계속해서 날아드는 총알이 아셀을 아슬아슬하게 비켜 갔다.

남자 두 명이 아셀을 트럭에 태우고 병원으로 향했다. 아셀은 극심한 고통으로 괴로워하며 신음할 수밖에 없었다. 트럭을 가득 채운 사람들 중에는 아셀보다 상태가 훨씬 좋지 않은 이들도 있었다. 아셀은 나중에 BBC와 인터뷰하면서 이렇게 말했다. "다친 내 다리 위에 여러 사람이 포개져 있었어요. 그중 일부는 숨을 쉬지 않았습니다." 병원에서도 아셀의 악몽은 끝나지 않았다. 무장한 남자들이 정권 반대 시위에 나섰던 이들을 찾아서 이 병동 저 병동을 들쑤시고 다녔다. 그들 중 한 명이 "다시 또 시위에 나서면, 그때는 죽을 줄 알아"라고 소리쳤다. 그날 아셀이 끌려가지 않은 유일한 이유는 다리에 총을 맞아 걸을 수 없었기 때문이었다.[10]

외부에서 볼 때는 자국민을 탄압하는 전형적인 독재정권의 이야기처럼 보였다. 국민은 봉기하고, 정권은 온 힘을 다해 국민을 탄압했다. 하지만 내부적으로 카자흐스탄에서 벌어진 혼란은 그 이상이었다. 공식적으로 권좌에서 물러난 독재자와 그의 그림자에서 벗어나려는 또 다른 독재자 사이에서 권력 투쟁이 벌어지는 상황이었다.

누르술탄 나자르바예프(Nursultan Nazarbayev)는 1984년에 43세라는 젊은 나이로 카자흐스탄공산당 제1서기장이 되면서 독재자의 트레드밀에 올라섰다. 당시 카자흐스탄은 소비에트연방(Soviet Union, 이하 소련)의 일부였다. 소련이 해체된 후 나자르바예프는 카자흐스탄에서 독재자로 군림했다. 2019년에 그는 자리에서 물러나려고 했다.

나자르바예프는 수년간 개인적인 권력을 어마어마하게 축적하는 데 성공했다. 대통령직에서 사임하던 날, 그는 이렇게 말했다. "나는 대통령직에서 물러나는 쉽지 않은 결정을 내렸습니다. …… 나는 여러분 곁에 있을 것입니다. 이 나라와 국민을 보살피는 일은 언제나 나의 관심사일 것입니다."[11]

처음에는 모든 일이 전직 대통령의 생각대로 잘 풀려 가는 듯했다. 수도인 아스타나(Astana)는 그를 기리는 의미에서 '누르술탄(Nur-Sultan)'으로 개칭되었다. 해외에서 카자흐스탄을 방문하려면 대부분은 나자르바예프의 이름을 딴 누르술탄국제공항을 이용했다. 도시 안에서는 나자르바예프대학교(Nazarbayev University)나 나자르바예프가(Nazarbayev Avenue)를 찾아볼 수 있었다.[12] 그는 더 이상 대통령이 아니었지만 카자흐스탄어로 '엘바시(Elbasy)', 즉 '민족의 아버지'라는 칭호는 계속 유지되었다. 2010년에 부여된 엘바시라는 칭호는 나자르바예프가 기소 면제와 같은 특권을 계속 누릴 수 있음을 의미했다. 아무도 그를 건드릴 수 없었다. 아니, 적어도 그렇게 보였다. 하지만 그는 곧 이전에 많은 독재자들이 직면했던 문제에 부딪혔다. 바로 권력을 포기하는 순간 자신을 방어하기 어려워진다는 것이었다. 불법을 저지르지 않고 적을 만들지 않으면서 독재자가 될 수는 없다. 독재자는 약탈하고 고문하고 아마 살인도 저질렀을 것이다. 따라서 독재자가 물러나려고 한다면 이런 일들 때문에 발목이 잡히지 않도록 해야 한다. 이를 위해서는 뒤를 봐줄 최고 권력자가 필요하지만 그런 사람을 찾는 일은 결코 쉽지 않다.

나자르바예프가 신중하게 고른 후계자였던 직업 외교관 카심조마르트 토카예프(Kassym-Jomart Tokayev)는 정말 아무 권한도 없는 것처럼 보여서 한때는 나자르바예프의 '가구'라고 불리기도 했다.[13] 사실 처음에는 나자르바예프의 통제가 워낙 심해서 그의 공식적인 승인 없이는 신임 대통령인 토카예프가 새로운 장관을 임명할 수도 없을 정도였다. 토카예프 대통령은 나자르바예프 승인 없이는 첩보기관의 수장을 뽑을 수조차 없었다.[14] 이런 식으로 나자르바예프가 모든 것을 통제할 수 있다는 것이 토카예프가 대통령으로 선택된 이유였다. 나자르바예프는 정부 대표로 싱가포르나 중국 같은 해외에서 오랜 시간을 보낸 토카예프에게 자신을 궁지로 몰아넣을 만한 국내 네트워크나 동지가 없다고 생각했다.[15] 계획은 단순했다. 나자르바예프는 공식적으로 물러나지만, 자신의 안전을 보장받기 위해 토카예프나 다른 이들을 통해서 계속 권력을 행사할 생각이었다.

드문 이야기는 아니다. 독재자는 부자가 되거나 그 자리가 가져다주는 권력을 누릴 수 있다는 생각으로 트레드밀에 오른다. 그리고 한동안 모든 것이 그가 생각한 대로 굴러간다. 하지만 결국 나이가 들거나 피로해져서 물러나기를 원한다. 그래서 독재자는 주변에 조금씩 권력을 나눠 주고 트레드밀에서 내려올 계획을 세운다.

하지만 실제로 권력을 조금 내준다는 것은 불가능하다. 독재자는 조금 내주지만, 사실 전부를 내놓는 것이나 마찬가지다. 얼마 지나지 않아 나자르바예프도 이런 사실을 깨달았다. 시위가 확산하면서 그의 운도 다하기 시작했다. 시위대는 "샬, 켓!(Shal, ket!, 늙은이, 꺼져!)"이라고 외쳤다.[16] 나자르바예프가 만들어 놓은 체제를 향한 분노가 커지면서 토카예프는 자신의 권력을 강화할 기회를 잡았다.

2022년 1월 5일, 아셀이 알마티에서 총에 맞은 날 나자르바예프는 공화국 안전보장이사회 의장직을 잃었다. 토카예프는 나중에 아마나트(Amanat)로 명칭을 개정하는 대통령 정당인 누르오탄(Nur Otan) 당 총재직을 맡았다.[17] 전직 대통령을 기리던 국경일은 없어졌다.[18] 수도 누르술탄도 다시 아스타나가 되었다.[19] 전직 대통령인 나자르바예프에게 더욱 걱정스러운 점은 신중하게 선택한 후계자가 그의 측근들을 정권의 권력구조에서 제거하기 시작한 것이다. 막강한 국가정보기관인 국가안보위원회(KNB) 수장은 자리에서 쫓겨났을 뿐만 아니라 반역죄로 체포되었다.[20] 다음날인 1월 6일 오전, 토카예프의 요청에 따라 러시아 낙하산부대 3000명이 정권 보호를 위해 카자흐스탄에 도착하면서 나자르바예프는 최후의 일격을 맞았다. 외견상 러시아 군대를 등에 업은 토카예프는 명실상부하게 카자흐스탄에서 가장 강력한 권력을 쥐게 되었다.

일단 독재자가 자리에서 물러나면 법이나 화려한 직함, 의회 직책 같은 것은 아무 의미가 없다. 중요한 것은 후임자가 전임자의 권력을 조금씩 갉아먹고 자신의 힘을 강화할 수 있을 만큼 강력한지 여부이다. 후임자가 강력한 권력을 얻으면 보통 전임자는 권력을 잃기 마련이다. 카자흐스탄에서 바로 그런 일이 일어나기 시작했다. 나자르바예프는 권력에 대한 통제력을 잃고 돈과 자유, 목숨까지 잃을 위험에 처했다. 그의 가족도 위험하기는 마찬가지였다.

여기에는 해결할 수 없는 중대한 딜레마가 존재한다. 한편으로 물러나기를 원하는 독재자는 권력을 손에서 놓았을 때 자신을 보호해 줄 수 있을 만큼 강력하고 유능한 누군가를 찾아야 한다. 반면에 독재자를 보호할 수 있을 정도로 강력하고 유능한 후임자는 독재자를 파멸시킬 수도 있다. 그리고 종종 후임자는 물러나는 독재자를 완전히 짓밟아 버린다. 자존심 강한 독재자가 전임자보다 못한 취급을 받는 데 만족할 리 없기 때문이다.

횃불을 넘겨주려는 독재자는 종종 그 불 때문에 상처를 입는다. 상처를 입지 않고 자리에서 내려올 수 없다면, 이미 트레드밀에 올라선 독재자에게 어떤 다른 방법이 있을까? 한 가지 선택지는 권력을 다음 독재자에게 넘기는 대신 국가체제를 민주주의로 전환하는 것이다. 독재국가보다는 민주주의국가에서 전직 지도자에 대한 처벌이 훨씬 덜 가혹할 것이기에 이 방법은 아주 매력적으로 들린다. 정치학자 바버라 게디스(Barbara Geddes), 조지프 라이트(Joseph Wright), 에리카 프랜츠(Erica Frantz)의 연구에 따르면, 민주화가 이루어지면 자리에서 물러난 지도자가 '좋은' 결과를 얻을 가능성이 두 배 이상 증가한다.[21]

민주주의의 모델은 가지각색이다. 독일 민주주의는 여러 정당이 연정을 구성하는 의원내각제를 채택하고 있다. 영국은 선거제도가 달라서 연정이 더 드문 편이지만 전례가 없지는 않다. 미국에서는 대통령이 군 통수권자를 겸하며 필요한 경우 군사행동을 명령할 수 있다. 스위스는 훨씬 더 직접적인 방식으로 민주주의를 운영한다. 일정 기준 이상 국민들의 서명을 받으면 자신을 대표할 정치인을 뽑을 수 있을 뿐만 아니라 개별 정책에 대한 찬반 투표도 할 수 있다. 일례로 2022년 9월에 스위스에서는 '공장형 농장'에 관한 직접 투표가 이루어졌는데, 유권자들은 공장형 농업을 금지할 수도 있었지만 그렇게 하지 않기로 선택했다.[22]

대부분 독재자는 민주주의에 도움이 되기보다는 방해가 된다. 민주주의의 형식은 아주 다양하지만, 한 가지 공통점은 유권자가 모든 책임을 진다는 점이다. (정치인과 같은) 매개자가 있을 수 있고 모든 이의 투표가 똑같이 중요하지는 않을 수 있지만, 정부에 불만이 있을 때 국민은 정부를 바꿀 수 있다.

대통령 궁 안에서 국가 전체를 좌우지하는 독재자에게 민주주의국가에서 평범한 대통령이나 수상이 되는 것은 탐탁지 않다. 갑자기 탐사보도를 허용해야 한다? 영광스러운 혁명의 아버지인 자신이 의원들로부터 제약을 받아야 한다? 광산 채굴권을 더 이상 돈으로 바꿀 수 없다? 미안하지만 사양합니다.

더 중요한 사실은 민주화를 시도했을 때 독재자가 권좌를 유지한다는 보장이 없다는 것이다. 독재자는 결국 권력을 잃거나 더 나쁜 상황에 처할 수 있다. 권한을 부여받은 의원이나 독립적인 판사로부터 책임을 추궁당할 수도 있다. 이런 시나리오는 특히 개인 권력형 독재자에게 위협적이다. 독재정권 붕괴에 관한 한 연구에 따르면, 민주화가 성공적으로 이루어진다고 해도 개인 권력형 독재자가 '좋은' 결과를 얻을 가능성은 36퍼센트에 불과하다. 다른 유형의 독재자는 민주화로 이행할 동기가 좀 더 많았다. 정당 일인자 자리에 올라 권력을 얻은 권위주의적 지도자들에게는 정당이 대중으로부터 독재자를 보호하는 방어막 역할을 해 줄 수 있다.[23] 하지만 가장 개인적인 권력을 가진 개인 권력형 독재자에게는 그런 방어막이 없다. 따라서 민주주의로 이행한다고 해도 곤경에 처할 가능성이 크다.

트레드밀 전원을 끄는 것이 바람직하다고 해도 모든 독재자가 그런 선택을 할 수 있는 것은 아니다. 플러그를 뽑으려고 시도할 수 있지만, 그것이 실제로 그 나라가 민주주의로 전환하는 단계에 도달한다는 의미는 아니다. 그 일차적인 이유는 독재자를 둘러싼 엘리트들의 우려 때문이다.

트레드밀 전원을 내리는 것은 지도자뿐만 아니라 정권 생존에 자신의 이해가 걸려 있는 대통령 측근 및 권력 실세들에게도 영향을 미치는 결정이다. 독재자와 마찬가지로 그들 중 다수는 상당히 많은 위법행위를 저질렀을 것이다. 지도자의 정적을 제거한 장본인일 수도 있다. 이들은 또한 새로 민영화되는 기업을 실제 가치의 10퍼센트에 불과한 금액으로 인수한 충복들이었을 것이다.

이 모든 요인이 민주주의로 이행하는 과정을 복잡하게 만들지만, 군부가 민주화를 반대하면 상황은 훨씬 더 어려워질 수 있다. 다음과 같은 시나리오를 상상해 보자. 독재자는 민주화 시기가 도래했으며, 그것이 개인적으로 자신의 피해를 최소화하는 길이라고 판단한다.[24] 군간부들은 동의하지 않는다. 아마 군간부들은 현 체제하에서 축재 기회를 충분히 누리고 있으며, 민주적 지도자를 따르면서 가난해지느니 독재자를 따르면서 부유해지기를 바랄 것이다.

하지만 군인들에게 이것은 돈 이상의 문제다. 군간부들에게 악몽 같은 시나리오는 민주화 시도로 정부 체계만이 아니라 지도자까지 새롭게 교체되는 것이다. 그렇게 되면 이중 위협이 생긴다. 민주주의라는 시스템 자체로도 이전에 독재정권을 따랐던 군부에 책임을 물을 가능성이 커지기 때문이다. 하지만 그것이 전부가 아니다. 새로운 지도자는 군간부들이 과거에 누리던 특권을 잃지 않으려 자신에게 불리하게 움직일 수 있다는 우려 때문에 군대에 적대적으로 행동할 충분한 동기를 가지고 있다. 군간부들 역시 새로운 지도자에 맞서 선제적 조치에 나설 가능성이 높은데, 새로운 민주적 지도자들은 임기를 시작하며 안보 부문부터 개혁하는 경우가 많기 때문이다. 여러 타당한 이유로 새로운 지도자는 독재정권을 보호하던 수구세력을 신임하지 않는다.

이런 시나리오는 순전히 가설이 아니고 반복적으로 발생했으며, 트레드밀을 멈추는 일이 독재자들에게 왜 그렇게 위험천만한지를 설명하는 이유 중 하나다. 지도자들은 트레드밀 전원을 내리고 싶어도 측근들이 그렇게 하도록 놔두지 않는다. 이런 까닭에 독재자는 아프거나 지치더라도 멈추지 않고 트레드밀 위에서 계속 달릴 수밖에 없다.

독재자들이 민주주의를 위한 길을 열 때, 그것은 보통 자신의 선택에 따른 것이 아니다. 강요나 실수로 민주주의를 향한 길로 들어설 뿐이다. 권력은 주어지는 것이 아니라 빼앗는 것이다. 캘리포니아대학교 대니얼 트레이스먼(Daniel Treisman)이 1800년 이후에 진행된 민주화 역사를 검토한 후 주장한 것처럼, 민주주의는 종종 실수로 탄생한다.[25]

1982년 봄, 아르헨티나에서는 레오폴도 갈티에리(Leopoldo Galtieri) 독재정권에 맞서 국민들 수천만 명이 거리로 쏟아져 나왔다. 그들이 요구한 것은 "지금 당장 선거를"이었다. 시위대가 요구하는 바를 들어줄 생각이 없던 갈티에리는 엄청난 도박을 감행했다. 전쟁을 일으키기로 한 것이다. 며칠 후 아르헨티나 군대는 본토에서 대서양 남쪽으로 약 480킬로미터 떨어져 있는 영국령 군도인 포클랜드제도를 공격했다. 처음에는 갈티에리의 계획이 효과가 있었다. 군중들은 환호했고 갈티에리는 새로 얻은 인기를 만끽했다.[26] 단 한 가지 문제가 있었다. 이 계획은 영국이 군도를 되찾기 위해 무력을 사용하지 않을 것이라는 가정하에 수립되었다. 그리고 실제로 독재자는 그렇게 믿으며 반격은 "절대로 없을 것"이라고 말했다.[27] 당시 영국 총리였던 마거릿 대처는 측근들로부터 아르헨티나 정부와 협상하라는 압박을 받았다. 그러나 "군사적 결정을 내릴 때는 돈이 문제가 되지 않도록" 재무장관을 전시 내각에서 제외하라는 전임자의 조언을 들은 후 철의 여인은 전쟁에 나섰다.[28] 군함과 잠수함, 개조된 상선 127대로 구성된 영국 함대가 수일 만에 출항했다.[29] 갈티에리의 계산이 잘못되었음이 밝혀지는 데는 오랜 시간이 걸리지 않았다. 갈티에리 군대는 권좌를 지키는 데 도움이 될 영광스러운 승리를 거두는 대신 영국군에 참패했고, 그는 궁지에 몰렸다.

6월 14일, 아르헨티나 정부가 영국에 항복하면서 부에노스아이레스 5월광장은 다시 분노한 군중으로 가득 찼다. 결국 3일 후 갈티에리는 사임했고, 아르헨티나는 민주주의를 향한 길에 들어섰다.[30] 아르헨티나에서 민주화는 선택이 아니었고 독재자가 자리를 지키기 위해, 즉 트레드밀에서 내려오지 않기 위해 필사적으로 노력하는 과정에서 일어났다.

대부분 독재자나 왕, 신권정치가 들에게 자리에서 내려오는 일은 현실적인 선택지가 아니며, 그들도 그 사실을 알고 있다. 물론 가능할 수는 있으나, 책임을 추궁당하지 않는다는 보장이 없는 상태에서 독재자가 권력을 내려놓는 것은 위험할 수 있다. 여기서 두 가지 선택지가 남는다. 트레드밀 위에서 계속 달리는 것과 주위를 둘러보면서 자신을 도와줄 만한 나라가 있는지 알아보는 것이다. 고국에서 은퇴할 수 없다면, 다른 어디에서 가능할까? 이런 경우 사용할 수 있는 마법의 주문은 망명이다. 하지만 그 역시 어려움과 불확실성이 가득한 선택지라는 사실을 곧 깨닫게 된다.

망명은 흔한 일이다. 아니, 흔했던 일이다. 2017년에 아벨 에스크리바폴치(Abel Escribà-Folch)와 대니얼 크르크마릭(Daniel Krcmaric)은 데이터를 살펴본 결과, 제2차세계대전 이후 권력을 잃은 독재자 다섯 명 중 한 명이 해외로 도피했다는 사실을 발견했다.[31]

우간다의 독재자 이디 아민은 탄자니아와 벌인 전쟁에서 패배한 후 리비아와 이라크를 거쳐 사우디아라비아로 도피했다. 튀니지의 벤 알리(Ben Ali)도 사우디아라비아로 도피했다. 콩고에서 자칭 '메시아'로 불리던 모부투(Mobutu)는 자신이 자이르† 전직 대통령으로 알려지는 일은 절대 없을 것이라 말

---

† 콩고민주공화국의 옛 이름. 1971년 대통령으로 있던 모부투가 국호를 자이르로 바꾸었고, 1997년 그가 대통령직에서 쫓겨나면서 국호도 콩고민주공화국으로 환원되었다.

하면서도 모로코에 정착했다. 하지만 떳떳하지 못한 정권들만 국민에게 깊은 고통을 준 잔혹한 지도자들에게 망명지를 제공하는 것은 아니다. 셀 수 없이 많은 불미스러운 인물들이 자유민주주의국가를 은신처로 선택했다. 프랑스는 냉전 기간은 물론이고 그 후에도 권좌에서 쫓겨난 수많은 아프리카 독재자들을 받아 주었다. 전직 페루 독재자 알베르토 후지모리(Alberto Fujimori)는 실권 후 일본으로 도피했다.[32]

망명은 보통 매력적이어서가 아니라 죽음이나 투옥을 제외하면 다른 대안이 없기 때문에 채택하는 선택지이다. 독재자들이 정치권력에 흥미를 잃어서 그냥 짐을 싸서 떠나는 경우는 거의 없다. 많은 경우에 독재자들은 쫓겨난다. 앞에서 언급한 2017년 연구에 따르면, 해외로 망명한 독재자 중 약 84퍼센트가 "쿠데타나 반란, 내전 중에 보복당할 위험에 처해 있었다".[33]

망명이 매력적인 선택지가 아닌 데에는 여러 이유가 있다. 우선, 망명을 하면 당연히 권력을 잃는다. 대통령 궁에 입성하기 위해, 그리고 권력의 중심에 오르기 위해 지칠 줄 모르고 노력했지만, 추방당하는 순간 한물간 사람으로 전락한다. 하지만 더 중요한 이유는 도피할 만한 적당한 장소를 찾는 일이 너무나 어렵기 때문이다. 망명에 실패하면 편안한 은퇴 생활을 찾아 떠나지 못한 채 그저 하루 또는 한 달 정도 죽음이 연기될 뿐이다.

이런 결정들은 보통 위기 순간에 이루어지는 경향이 있어서 지도자들이 얼마나 합리적 판단을 내리는지 파악하기는 어렵지만, 미래를 위한 '은퇴' 목적지를 선택할 때 고려해야 할 사항은 상당히 많다. 하지만 정권이 위협받는 (또는 최소한 지도자가 위협받는) 순간이 다가올 때는 일분일초가 절대적으로 중요하고, 그런 상황에서는 합리적 판단을 하기 쉽지 않기 때문에 목적지를 선택하는 데 여러 가지를 고려하기 어려울 수 있다.[34]

1989년 12월 21일, 24년이 넘는 기간 동안 루마니아공산당 총서기장을 지낸 니콜라에 차우셰스쿠(Nicolae Ceaușescu)가 중앙당사 발코니에 섰다. 동유럽의 겨울 추위를 막아 줄 검은색 코트를 입고 그에 어울리는 모자를 쓴 차우셰스쿠가 일생일대의 연설을 하려던 참이었다. 그의 앞에는 부쿠레슈티궁전 광장에 모인 시민들 수만 명이 있었다. 며칠 전 이 독재자는 보안군에게 루마니아 서부에 있는 티미쇼아라(Timișoara)에서 시위대에게 발포하라는 명령을 내렸다. 그 후 루마니아는 대혼란에 빠졌고, 방송을 통해 송출될 위대한 지도자의 연설이 질서를 회복하는 데 일조할 것으로 보였다. 분명 쉽지 않은 일이겠지만, 자칭 카르파티아산맥의 천재(Genius of Carpathians)는 자신이 그 임무를 해낼 수 있다고 생각했다.

하지만 연설하는 동안 사람들의 마음이 떠나는 것을 느끼면서 차우셰스쿠의 표정은 서서히 변했다. 사람들은 환호하는 대신 그에게 야유를 퍼부으며 연설을 방해했다. 차우셰스쿠는 당황한 표정을 지었다. 어떻게 감히 그럴 수가 있었을까? 그리고 어떻게 이런 일이 벌어질 수 있었을까? 누구도 공격할 수 없는 강력한 정권이라는 인식을 바탕으로 세워진 정치체제에서 군중이 연설 중인 지도자에게 야유를 보내는 것은 아주 당황스러운 일이었고, 방송은 바로 중단되었다.[35]

총서기장은 이전에도 힘겹게 싸웠지만, 이번 위기는 달랐다. 차우셰스쿠와 43년 동안 그의 아내였던 엘레나(Elena)는 그날 밤늦게 건물 옥상으로 향했다. 수도 공항에서 이륙한 루마니아군 헬기 한 대가 그들을 태웠다. 계획에 따르면 그 헬기로 근처 도시까지 이동한 후 그곳에서 다른 헬기들이 차우셰스쿠 부부를 기다리기로 되어 있었다. 다른 헬기들이 도착할 조짐이 전혀 보이지 않자, 조종사는 다시 이륙하여 군 비행장으로 향했다.[36]

공중에서 영원처럼 느껴졌을 순간에 헬기 무전에서 목소리가 흘러나왔다. "정부가 무너졌다." 군이 더 이상 독재정권을 지지하지 않게 되자, 차우셰스쿠(그리고 헬기에 있던 모든 이들)는 심각한 위험에 빠졌다. 조종사가 차우셰스쿠에게 이 사실을 전했을 때 그는 믿을 수가 없었다. 그들은 착륙해야 했다. 그것도 아주 신속하게 해야 했다.

"안 돼! 다 끔찍한 거짓말일 뿐이야. 자네는 대의를 따르지 않을 셈인가?" 차우셰스쿠가 물었다. 그러나 착륙하지 않으면 언제든지 격추될 수 있다는 소리를 듣고는 결국 수긍할 수밖에 없었다. 헬기에서 내리면서 차우셰스쿠는 조종사에게 다시 물었다. "자네는 대의를 따르고 있나?" 그러자 조종사는 "내가 어떤 대의를 따라야 합니까?"라고 대답했다.

군이 등을 돌리고 헬기도 이용할 수 없는 상황에서 차우셰스쿠 부부는 탈출하기에 너무 늦었고 결국 얼마 지나지 않아 발각되었다. 재판이라기보다는 쇼에 가까웠던 보여 주기식 재판이 진행된 후, 두 사람은 모두 사형을 선고받았다. 법정 밖으로 끌려 나가면서 차우셰스쿠는 공산주의 투쟁가인 〈인터내셔널가〉를 불렀고, 그의 아내 엘레나는 자신들을 조롱하는 군인에게 "빌어먹을"이라면서 악을 썼다.[37] 죽음을 피할 수 없다는 사실을 알고 그들은 마지막으로 한 가지를 요청했다. 두 사람은 함께 처형되기를 바랐다. 사형집행관은 그들의 요구를 들어 주었다. 차우셰스쿠 부부가 벽을 등지고 나란히 서자 칼라시니코프(Kalashnikov, 자동소총의 한 종류)가 발포되었다.[38] 그리고 두 사람은 그 자리에서 사망했다.

사형집행관은 나중에 그날에 대해 이렇게 말했다. "혁명은 무릇 피를 먹고 자라는 법이지요." 이 집행관은 방아쇠를 당기기 불과 3일 전에 차우셰스쿠에게 그를 지지하고 보호하겠다는 충성 서약을 했었다.[39]

(지나치게 위험한 직업을 선택한 것을 제외하고) 차우셰스쿠가 저지른 커다란 실수는 몰락의 순간이 오기 전에 적절한 대비책을 수립하지 않았다는 것이다. 그는 너무나, 너무나 자신감이 넘쳤다. 그날이 권력의 마지막 날이 될지도 모른다는 사

실을 깨달았을 때 차우셰스쿠는 더 이상 탈출할 수 없었다.

하지만 이게 정말 놀랄 일인가? 이 책은 불가능한 삶을 살았고 불가능한 일을 한 사람들을 다루고 있다.[40] 젊은 차우셰스쿠는 18세에 공산주의 활동으로 투옥되었다. 그 후 루마니아는 제2차세계대전을 겪고 소련의 통치를 받았다. 농민 집안에서 태어난 차우셰스쿠는 세계적으로 보기 힘들 만큼 거대한 궁전을 스스로 지을 수 있을 정도로 자신의 삶을 개척한 인물이었다.

영화에서나 볼 수 있을 정도로 비현실적인 삶을 살았던 사람은 차우셰스쿠만이 아니다. 벤 알리는 튀니지의 사막에서 프랑스 식민지 주둔군과 싸우다가 그 나라의 독재자가 되었지만, 결국 정권에 반대하는 대규모 시위로 전복되었다. 카다피 대령이나 이디 아민, 모부투, 이들은 모두 죽을 고비를 수없이 넘겼다. 실제로 이들이 자신을 권좌에서 끌어내린 사건을 특별하게 생각해야 할 이유가 있었을까? 이전에 불가능한 일을 해냈던 그들은 또다시 그럴 수 있다고 굳게 믿었다. 어쩌면 할 수 있는 한 오래도록 권력을 유지하기 위해서 그런 믿음을 가져야만 했을지도 모른다.

모든 게 끝나는 순간이 오면 일분일초가 중요하기 때문에 최종 목적지로 가는 도중에라도 가까운 곳으로 피신할 수 있어야 한다.[41] 우호적인 주변국에 둘러싸인 독재국가는 거의 없는데, 독재자들에게는 이마저도 극복하기 어려운 장애물이다. 그러나 이것이 유일한 문제는 아니다. 이웃 국가 지도자가 우호적이라서 전직 독재자에게 비교적 평온하게 은퇴할 기회를 제공한다고 하더라도, 독재자의 적들은 모든 수단을 동원해 그 지도자의 마음을 바꾸려 할 것이다. 독재자가 상대적으로 자유로운 곳에서 살아남으려면 어떤 압력에도 굴복하지도 않고 자신들을 쫓아내지도 않을 국가를 찾아야 한다. 그런 국가를 찾기란 말처럼 쉽지 않은데, 세계에서 가장 잔인한 지도자들에게는 더욱 그렇다.

잔인하기로 악명 높은 서아프리카의 전쟁범죄자 찰스 테일러(Charles Taylor, 1997년부터 2003년까지 라이베리아 대통령을 지낸 독재자이자 시에라리온 내전을 일으킨 전범)에게 이 문제는 아주 현실적인 사안이었다. 2003년 테일러는 나이지리아의 망명지에서 여생을 보낼 수 있다는 조건으로 권좌에서 내려왔다. 처음에는 일이 잘 풀리는 듯했고, 테일러가 과거 행적 때문에 곤란한 상황에 처할 일은 없을 것처럼 보였다. 당시 나이지리아 대통령은 테일러를 강제 추방해서 법정에 세우는 일은 없을 것이라고 명시적으로 약속했다.[43] 오바산조(Obasanjo) 나이지리아 대통령은 테일러가 아부자(Abuja, 나이지리아의 수도)에 도착했을 때 "우리는 그가 나이지리아에 있는 동안 편안하게 지낼 수 있도록 노력할 것입니다"라고 말했다. 테일러가 살게 될 새로운 거처 역시 언덕 위에 자리 잡은 빌라 세 채로, 나이지리아 경찰이 경비를 섰으며 그다지 초라하지 않았다. 미국 대통령조차 테일러를 어떻게 대할지는 나이지리아 국민

이 결정할 문제라고 말했다.[44]

하지만 테일러가 해안 지구에서 보낸 안락한 삶은 오래가지 않았다. 인권 단체와 자유민주주의국가들로부터 엄청난 압박을 받으면서도 처음에 나이지리아 정부는 "그에게 피난처를 제공하기로 한 합의는 지켜져야" 한다고 말했다.[45] 그러나 궁극적으로 권력과 돈이 전부인 비즈니스에서 약속은 그다지 중요하지 않았다. 나이지리아 대통령은 자신이 재임하는 동안 그런 일은 절대 일어나지 않을 것이라고 말한 지 3년 만에 테일러에 대한 보호를 중단했다. 보호자를 잃은 테일러는 모든 것을 잃었다. '몬로비아(Monrovia)의 도살자'로 불리던 찰스 테일러는 50년 형을 선고받고 현재 영국 더럼주 감옥에서 여생을 보내고 있다.[46] 테일러는 해외로 나가는 도박을 감행했으나 실패했다.

망명을 해야 하는 상황에 놓인 독재자들이 찰스 테일러와 같은 운명을 피하려면 자신을 포기하지 않을 나라를 찾아야만 한다. 하지만 어떻게 그런 국가를 찾을 수 있을까? 비민주적이면서 강력한 국가를 찾는다면 본국으로 인도될 가능성을 줄이는 가장 좋은 기회를 잡은 셈이다.[47] 예전에는 민주주의국가들이 전직 독재자들을 기꺼이 받아 주었지만, 현재 민주국가의 정부들은 대중의 압력에 훨씬 더 취약하다. 당연한 말이지만, 정부가 여러 전쟁범죄로 악명 높은 독재자에게 자국 문호를 개방하겠다고 말할 때 환영할 유권자는 거의 없을 것이다. 찰스 테일러의 재판에서 판사는 이렇게 말했다. "피고인은 역사상 가장 극악무도하고 잔인한 여러 범죄를 계획했을 뿐만 아니라 방조한 책임이 있다는 사실이 밝혀졌다."[48] 어떤 유권자가 이런 사람을 자국에 받아들이고 싶어 할까? 나는 아니다. 아마 여러분도 아닐 것이다.

독재자를 받아들이는 일이 국익에 부합한다고 판단될 경우 민주적 지도자들도 상당한 기간 동안 선거의 압력을 버틸 수 있지만, 아마도 굴복하게 되는 순간이 올 것이다. 게다가 특정 정부가 그 압력을 버텨 낸다고 하더라도 다음 정부는 그렇지 않을 수 있다. 이런 상황을 고려하면 독재자에게 진정한 안전이란 존재하지 않는다. 독재자의 운명은 바람 앞에 놓인 등불과 같다.

망명지로 독재정권이 더 선호되는 데는 두 가지 이유가 있다. 우선 시민들의 반발을 차단할 수 있고, 오랜 기간 정책이 급격하게 변하지 않을 가능성이 높기 때문이다. 그러나 이 역시 망명지를 제공한 정권이 안정적이어서 외국의 압력을 견딜 수 있어야만 가능하다.[49]

하지만 운이 나쁜 경우 도피한 비민주적 독재정권이 민주적 체제로 바뀌는 현실을 마주하게 된다. 세네갈로 도피한 차드(Chad)의 독재자 이센 아브르(Hissène Habré)에게 일어난 일이다.[50] 세네갈의 정치체제가 권위주의에서 민주주의로 바뀌면서, 아브르가 세네갈에서 안락하게 은퇴 생활을 누릴 기회도 사라졌다. 2013년 세네갈이 민주화된 이후 아브르는 반인

도적 범죄행위, 고문 및 수많은 전쟁범죄 혐의로 기소되었다.[51]

물론 좀 더 직접적인 안전 문제도 있다. 망명을 통해 독재자들은 즉각적인 위협에서 벗어날 수 있다. 더 이상 독재자의 적들이 쇠고랑을 들고 궁 앞에 서 있지 않기 때문이다. 그렇다고 독재자가 궁 문을 열고 떠나는 순간 이런 적들이 연기처럼 흔적도 없이 사라진다는 말은 아니다. 독재자는 더 이상 권좌에서 총검으로 무장한 군인들의 보호를 받지 못하기 때문에, 적들은 여전히 사방에 숨어서 그를 공격할 기회를 노리며 기다릴 가능성이 있다. 권력을 떠나면 일촉즉발의 상황은 어느 정도 완화되겠지만, 그렇다고 완전히 안전하다는 의미는 아니다. 권력을 내려놓는 순간 언제든 적들로부터 공격받을 수 있다. 공격에 저항하는 능력만으로는 충분하지 않다. 저항을 위해서는 권력이 필요하며, 이 모든 것을 제공할 수 있는 망명지는 거의 없다.

독재자 입장에서 보면, 사우디아라비아 같은 나라를 목표로 삼을 만하다. 1932년 사우드왕조(House of Saud)가 통일한 이래로 계속 같은 왕조가 통치하고 있으며 그 이후로 내전도 없었던 사우디아라비아는 절대군주가 통치하는 국가치고는 놀라울 정도로 안정적이다. 게다가 사우디아라비아는 연간 군비지출이 550억 달러가 넘는 것으로 추정되는 거대한 산유국이다.[52] 언론의 자유도, 독립적인 매체도, 정부에 반대하는 실질적인 시민사회도 없다. 그렇다고 해서 사우드왕조가 무너지지 않는다고 장담할 수는 없지만, 외부에서 압력을 가하기는 확실히 어렵다. 게다가 사우디아라비아는 과거에 이미 전직 독재자 여럿을 '성공적으로' 받아들인 적이 있기에 망명지로서 적합성이 입증되기도 했다. 사우디아라비아 지도자가 바뀌더라도 정권은 그대로 유지되기 때문에 정책이 급격하고 빠르게 변하지는 않을 것이다. 아버지가 전직 독재자를 받아들이는 데 동의했다면, 아들이 왕좌에 오른 후에 그를 쫓아내지는 않을 것이다.

이 모든 일 중에서 가장 큰 어려움은 독재자가 누군가를 설득하여 자신을 받아들이도록 해야 한다는 것이다. 그렇다면 그들이 독재자를 받아들일 준비가 되어 있는 이유는 무엇일까? 정권 유형과 무관하게 축출된 독재자에게 망명지를 제공하는 이유는 여러 가지일 수 있다. 우선 해당 독재자를 자국 내에서 보호함으로써, 좀 더 일반적으로 말해서 그를 살려 둠으로써 얻을 수 있는 이익이 있기 때문이다. 가령 축출된 독재자가 망명지를 제공한 국가에 든든한 연줄을 가지고 있어서 그 정부가 독재자의 영향력을 유리하게 이용할 수 있다고 생각할 수도 있다. 아니면 독재자가 다시 정권을 잡아서 망명지를 제공해 준 데 대해 감사하는 마음을 품은 채 재기에 성공할 가능성도 있다. 일정 기간 망명 생활을 한 후 권력에 복귀한 독재자의 사례로는 탈레반을 들 수 있는데, 이들은 실제로 카타르에 (한때는 국기까지 갖춘) 사무소를 설치하기도 했다.[53]

독재자가 권력을 되찾을 가능성이 아주 희박해서 이 카드를 쓸 수 없다면, 또 다른 방법이 있다. 국가기관이나 국민들이 가지고 있는 자원과 관심은 한정적이다. 만일 정부나 기관이 통제할 수 없는 곳에 있는 실제 또는 상상의 '위협 세력'에 정신이 팔려 있다면, 그 존재를 경계하는 데 신경을 쓰느라 다른 사안에 집중할 수 없다. 이런 상황이 다른 국가에는 유리하게 작용할 수 있으며, 축출된 독재자에게는 자신의 몸값을 올리는 기회가 될 수도 있다.

또 다른 전략은 의리에 호소하는 것이다. 2021년 여름, 서방 군대가 급히 아프가니스탄을 떠나면서 통역사와 같이 그들을 직접적으로 도왔던 수많은 아프간 사람들은 그대로 남겨졌다. 미국군, 영국군, 독일군 등에게 더 이상 보호받을 수 없게 되면서 그들은 자신들이 권력에서 몰아내려 했던 바로 그 사람들에게 자비를 구할 수밖에 없었다. 이 상황은 대대적으로 그리고 공개적으로 서방 정부는 믿을 수 없다는 메시지를 남겼다.

집권 당시 협력했던 국가 지도자가 곤경에 처했을 때, 그에게 망명지를 제공하는 것은 상황이 어려워지더라도 협력관계에 있던 지도자를 잊지 않을 거라는 신호가 될 수 있다. 의리까지는 아니더라도 유혈 사태를 피하고 싶은 마음에 도움을 줄 수도 있다. 독재자들이 권좌를 지키기 위해 총을 쏠 수밖에 없는 상황에 직면하면, 외부 권력에 '황금낙하산(Golden Parachutes)'†을 제공해 달라고 호소할 수 있다. 필리핀의 경우 이 두 요소가 함께 작용했다. 협조적 관계에 있었으나 현재 곤경에 처해 있는 지도자에 대한 의리도 있었지만, 대학살을 막으려는 의도도 있었다.

2022년 6월 30일, 페르디난드 '봉봉' 마르코스 2세(Ferdinand 'Bongbong' Marcos Jr)는 마닐라에 있는 국립미술관 무대에서 일어섰다. 필리핀 대통령으로서 막 선서를 마친 마르코스 2세는 국민에게 자신이 과거를 이야기하려고 그 자리에 선 것이 아니라고 말하며 다음과 같이 말을 이었다. "나는 우리의 미래에 관해 이야기하려고 이 자리에 섰습니다."[54] 그가 이런 말을 한 것은 결코 우연이 아니었다. 36년 전 그의 아버지 페르디난드 마르코스(Ferdinand Marcos)는 길었던 독재 기간 중 가장 어려운 결정을 내려야 했다. 필리핀 국민이 거리로 쏟아져 나오고 정권 핵심 인사들이 대중의 압력에 굴복하여 이탈하는 상황에서 마르코스는 미국 상원의원이자 레이건 대통령 측근인 폴 락살트(Paul Laxalt)에게 전화를 걸었다.

한밤중이었고 마르코스는 겁에 질려 있었다. 그는 잠들 수가 없었다. "이제 깨끗이 포기하고 물러나세요. 때가 되었습니다." 락살트가 말했다. 그러자 오래도록 침묵이 이어졌다. 침묵이 너무 길어지자 락살트는 결국 마르코스에게 전화를 들고 있는지 물었다. 마르코스는 전화를 끊지 않고 있었다. 그는 전화

---

† 기업 고위 임원이 강제로 퇴임할 때 지급되는 거액의 보상으로, 기존 경영진의 신분을 유지하기 위한 전략. 여기서는 축출된 독재자의 안전을 보장하는 것을 의미한다.

를 끊기 전에 "정말, 정말 실망했습니다"라고 말했다.[55]

밤 9시 5분, 미군 헬기 두 대가 필리핀 대통령 궁 인근에 내려서 마르코스와 수행단을 태웠다.[56] 목적지는 마닐라에서 약 64킬로미터 떨어진 클라크공군기지였다. 그곳에서 독재자는 춥고 시끄러운 C141 수송기를 타고 괌을 거쳐 하와이로 향했다.[57] 또 다른 항공기 한 대도 같은 경로로 비행했다.

수송기에는 수행원보다 훨씬 많은 것들이 실려 있었다. 정말 많은 것들이 있었다. 세관에 신고해야 했기에 마르코스가 무엇을 가져왔는지 정확히 알려져 있다. 마르코스가 공식적으로 1년에 1만 3500달러 이상을 벌지 못했다는 사실을 고려할 때, 23페이지에 달하는 세관 기록은 믿을 수 없을 지경이었다. 수송기에는 보석 140개가 박힌 커프스단추, 벽돌 크기의 골드바 24개, 다이아몬드 목걸이를 한 상아 예수상, 필리핀 통화로 2700만 페소가 실려 있었다. 그러나 비행기에 가득 실린, 이 말도 안 되는 보석과 금조차 마르코스가 국민에게 훔친 돈 중 극히 일부에 불과했다. 이후 필리핀 대법원이 추정한 바에 따르면, 마르코스는 100억에 달하는 금액을 부정하게 축재했다.[58] 필리핀 페소가 아니라 미국 달러였다.

미국과 같은 민주주의국가에서 독재자에게 황금낙하산을 제공하는 것, 즉 망명을 허용하는 것은 어려운 문제다. 한편으로 마르코스 같은 독재자에게 망명을 허용하면 유혈 사태 가능성을 크게 줄여서 수많은 무고한 생명을 구할 수 있다. 다른 한

편으로 미국은 이미 마르코스가 수년간 권력을 유지하도록 도와줌으로써 그가 필리핀에서 더 많은 돈을 훔치는 데 실질적으로 기여했다. 과연 망명이 마르코스가 마땅히 누려야 할 대가였을까? 절대 아니다. 오랜 세월 권좌에 앉아 국민을 등치고 학대한 독재자는 하와이 빌라가 아니라 판사 앞에 있어야 했다. 하지만 언제나 그렇듯이 여기에도 상충관계가 존재한다. 만약 그 상황에서 외부 도움이 없다면, 지치고 겁먹은 위험한 독재자에게는 완전히 무고한 민간인을 죽이는 방법 이외에 다른 탈출구가 없다. 헬기로 선대 마르코스를 안전한 곳으로 이동시키지 않았다면 더 많은 필리핀 사람이 죽었을 것이다.

지난 20년 동안 독재자들이 안전한 망명지를 찾는 일은 훨씬 어려워졌다. 그 이유는 국제형사재판소(International Criminal Court, ICC)가 생기면서 관련 사안에 대한 국제 사법 정의가 발전했기 때문이다. 헤이그에 위치해 2002년부터 운영되고 있는 국제형사재판소의 설립 취지는 두말할 나위 없이 훌륭하다. 범죄를 저지른 행위자에 대한 책임을 자국 법원에서 물을 수 없는 경우, 국제 법원이 개입하여 정의를 실현하는 데 기여한다는 것이다. 이 모델은 어느 정도 성공을 거두었다. 일례로 2012년 국제형사재판소는 콩고 군사 지도자 루방가(Lubanga)에게 아동을 납치하여 강제로 전쟁에 동원한 혐의로 징역 14년 형을 선고했다. 재판 당시 한 유명한 인권 단체는 "루방가의 징역형은 정의를 실현하고자 하는 피해자들에게도 중요하지만,

전 세계에서 소년병을 동원하는 이들에게 보내는 경고라는 의미에서도 중요하다"라고 논평했다.[59] 이렇게 경종을 울리는 일이 긍정적인 영향을 미친다는 사실을 부인할 사람은 거의 없다. 국제형사재판소가 존재함으로써 반군 지도자나 군 장군 단 한 명이 12세 아이에게 칼라시니코프를 들라고 강요하지 않게 할 수 있다면, 그것은 승리다.

하지만 이 승리는 공짜가 아니다. 소년병을 동원하거나 전쟁범죄를 저지르는 사람들에게는 재판소의 존재나 기소의 위협이 오히려 최대한 오래도록 권력을 지켜야 할 또 다른 이유가 될 수도 있으며, 그에 따라 피비린내 나는 결과를 초래할 수 있다. 독재자가 '사라지거나' 후계자에 의해 살해당하는 것을 어떻게든 피하더라도, 네덜란드로 (또는 찰스 테일러처럼 더 럼주로) 보내져 여생을 감옥에서 보내게 될지도 모르기 때문이다.

2018년에 출판된 한 논문에 따르면, 망명의 형태는 급격하게 변하고 있다. 예전에는 잔혹한 행위를 주도한 지도자들과 그렇지 않은 지도자들이 거의 같은 비율로 망명길에 오르곤 했다. 현재에는 국제 사법 정의가 발전하고 국가들이 최악 중에서도 가장 최악의 지도자에게 황금낙하산을 제공하지 않으려 하면서, 최악의 지도자들이 "망명을 선택지로 삼을 가능성이 여섯 배 가량 낮아졌다".[60]

미국 중서부정치학회에서 발간하는 학술지에 실린 이 연구

결과가 전 세계 여러 대통령 궁에 전달되지 못했을 수도 있지만, 독재자들은 상황이 변하고 있다는 사실을 분명히 인식하고 있다. 나이지리아 정부가 테일러를 인도하기로 했다는 사실이 알려지자, 리비아의 무아마르 카다피 대령은 "이제 모든 국가 원수가 비슷한 운명에 처할 것이다. 심각한 선례가 생겼다"라고 말했다.[61]

짐바브웨의 전직 독재자 로버트 무가베(Robert Mugabe)는 테일러의 친구였다. 테일러에게 일어난 일을 본 무가베는 자신이 짐바브웨를 떠날 방법은 오직 한 가지, 관 속에 들어가는 것밖에 없다고 말했다.[62]

살해나 송환 위협이 끊이지 않았기 때문에 적당한 망명지를 찾는 것은 예전에도 절대 쉽지 않았다. 하지만 세상은 점점 좁아지고 쫓겨날 가능성은 더욱 커지는 현재 상황에서 망명지를 찾는 일은 훨씬 더 어려워졌다. 그 결과 독재자들이 할 수 있는 유일하고 합리적인 선택은 더 이상 권력을 유지할 수 없을 때까지 권력을 놓지 않는 것이다. 그를 위해 더 많은 살인과 더 많은 도둑질을 해야 한다면, 그들은 그렇게 할 것이다.

기술적으로는 트레드밀을 떠날 수 있지만, 위험부담이 크기 때문에 그런 도박을 하려는 사람은 거의 없다. 계속 뛸 것인지 아니면 플러그를 뽑을 것인지, 뛰어내릴 것인지를 선택해야 하는 상황에 직면하면, 독재자들은 대부분 계속 뛰는 것을 선택할 것이다. 하지만 트레드밀 위에서 독재자들이 걱정해야 할 문제가 움직이는 발판만은 아니다. 대개는 가장 가까운 사람들이 가장 큰 위협이 될 수 있기 때문에 독재자들은 달리는 동안에도 항상 뒤를 조심해야 한다.

2장
내부의 적

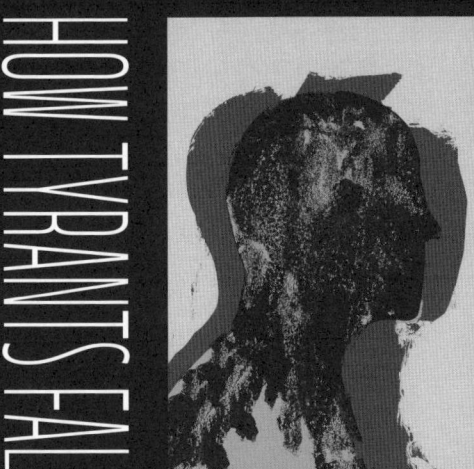

2장 내부의 적

적들은 이곳에 있다는 사실을 알아야만 한다. 적은 해외에 있지 않다. 우리 가까이, 우리 대열 내부에 있다.[1]

이센 아브르(차드 대통령)

1762년 6월 28일 밤에 예카테리나대제(Catherine the Great)는 페테르고프궁(Peterhof Palace)에 있는 여름 별장인 몽플레지르(Monplaisir)에서 잠을 자고 있었다. 핀란드만의 바다에서 불과 몇 미터 위쪽에 자리 잡은 그곳은 제국의 수도 상트페테르부르크(St Petersburg)와 같은 부산함에서 벗어난 고요한 휴양지였다.[2]

갑자기 한 남성이 예카테리나의 침실로 뛰어 들어왔다. "올 것이 왔습니다! 일어나서 저와 함께 가시지요!" 그 군인이 말했다. 잠에서 덜 깬 예카테리나는 어리둥절한 표정으로 "무슨 소리야?"라고 물었다. 그 군인이 대답했다. "파섹(Passek) 대위가 체포됐습니다."[3]

예카테리나는 이제 일분일초를 다퉈야 했다. 파섹 대위는 예카테리나가 남편인 러시아 차르 표트르 3세(Peter Ⅲ)를 전복하려고 꾸민 음모에 가담하고 있었다. 파섹이 고문당한다면 예카테리나가 연루된 사실은 금세 들통날 것이었다. 그리고 그 사실이 발각된다면 예카테리나는 순식간에 교수대로 끌려갈 것이 분명했다.[4]

지난 몇 년 동안 예카테리나는 힘든 시간을 보냈다. 표트르 3세는 오랫동안 아내를 멀리했고, 결국 예카테리나는 표트르 3세가 자신을 제거하고 정부인 엘리자베타(Elizaveta)와 결혼하려 한다고 확신하게 되었다. 표트르 3세는 사람들 앞에서 공공연히 아내를 모욕하고 굴욕감을 주었다.[5] 술에 취해 아내를 위협했고, 거짓말을 하고, 음모를 꾸몄다. 예카테리나는 목숨을 위협받는 상황에 처해 있었다.

표트르 3세는 즉위한 지 몇 달 만에 궁정 내 거의 모든 주요 파벌과 적대적인 관계가 되었다. 그가 이상하리만큼 친프로이센 성향을 드러내는 데 대해 많은 군인이 분노했다. 그는 프로이센 왕인 프리드리히대왕(Frederick the Great)에 과도하게 집착한 나머지 러시아 군인들에게 프로이센 병사들과 비슷한 옷을 입혔다.[6] 선대 왕은 오스트리아와 연합하여 프로이센과 전쟁을 벌였으나, 표트르 3세가 즉위한 후 첫 번째로 보여 준 행동은 러시아의 적으로 패배 직전에 몰려 있던 프로이센을 구하는 일이었다. 표트르 3세는 베를린으로 진격할 수 있었지만 그러지 않았다. 프리드리히대왕이 전쟁을 끝내는 대가로 제안한 영토도 받지 않았다. 표트르 3세가 러시아의 우위를 밀어붙일 의지가 없었기 때문에 러시아 군대는 전쟁에서 아무것도 얻지 못한 채 지쳐 갔고, 표트르 3세는 그런 군대를 이끌고 슐레스비히(Schleswig, 발트해 연안의 항구 도시)를 장악하고 있다는 이유로 덴마크와의 전쟁을 준비했다. 이 문제는 사실 러시아와 아무런 상관이 없었지만, 표트르 3세의 이상한 집착이 또 한 번 드러났다.[7] 이런 사건들로 많은 병사가 격분했다.

표트르 3세와 달리 예카테리나는 궁정 내에서 권력자들과 동맹을 맺는 데 탁월한 능력을 발휘했다. 이 독일 공녀는 러시아에 온 첫날부터 러시아 문화를 수용했다. 러시아어를 배우고 러시아정교를 진심으로 받아들이려고 최선을 다했다. 예카테리나는 자신이 말한 것처럼 "러시아인들에게 사랑받을 수밖에 없게" 행동했다.[8] 그리고 분명히 궁정의 많은 러시아인들이 예카테리나를 사랑했거나, 최소한 표트르 3세보다는 좋아했다. 신하 중 한 명은 "남편인 표트르 3세를 경멸하는 마음이 커지는 만큼 황후에 대한 연민도 커졌다"라고 말했다.[9]

검은 옷을 입은 예카테리나는 황족 경호 임무를 맡은 이즈마일롭스키 근위대 막사로 향했다. 병사들은 막사에서 예카테리나의 손과 발, 드레스 자락에 입을 맞췄다.[10] 겨울궁전(the Winter Palace, 상트페테르부르크에 위치한 궁전으로 20세기 초까지 러시아 황실의 겨울 거처로 사용되었다)에 도착하자, 사제, 평의회 의원, 궁정 근위대는 권력 투쟁에서 남편 표트르 3세 대신 예카테리나를 지지하겠다는 의사를 분명히 밝혔다.[11] 이들의 지지를 받더라도 남편을 어떻게 할 것인가라는 문제는 여전히 남아 있었다. 표트르 3세는 수도에서 멀리 떨어져 있었지만 여전히 군사 수천 명을 움직일 수 있는 권한을 갖고 있었다.

예카테리나가 자신을 배신한 것이 명백해지자 표트르 3세는 몹시 당황했고 혼란에 빠졌다. 협상을 시도해야 할까? 그때 그의 장군 중 한 명이 상트페테르부르크로 진격하라고 조언했다.[12] 표트르 3세 수중에 있는 군사력이면 부인과 공모자들을 쓸어 버릴 수 있었다. 그렇게 한다면 마땅히 자기 것인 왕좌를 되찾을 수 있었을 것이다. 하지만 부인 예카테리나와 달리 표트르 3세는 그럴 능력이 없었다. 그는 장군의 조언대로 결단을 내리지 못한 채 머뭇거렸다.

상트페테르부르크에서 예카테리나는 자신이 할 수 있는 가장 대담한 행동을 취했다. 황실 근위대가 입는 녹색 제복으로 갈아입은 후 하얀 종마에 올라타고 직접 군대를 이끌고 남편을 처단하러 나선 것이다.[13] 예카테리나가 받아들일 수 있는 유일한 제안은 표트르 3세의 조건 없는 퇴위를 명문화하는 것뿐이었다. 그에게 이것은 최대의 굴욕이었다.

러시아 황제로 즉위한 지 6개월도 채 되지 않아 표트르 3세는 상트페테르부르크에서 남서쪽으로 약 30킬로미터 떨어진 로프샤(Ropsha) 성에 유폐되었다. 그리고 폐위된 지 일주일도 되지 않아 사망했다.

권력은 상관적이다. 추종자가 없으면 지도자도 될 수 없다. 하지만 독재자가 권력을 유지하기 위해 만족시켜야 하는 사람은 소수일 뿐이다. 동시에 이들은 독재자를 무너뜨릴 가능성이 가장 큰 사람들이다. 데이터를 보면 이런 사실을 분명하게 알 수 있다. 1950년에서 2012년 사이에 권위주의적 지도자 473명이 권력을 잃었다. 한 분석에 따르면 이들 중 65퍼센트가 정권 내부자에 의해 제거되었다.[14] 정말 위험한 사람은 공개적으로 지도자를 반대하는 사람들이 아니라 지도자를 자주 만나면서 웃는 얼굴로 다음 행동을 계획하는 사람들이다.

독재자가 어떻게 살아남는지(또는 몰락하는지)를 이해하기 위해서, 브루스 부에노 데 메스키타(Bruce Bueno de Mesquita)와 알라스테어 스미스(Alastair Smith)가 『독재자의 핸드북(The Dictator's Handbook)』에서 개괄한 세 집단에 대해 생각해 보자.[15] 첫 번째 집단은 이론상 중요한 사람들, 즉 지도자가 통치를 위해 자기편으로 끌어들여야 한다고 여기는 이들이다. 두 번째 집단은 실제로 중요한 사람들, 즉 지도자가 통치를 하는 데 필요한 이들이다. 세 번째는 지도자가 통치하는 데 없어서는 안 될 극소수의 내부 핵심 집단이 있다.

[데 메스키타와 스미스가 '명목 선출인단(nominal selectorate)'이라고 부르는] 이론상 중요한 사람들은 독재자이든 아니든 상관없이 해당 지도자의 집권 여부에 대해 어느 정도 발언권을 갖는다. 미국과 같은 자유민주주의국가에서 18세 이상 국민은 대부분 대통령선거에서 투표할 수 있으므로 이 집단은 수천만 명이 될 수 있다.

두 번째 집단은 '실제 선출인단(real selectorate)'이다. 이들은 누가 권좌에 앉을지를 **사실상** 결정하는 집단이다. 미국의 경우 엄밀히 말하면 선출된 선거인단 538명이 이 집단에 속한다. 우선 국민이 투표하고, 투표를 통해 뽑힌 대표자가 대통령을 선출한다. 하지만 현대 관행에서 선거인단은 보통선거를 통해 위임받은 권한에 따라 투표한다. 적어도 그렇게 하기로 되어 있다.

이 말은 사실상 실제 선출인단은 대개 대통령 선거 결과를 좌우하는 소수 '경합주(어느 쪽으로든 표가 갈 수 있는 주)'에 사는 훨씬 더 많은 유권자로 구성된다는 의미이다. 여기에는 더하여 경합주 유권자들을 설득할 수 있는 실질적 기회를 얻는 데 필요한 자원을 제공하는 로비스트나 기부자, 기타 정치적 행위자들도 있다. 좀 더 구체적으로 살펴보자. 명목 선출인단에 속하는 캔자스주 유권자는 위스콘신주 유권자보다 중요성이 떨어지는데, 이는 캔자스주가 항상 공화당에 투표하는 데 반해 위스콘신주는 그렇지 않기 때문이다. 위스콘신주의 투표는 실질적인 차이를 만들 수 있지만, 캔자스주의 투표는 이론상의 차이만 만들 수 있을 뿐이다. 따라서 캔자스주 주민인 존은 명목 선출인단에 속하고, 위스콘신주 주민인 조안나는 실제 선출인단에 속한다.

그리고 마지막으로 승리연합(winning coalition)이 있다. 승리연합은 실제 선출인단 중에서 권력을 쟁취하고 유지하기 위해 모아야 하는 극소수 사람으로 구성된다. 미국의 경우 승리연합은 선거인단 선출에서 승리하는 데 필요한 경합주 극소수 유권자들이다.

이 세 집단의 규모는 정부 시스템에 따라 아주 다양하다. 독재자 대부분은 선거인단에 신경 쓰지 않는다. 심지어 유권자를 신경 쓸 필요도 없는 독재자도 있다. 권위주의 정권일수록 세 집단의 규모는 더 작아지는 경향이 있다. 18세기 러시아 표트르 3세 궁정에서 실제 선출인단은 아주 소수였고, 승리연합도 마찬가지였다. 예카테리나가 남편을 실각시켜 감옥에 가두는 데 필요한 이들은 소수에 불과한 황실 근위대뿐이었다. 1762년 당시에 러시아제국 인구는 1700만 명이 넘었다. 그럼에도 부인과 소수 군사 요인들의 지지를 잃는 것만으로 왕좌에 앉아 있을 것인지 지저분한 지하 감옥에서 죽어 갈 것인지가 갈렸다.

표트르 3세와 예카테리나의 이야기가 현대 정치의 역학 관계와는 거리가 먼 것처럼 보일 수도 있다. 당시 미국은 존재하지도 않았으며, 산업화도 일어나지 않았고, 지구상에 자유민주주의국가는 단 하나도 없었다. 하지만 그렇다고 해서 독재자가 기능하는 일반적인 메커니즘이 적용되지 않는 것은 아니다. 극도로 권위주의적인 국가에서 승리연합은 단 몇백 명으로 구성될 수 있다. 이런 나라에서는 핵심 엘리트의 지지가 모든 것을 결정한다. 독재자가 승리연합의 지지를 유지할 수 있으면 권력을 지키고 살아남을 수 있다. 반면에 승리연합을 잃으면 권력은 물론이고 어쩌면 그 이상을 잃게 된다. 이 잔혹한 정권하에서 사는 모든 이들에게 더 나은 삶이란 힘없는 농민에서 사실상 선출인단의 일부로 여겨지는 사람으로 올라서는 것을 의미한다.

수십 년 동안 전제주의적 통치를 받으면서도 여전히 이 사실을 깨닫지 못했던 북한 국민들은 1990년대에 들어서야 이런 사실을 깨닫게 되었다.[17]

북한은 산이 많고 겨울은 혹독하며 농업은 불안정하다. 남한 및 그 동맹국과의 전쟁으로 많은 지역이 폐허가 된 1950년대 후반부터 북한 농민들은 집단화를 강요당했다. 즉, 사람들은 자신을 위해 농사를 짓는 대신에 국가를 위해 농사를 지었다. 그 결과 국민들 중 수백만 명이 스스로 식량을 구입하거나 먹고살 수 있을 만큼 식량을 재배할 수 없어서 전적으로 정부의 배급에 의존하게 되었다. 그리고 정부는 누구에게 무엇을 배급할지 결정했다. 이 체제가 어느 정도 '작동할' 수 있었던 유일한 이유는 냉전 시기 소련과 중국이 제공한 상당한 원조에 있었다. 하지만 소련이 붕괴하면서 중국 역시 북한에 대한 원조를 줄였다. 이는 부분적으로 중국 역시 수확량이 계획에 미치지 못했기 때문이었다. 엄청난 외부 충격이었다. 김씨 일가는 대외무역을 확대하거나 집단 체제를 자유화하는 방식으로 대응할 수도 있었지만 그러지 않았다. 1995년 대홍수가 발생했을 때 북한 주민들은 이미 기근을 겪고 있었다. 홍수 이전에도 제대로 작동하지 않던 북한 체제는 홍수가 나면서 완전히 파괴되었다.

너무나 절박한 상황에서 수많은 평범한 북한 사람들은 나무로 연명했다. 당시 열일곱 살이었던 지현아는 그 시기의 상황을 이렇게 설명했다.[18] 우선 적당한 나무를 찾아야 했다. 소나무를 찾아야 했는데, 그러려면 산을 오르거나 계곡으로 내려가야 했다. 일단 소나무를 찾으면 그것을 베어야 했는데, 이미 굶주림으로 쇠약해진 사람에게 쉬운 일이 아니었다.

나무를 베고 나면 아이들은 (또는 부모들은) 칼이나 낫으로 겉껍질을 벗겨야 했다. 겉껍질을 벗기면 겉껍질과 속살 사이에 있는 송기라는 얇은 속껍질이 나온다. 송기를 충분히 모으면 (이것도 힘든 일이다) 잿물에 넣고 끓인 다음 잘게 찢어서 하룻밤 동안 담가 둔다. 이 모든 과정이 끝나면 방망이로 두들겨서 옥수숫가루를 약간 섞어 떡을 만든다. 지현아는 "먹을 만한 음식이 아니었고, 그런 음식을 먹는 건 끔찍했어요"라고 말했다.[19] 송기떡조차 자주 먹기 어려웠던 일부 북한 아이들에게 상황은 훨씬 더 가혹했다. 그런 아이들에게 나무껍질로 만든 송기떡이라도 먹는 날은 크리스마스였다.[20] 그렇지만 지현아는 "북한 독재정권에 이런 고난에 대한 책임을 물을 생각은 전혀 못 했죠"라고 회상했다.[21]

하지만 서서히 재앙이 펼쳐지고 더 많은 북한 국민이 영양실조로 죽어 가면서, 사람들이 정권에 책임을 물을 가능성 높아졌다. (김정은의 아버지이자 북한 초대 지도자 김일성의 아들인) 김정일은 이 문제가 단순히 인도주의적인 차원의 문제가 아니라 정권의 생존이 걸린 문제임을 빠르게 인식했다. 남아 있는 약간의 식량은 필요에 따라 배급되지 않았는데, 적어도 그중 일부는 정권에 대한 충성도와 김씨 일가가 권력을 유지하는 데 필요한 정도에 따라 배급되었다. 독재정권 유지에 실질적으로 중요한 평양 시민들에게는 비교적 많은 식량이 배급되었다. 하지만 평양 외곽, 중요성이 떨어지는 시골에서는 수없이 많은 사람이 굶어 죽었다. 이것은 우연이 아니었다. 대기근 시기에 평양 시민 1인당 배급량은 다른 지방보다 두 배 가까이 많았다.[22] 정치학자 대니얼 바이먼(Daniel Byman)과 제니퍼 린드(Jennifer Lind)는 "김정일은 자신의 선출인단을 보호하고 충성도가 가장 낮다고 여겨지는 사람들에게 기근의 참화를 집중시켰다"라고 결론지었다.[23] 이들에게 그 영향은 대단히 파괴적이었다. 일부 믿을 만한 추정에 따르면, 기근 이전 북한 인구 중 3~5퍼센트가 사망했다.[24]

고위 당간부, 장군, 과두제 집권층 등 궁정 엘리트들은 독재자의 열망을 도울 수도 있지만 방해할 수도 있다. 독재자에게 최상의 시나리오는 엘리트 중 상당수가 독재자의 통치가 지속되어야 자신들에게도 이익이 된다고 생각하는 것이다. 그럴 경우 엘리트들은 독재자의 통치를 묵인하는 것은 물론이고 혼란스러운 시기에 버팀목 역할도 할 수 있다. 하지만 좀 더 있을 법한 시나리오이자 모든 독재자가 두려워해야 할 시나리오는 실제 선출인단 중 상당수가 스스로 권력을 잡으려 하거나 자신들의 이익에 더 부합한다고 생각하는 다른 사람을 지도자로 세우고자 현재의 독재자가 전복되기를 바라는 것이다.

독재정권은 외부뿐만 아니라 독재자 본인에게도 불투명하기로 악명이 높아서, 독재자가 실제 선출인단과 국가 전반을 관리하기는 매우 어렵다. 이를 '독재자의 딜레마(dictator's dilemma)'라고 한다.[25] 권력을 유지하기 위해서 독재자는 끊임없이 공포 분위기를 조장한다. 이런 공포는 비판 세력이 감히 자신의 생각을 입 밖에 내지 못하고 침묵하게 만든다. 그러나 국민 대부분이 침묵하기 때문에 독재자는 국민들이, 심지어 측근들이 실제로 어떤 생각을 하는지 알 수 없다. 이 사람이 진정으로 충성하는 것인가, 아니면 그저 충성하는 척하는 것인가? 이 사람이 정말 정부 이념을 지지하는 것인가, 아니면 독재자의 등에 칼을 꽂을 수 있을 때까지 시간을 벌기 위해 연극을 하는 것인가? 독재자는 알 수 없다. 독재자가 그 나라에서 가장 막강한 사람일 수는 있지만, 부하들이 진실을 말한다고 믿을 수는 없다. 따라서 독재자는 언제나 공포라는 안개를 거치며 걸러지는 정보를 바탕으로 결정을 내릴 수밖에 없다.

자기 생각을 말한다고 불시에 죽거나 가족이 고문당할 염려가 없는 대부분 사람에게는 이런 역학 관계가 낯설다. 상사에게 불쾌한 진실을 전하는 사무직 노동자가 승진 기회를 놓칠 수는 있다. 좀 더 심하면 해고당할 수도 있을 것이다. 하지만 진실을 말한다고 투옥되거나 죽는다면, 독재자에게 거짓말하지 않을 사람이 어디 있겠는가? 독재정권에서 진실을 말하려면 목숨을 걸어야 한다.

독재자 대부분은 자신이 전체적인 상황을 보고받지 못한다는 사실을 알지 못할 만큼 어리석지 않다. 이런 상황에서 독재자가 주변 사람들에 대해 최악의 경우를 가정하는 것은 합리적이다.

하지만 지도자가 의존하는 승리연합은 매우 다양하므로, 모든 독재자가 내부 적을 처리하는 데 똑같은 어려움을 겪지는 않는다. 정치학자 부에노 데 메스키타와 알라스테어 스미스는 이렇게 썼다.

> **(짐바브웨, 북한, 아프가니스탄 같은 나라에 필요한 소규모 연합처럼) 소규모 지지자 연합으로도 충분히 정권을 유지할 수 있고, 그런 지지자 연합을 구성할 수 있는 잠재적 지지자 집단의 규모가 충분히 크다면, 현직 지도자는 지지자 연합의 충성심을 사기 위해 정권 수입 중 많은 부분을 지출하지 않아도 된다.**[26]

이런 조건에서는 엘리트가 될 수 있는 이들이 충분하기 때문에 현직 지도자가 현재 엘리트 집단의 '충성'을 얻기 위해 많은 비용을 지불할 필요가 없다. 내무부 장관이 국민에게 수탈한 것 중에서 자신의 몫을 더 많이 요구한다고 해도 월급이 오르지는 않을 것이다. 대신 기꺼이 그 일을 할 '자질을 갖춘' 다른 많은 사람 중 한 명으로 교체될 것이다. 하지만 데 메스키타와 스미스가 짐바브웨, 북한, 아프가니스탄에 대해 설명한 내용이 다른 모든 독재정권에 해당하지는 않는다. 일부 현직 독재자들은 현재 엘리트 집단을 대체할 수 있는 집단이 현저히 적어서 돈을 뽑아 내는 기계를 계속 돌리기 위해 훨씬 많은 노력을 해야 한다.

군부정권에서 새로운 수장이 권력을 잡은 경우를 상상해 보자. 1년 전 이 사람은 군인으로서 자신의 역할에 대해 걱정하는 대령이었지만, 현재는 권력을 잡았고 독재자로서 새로운 역할을 걱정해야 한다. 그는 권위를 과시하고 국제사회의 불안을 잠재우기 위해 첫 번째 텔레비전 방송을 마쳤으며, 이제 자신의 새로운 업무를 해 나가야 한다. 가장 먼저 해야 할 일은 자신이 자리를 지키는 데 필요한 동료 대령들을 만족시키는 것이다. 동료 대령들이 다른 누군가를 지도자로 앉혀야 자신들에게 유리하다고 생각하면, 반드시 다른 사람을 세울 것이다. 그리고 그 사람이 지도자가 되고 나면, 전임자는 즉각 위험에 처한다.

쿠데타 지도자의 입장에서 보면 이 상황에서 문제는 사람을 교체하기 어렵다는 점이다. 군인은 많지만, 대령은 많지 않다. 계급이 낮은 병사들은 새로운 정부를 이끄는 데 도움이 될 만한 경험이나 지위가 없으므로 지도자는 자기 주변을 고위급 군간부들로 채워야 한다.

민주주의국가에서 유권자는 대체 가능한 존재다. 유권자 한 명을 잃으면 다른 유권자 한 명을 얻으면 된다. 그러나 권위주의 정권에서는 실제 선출인단을 구성하는 엘리트의 수가 한정적이다. 예를 들어 군주제 국가에서 왕자는 한정되어 있다. 한 명을 제거하면, 그 자리에 앉을 다른 왕자가 없을 수도 있다. 여러 독재정권도 마찬가지다. 장군과 정보책임자의 수는 제한적이어서 독재자에게 등을 돌리는 사람을 항상 교체할 수는 없다. 이처럼 군부정권과 군주제 국가에서는 대체 인력 풀이 제한되어 있어서, 통치자는 엘리트들을 자신의 편으로 붙잡아 두기 위해 더 열심히 노력해야 한다. 따라서 엘리트들의 몸값은 올라간다. 독재자 입장에서는 짜증 나는 일이지만, 그 값을 치르지 않을 수 있는 다른 방법은 없다.

엘리트의 몸값을 지불하려면 독재자에게는 아주 많은 돈이 필요하고, 물론 그 돈은 독재자 개인 자금에서 나오지 않는다. 이상적인 상황이라면, 독재자들은 숙련된 노동력이 필요하지 않은 부의 원천을 이용하고자 한다. 숙련된 노동력에 의존한다는 의미는 독재자가 많은 사람의 선의에 의존해야 한다는 것이고, 독재자는 자신이 취약해질 수 있는 이런 상황은 피하려고 한다. 게다가 숙련된 노동자에 의존하여 돈을 뽑아 내는 기계를 돌리려면 그들을 교육하는 데 많은 비용이 들고, 그 결과 정적을 매수하거나 태양을 따라 회전하는 황금 동상을 만드는 등 정말로 중요한 데 사용할 자금을 낭비하게 된다.

세계에서 가장 악랄한 정권 중 다수가 석유나 가스, 다이아몬드에 대한 접근권을 가진 것은 우연이 아니다. 이런 천연자원을 채취하는 일은 수익성이 상당히 높을 뿐만 아니라, 지도자 주변 사람들이 대부분 무능해도 수익을 올리는 데 문제가 되지 않는다. 반면 석유 채굴은 고되고 어려운 과정이다. 석유를 채굴하려면 정부는 고도로 정교한 기술과 방대한 전문 지식이 필요할 뿐만 아니라 막대한 투자금도 확보해야 한다. 하지만 이 과정에는 많은 사람이 필요하지 않고 이미 훈련된 인력을 투입할 수 있다. 이 부분이 독재자에게 유리한 점이다. 석유는 수익성이 아주 높은 상품이라서, 거대 외국 기업에 유전을 팔면 그들이 모든 것을 알아서 처리하기 때문이다. 석유 시추? 그들이 다 해낼 것이다. 석유 정제? 그들이 할 수 있다. 운송? 걱정할 필요 없다. 석유 채굴로 수백만 달러, 수천만 달러를 벌 수 있다는 사실을 알고 있는 거대 외국 기업들은 기꺼이 모든 일을 처리할 것이다. 사실 큰돈을 지불하는 기업 CEO는 입법부, 환경단체, 여기저기 쑤시고 다니는 탐사전문기자 같은 골칫거리를 상대하는 것보다 독재자와 거래하는 것을 더 좋아할 수도 있다. 독재자에게 이보다 완벽한 시나리오는 없다. 이런 까닭에 석유와 독재는 밀접하게 관련되어 있다.

너무 무능하거나 엘리트를 매수할 석유가 없더라도 독재자에게는 선출인단을 관리할 또 다른 도구가 있다. 바로 탄압이다. 선출인단을 관리하는 일은 마치 3미터짜리 뱀들이 득실거리는 구덩이 위에 앉아 있는 것과 같아서 한 발만 잘못 디뎌도 독재자는 최후를 맞이할 수 있다. 그런 괴물들은 먹이를 주거나 짓밟아야 한다.

하지만 숙청은 과학이면서 동시에 기술이다. 또한 선택하기 어려운 방법이기도 하다. 독재자는 정적의 권력을 약간만 제한하여 그들이 여전히 위협적 요소가 되거나 급진화할 수 있는 여지를 남겨 두는 대신 단호한 조치로 끝장내기를 원한다. 16세기 초에 『군주론』을 쓴 이탈리아 외교관 니콜로 마키아벨리는 다음과 같이 표현했다.

사람을 소중히 보살피지 않을 거라면 멸해야 한다. 단지 조금 해를 입힌다면 그들은 반격할 것이고, 심각하게 해친다면 반격하지 못할 것이다. 따라서 사람을 해칠 거라면 그들의 반응을 걱정할 필요가 없도록 해야 한다.[27]

그렇다면 왜 엘리트들에게 대가를 줘야 할까? 엘리트를 만족시키려 애쓰는 대신 조금이라도 위협이 된다면 누구든 제거하거나 복종하도록 굴복시키는 것은 어떨까?

엘리트들의 견제를 받는 까닭에 독재자라고 해서 모두 누군가를 당장 처단할 수 있는 것은 아니다. 한 정의에 따르면 숙청은 지배 연합에서 구성원을 제거하는 일이다.[28] 숙청은 여러 가지를 의미할 수 있다. 강등일 수도 있고, 투옥이나 강제 추방, 처형일 수도 있다. 분명히 이런 모든 조치는 숙청 대상자에게는 이익이 되지 않지만, 결정적으로 숙청 결과는 남은 엘리트들에게 이익이 될 수 있다.[29] 독재정권이 수탈과 갈취로 아무리 많은 돈을 벌어들인다 해도 자원은 한정적이다. 엘리트 중 일부가 추방되거나 살해되면, 같은 파이가 다르게 분배되어 남은 이들이 더 큰 조각을 갖거나 아니면 최소한 그러리라고 기대할 수 있다. 따라서 엘리트들은 단순히 숙청을 받아들이는 것에서 더 나아가 적극적으로 밀어붙일 것이다. 숙청은 경쟁자를 축출해서 자신의 지위를 향상하는 방법 중 하나이기 때문이다. 파이는 같지만, 사람은 더 적어지기 때문이다.

그러나 내가 '이카로스 효과(Icarus Effect)'라고 부르는 것으로 인해 결정적 전환점이 나타난다. 그리스신화에 나오는 이카로스는 날개를 만들어서 자신의 불행한 상황에서 탈출했다. 하지만 바다나 태양에 너무 가까이 다가가지 말라는 경고를 무시한 채 자만심으로 잘못된 선택을 했다. 결국 이카로스는 태양에 너무 가까이 다가갔고, 날개가 녹기 시작하면서 추락해서 죽음을 맞았다. 궁정 엘리트들의 상황도 비슷하다. 처음에는 더 큰 파이 조각을 차지할 수 있어서 신이 날 것이다. 하지만 어느 순간 엘리트들 사이에서는 자신도 숙청될 수 있다는 공포가 더 큰 파이 조각을 얻고 싶은 욕망을 능가한다. 몇몇 고위 공직자들이 암살 시도에 연루되었다가 사라지는 것과 분명한 이유 없이 사람들이 연달아 총에 맞는 일은 전혀 다르다. 내각의 자리가 비거나 새로운 얼굴이 등장할 때마다 극심한 공포가 점차 고조된다. 죽음의 공포에 휩싸여 식은땀을 흘리던 장관들이 숙청의 지지자에서 독재자의 적으로 바뀐다. 점점 더 많은 이들이 자신도 숙청의 피해자가 될 수 있다는 사실을 깨닫게 되면서 엘리트들은 태양에 너무 가까이 다가갔음을 깨닫게 될 것이다.

결국 엘리트들은 너무 늦기 전에 독재자에 맞서려 할 것이다. 엘리트들이 서로 협력할 기회가 있다면, 독재자는 통치를 강화하기 위해 시행했던 조치들이 자신에 대한 공격으로 돌아올지도 모르는 위험에 처한다. 독재자가 당근과 채찍 사이에 적당한 균형을 찾아냈을 때조차 독재자의 딜레마는 여전히 존재한다. 독재자는 부하들이 정확히 어떤 위치에 있는지 절대로 알 수 없기 때문이다.

단 한 번 예외가 있다. 바로 위기의 순간이다. 예를 들어 쿠데타 시도가 발생했을 때처럼 지도자가 공격받을 때, 그는 잠시 안갯속을 뚜렷하게 볼 수 있다. 누가 진심으로 충성하는지는 물론이고 누가 그저 충성하는 척하는지도 알 수 있다. 더 나아가 적과 비교해서 자신이 얼마나 강력한지도 알게 된다. 만약 지도자가 살아남는다면, 그는 적보다 강한 것이다. 살아남지 못한다면, 이미 무언가를 하기에는 너무 늦었지만 최소한 자신의 상황에 대해 어느 정도는 분명하게 알 수 있다.[30] 잠깐 나타나는 이 뚜렷함이 너무 매력적이라서 어떤 통치자들은 일부러 정권에 맞서는 음모가 진행되도록 놔두기도 한다. 바로 마다가스카르(Madagascar) 메리나왕국(Merina Kingdom)의 여왕 라나발로나 1세(Ranavalona I)가 이런 방법을 사용했다는 이야기가 있다. 마다가스카르에 조금이나마 관심이 있었던 유럽인들에게 라나발로나는 종종 선대 왕이 추진했던 좀 더 "계몽적인" 정책을 뒤집고 기독교인을 박해한 야만인으로 묘사되었다.[31]

이런 이야기가 퍼진 것은 어쩌면 당연한 일이었다. 라나발로나 1세의 주요 목표는 자신의 권력을 유지하면서 마다가스카르의 독립을 지키는 것이었다. 런던이나 파리의 논평가들은 정반대를 바랐다. 마다가스카르 이웃 섬들은 이미 식민지 지배자의 통치를 받고 있었고, 마다가스카르는 그 전략적 위치 때문에 누구든 손에 넣기만 하면 돈을 벌 수 있었다.

그렇다 하더라도 라나발로나 1세가 외세뿐만 아니라 섬 주민들에게도 극도로 잔인한 독재자였다는 사실을 부정할 수는 없다. 가장 악명 높은 행위는 라나발로나 1세가 독이 있는 탄제나(tangena) 나무 씨앗을 먹이는 시죄법〔試罪法, 신체적 고통이나 시련을 가한 다음 그 결과에 따라 죄의 유무를 판단하는 재판 방식〕으로 사람들 수십 명을 재판한 일이었다. 사람들은 자유롭게 서로를 고발할 수 있었으며 여왕 역시 자주 그랬다.

'무죄'를 증명하려면 피고인들은 탄제나 나무 씨앗을 먹고 살아남아야 했다. 죽은 자는 당연히 유죄였다. '바다 망고'라고도 불리는 이 씨앗은 케르베린(Cerberin)이라는 일종의 강심배당체를 함유하고 있다. 의사가 심장이 약한 환자에게 강심배당체를 처방하면, 환자의 심장은 느리지만 더 강하게 뛴다. 탄제나 나무 열매를 먹으면 처음에는 같은 효과가 나타난다. 하지만 어느 순간 독성이 심장을 압도하면서 심장이 불규칙하고 너무 빠르게 뛰게 된다. 그 상태에서 치료하지 않고 방치하면 심장은 혈액 공급을 완전히 멈춘다. 라나발로나 1세가 이 시련 재판을 고안한 것은 아니지만 그가 재위하던 기간 동안 가장 많이 시행되었다. 라나발로나 1세가 왕위에 있는 동안 마다가스카르인 수십만 명이 이런 시련 재판으로 사망했다고 추정된다.[32]

1855년 조제프프랑수아 랑베르(Joseph-François Lanbert)라는 프랑스인이 라나발로나 1세의 아들이자 왕위 계승자인 라코토(Rakoto) 왕자와 거래하면서 여왕의 자리가 위태로워졌다. 랑베르는 라코토가 즉위하는 즉시 아직 누구도 손대지 않은 마다가스카르의 풍부한 천연자원을 개발할 권리를 얻기로 되어 있었다.[33] 그 거래는 랑베르에게는 분명 환상적인 일이었지만, 라나발로나 1세가 물러나야만 결실을 얻을 수 있다는 점에서 마다가스카르에는, 특히 통치 중인 여왕에게는 끔찍한 일이었다. 처음에 랑베르는 프랑스 정부가 이 문제를 해결하고 여왕을 제거하기를 바랐다.[34] 하지만 그렇게 되지 않자, 랑베르는 쿠데타를 계획하기 시작했다.

이후에 벌어진 일에 대해서는 논란의 여지가 있다. 어느 설명에 따르면, 쿠데타는 결국 실패했는데, 그 이유는 궁전 경비를 책임진 사령관이 쿠데타가 계획된 날 밤에 경비를 담당한 궁정 경비대가 대의에 충성하는지 여부를 제대로 확인하지 않았기 때문이었다.[35] 또 다른 설명에서는 이 모든 일은 라나발로나 1세뿐만 아니라 라코토까지 한통속이 된 속임수의 대향연이었다.[36] 이 설명에 따르면, 여왕은 자신의 권력과 국가의 독립이 위험에 처했다는 사실을 알아챘으나, 첫 번째 기회에 공격하는 대신 배신자에 대한 더 많은 정보를 얻기 위해 가능한 한 오래도록 쿠데타 모의가 진행되도록 놔두었다.

이런 방식은 통치자들이 대부분 시도조차 하지 않는 아주 위험한 전략임은 말할 필요도 없다. 그 결과 통치자들은 궁전 안에서 누가 같은 편이고 누가 공격을 하려고 기다리고 있는지 아무것도 모른 채 있게 된다. 따라서 통치자는 능력을 우선시할 것인가, 충성심을 우선시할 것인가라는 선택의 기로에 선다. 이해득실을 따지자면, 멍청하거나 무능하더라도 추종자들로 주위를 채우는 것이 합리적이다. 독재체제에서는 충성심이 무엇보다 중요하다. 결국 능력 있는 이들은 위험할 수 있다. 측근과 관리들이 일을 너무 잘하면 독재자에게 지시를 받는 데 지쳐서 스스로 권력을 잡으려는 음모를 꾸밀 수 있다. 이런 이유에서 독재자들은 다른 선택권이 없는 충신들을 선택한다. 독재자에게 의존하게 될수록 충성하게 되고, 충성할수록 신뢰할 수 있다.

하지만 정권 생존과 관련된 다른 모든 결정과 마찬가지로, 여기에도 상충관계가 존재한다. 독재자가 무능력한 관리를 충성스럽다는 이유로 승진시키면, 정부 최고위층은 사실 권력 가까이에 있으면 안 될 무능한 사람들로 채워진다. 이는 시간이 지날수록 심각한 문제를 낳는데, 고도로 중앙집권화된 정부 시스템을 갖춘 통치자들조차 권력을 유지하려면 많은 사람에게 성공적인 결과를 보여 주어야 하기 때문이다. 무언가를 배우려면 그 방에서 가장 똑똑한 사람이 되려 하지 말라는 이야기를 들어 본 적 있는가? 이 상황은 정확히 그 반대다. 위험성이 적다는 이유로 무능한 추종자들로 주변을 채우면 독재자는 모든 방에서 가장 똑똑한 사람이 되어 누구에게도 배울 수 없는 상황에 처하게 된다.

시간이 지날수록 불편한 진실을 말하는 사람들을 숙청하고 비위를 맞추려고 거짓말을 하는 사람들에게 보상을 주면 추종자들은 독재자가 듣고 싶은 말만 하게 된다. 결국 독재자는 스스로 놓은 덫에 걸리게 된다. 자신이 내린 결정으로 인해 현실을 보는 시각이 왜곡될수록 독재자는 실제가 아닌 사건을 근거로 치명적인 실수를 저지를 가능성이 더 커진다.[37]

여기에는 구조적인 요인도 있을 수 있다. 독재자가 최우선순위로 생각하는 것이 (전체 국민이 아니라 정권의) 안보라면,

그는 하루 중 대부분 시간을 정보 요원, 군 장교, 경찰 등 안보에 종사하는 사람들에게 둘러싸여 보낼 것이다. 이들은 매일, 온종일 위협에 관해 생각하도록 훈련받으면서 월급을 받는다. 예를 들어 블라디미르 푸틴 러시아 대통령을 생각해 보면 분명한 흐름이 나타난다. 처음에 푸틴은 경제의 안녕을 진지하게 고려하는 기술관료들로 자신의 주변을 채웠다. 이들은 대통령 참모가 되기 전에 은행가나 관리자였을 것이다.

시간이 흐를수록 이 집단의 영향력은 줄어든 반면, **실로비키**(siloviki)†의 영향력이 커졌다.[38] 실로비키는 무력을 가진 이들로, 러시아 대외정보국의 수장인 세르게이 나리시킨(Sergei Naryshkin)이나[39] 악명 높은 소련 KGB(국가보안위원회)의 후신 중 하나를 맡고 있는 알렉산드르 보르트니코프(Alexander Bortnikov) 같은 사람들이 여기에 속한다. 나리시킨과 보르트니코프는 자신들의 직업에서 비롯된, 세상을 바라보는 고유한 시각을 가지고 있었다. 수십 년 동안 모든 사람과 모든 것이 잠재적 위협이 될 수 있는 그림자 세계에서 살아 온 두 사람의 사고방식은 그들의 말을 귀담아듣는 이에게도 영향을 미쳤다.

예를 들어, 2014년에 빅토르 야누코비치(Viktor Yanukovych) 우크라이나 대통령이 자국에서 탈출하려 했을 때, 푸틴은 결정

---

† 러시아어로 '제복을 입은 남자들'이라는 뜻으로, 정보기관, 군, 경찰 출신 인사들로 구성된 푸틴 정권의 권력 실세를 가리키는 용어이다.

을 내려야 했다. 야누코비치를 도울 것인가? 아니면 시위대 수십 명의 죽음에 책임이 있는 야누코비치가 우크라이나에서 법의 심판을 받도록 내버려둘 것인가? 어떤 선택을 하더라도 러시아의 외교정책에 엄청난 파급력을 미치는 사안이었다. 정치적이면서 경제적이고 군사적인 문제였다. 결정을 내리기 위해 푸틴 대통령은 다음 날 아침 7시까지 지속된 밤샘 회의를 주재했다. 그러나 푸틴은 다양한 각도에서 문제를 이해하려고 하기보다는 군인과 첩보원, 즉 실로비키의 의견에 귀를 기울였다. 회의가 끝났을 때, 푸틴은 이렇게 선언했다. "우리는 크림반도를 러시아로 복귀시키려는 노력을 시작해야 한다."[40]

이런 식으로 실로비키에 과도하게 의존할 경우, 정치학자 세바 구니츠키(Seva Gunitsky)와 애덤 케이시(Adam Casey)가 다음에서 설명한 것과 같은 악순환이 나타나게 된다.

> **대통령 참모들은 하나같이 서방을 러시아에 중대한 안보 위협으로 인식하며, 이런 인식은 푸틴이 점점 더 적대적인 태도를 취하도록 부추긴다. 푸틴의 태도는 미국과 유럽을 자극하여 러시아에 맞서게 하고, 그렇게 되면 다시 푸틴의 매파들이 비관적이고 종종 편집증적인 관점을 정당화하면서 영향력을 더 키운다. 그 결과 러시아의 외교정책은 시간이 흐를수록 점차 호전적으로 변했다.[41]**

비뚤어진 사람들이 독재자가 되면 독재정치가 그들을 더 망가뜨릴 수 있다. 많은 독재자가 현실에 대한 시각을 심각하게 왜곡하는 경험을 가지고 권좌에 오른다. 김정은을 예로 들어 보자. 김정은은 어린 시절 마치 영화 〈트루먼쇼(The Truman Show)〉의 주인공처럼 모든 것이 자신을 위해 건설된 세상 속에서 살았다.

최고지도자의 저택 부지가 워낙 넓어서 자녀들은 보통 골프 카트를 타고 이동했다.[42] 필요한 것은 무엇이든 맞춰 주는 개인 요리사, 정원사, 가정교사가 있었다. 김정은은 장난감 비행기와 배를 가지고 노는 것을 정말 좋아했고,[43] 몇 시간이나 비행기와 배를 가지고 놀곤 했다. 그러다 문제가 생기면 밤이든 낮이든 상관없이 해군 기술자를 호출했다. 그럴 때마다 해군 기술자는 달려올 수밖에 없었다.[44]

고작 여덟 살 때 김정은은 "별이 달린 장군 제복을 입었고, 진짜 별을 달고 있는 장군들은 고개 숙여 인사하며 그 어린아이에게 경의를 표했다". 김씨 일가 개인 요리사의 말이 사실이라면, 김정은은 열한 살 때부터 콜트 45구경 권총을 가지고 다니기 시작했다.[45] 한 기자는 김정은을 다룬 특집기사에서 사람들 대부분은 어린 시절에 자신이 우주의 중심이라고 생각하지만 성장하면서 이런 생각이 바뀐다고 말했다. 하지만 김정은의 생각은 전혀 바뀌지 않았다. 그를 둘러싼 모든 것이 계속해서 그를 중심으로 회전했다.[46]

독재정권이 정신 건강에 도움이 안 된다는 사실은 심리학자가 아니라도 알 수 있다. 물론 독재자 본인의 정신 건강에도 좋지 않겠지만, 거리에서 만나는 평범한 사람들도 마찬가지다.

독재정권 아래에서 산다는 것은 본질적으로 상당한 스트레스를 수반한다. 일반인들이라도 말 한마디 잘못 내뱉었다가는 무시무시한 상황에 처할 수 있으므로 말을 조심해야 한다. 자신이 탄압받지 않더라도 주변 사람들이 탄압 대상이 될 수 있다. 게다가 극심한 탄압으로 치료가 필요한 상황이 되어도 비민주적 정부 체제에서 사는 불행한 사람들은 의사조차 믿기 어려울 수 있다. 지난 세기 동안 여러 독재정권이 정적을 처리하는 데 정신과 의료체계를 이용했다.

(전부는 아니지만) 대다수 의학적 치료와는 달리, 정신과적 개입은 자유민주주의국가에서도 환자의 의지에 반해 처방될 수 있다. 하지만 민주주의국가에서 환자를 정신병원에 입원시키는 등의 극단적인 조치는 환자가 본인이나 타인에게 위협이 될 때와 같이 엄격하게 규정된 조건에 따라서만 시행된다. 이와 달리 소련에서는 정신과의사들이 지레 겁을 먹거나 정권의 일원이 되어 건강한 사람들을 정신병원에 입원시키는 일이 잦았다.

엘리트들과 독재자가 부와 권력을 얻기 위해 날뛰는 정상의 자리에는 평온함은 존재하지 않는다. 독재자의 딜레마가 말해 주는 것은 독재자 주위의 모든 사람이 잠재적으로 위험의 근원이라는 사실이다.

주변 모든 사람이 잠재적 위험 요소인 상황은 심리적으로 엄청난 부담일 수 있고, 그래서 많은 이들이 독재자의 정신상태를 진단하려고 시도했다. 독재자 중에 의료 전문가를 마주하려는 이들은 거의 없어서 진단이 쉽지는 않지만, 심리학자들은 시도를 멈추지는 않았다. 독재자 개개인이 세계에 미치는 영향을 고려할 때, 멈추지 않고 시도하는 심리학자들이 놀랍지는 않다. 예를 들어, 카다피의 머릿속을 이해하지 않고서 카다피 체제의 리비아에서 일어난 일을 이해할 수 있을까? 그건 불가능하다. 하지만 독재자의 정신상태를 이해할 수 있으면 그들의 행동을 예측하는 데 도움이 된다. 압박을 받으면 독재자는 어떻게 반응할까? 궁지에 몰리면 공격을 할까, 아니면 양보를 할까? 통치 방식에 영향을 미치는 정신질환에 시달리고 있지는 않을까?

독재정권의 구조를 고려할 때, '시달린다'라는 말은 적절하지 않을 수 있다. 독재정권이나 왕국을 운영할 때는 비정상적인 정신상태에 있는 것이 어느 정도 도움이 될 수 있다. 독재자들은 상당히 자주 비정상적인 결정을 내려야 하는 비정상적인 환경에 놓여 있다. 정상적인 환경에서 생활하던 건강한 사람이 어느 날 갑자기 독재자 자리에 앉는다면 아마도 오래 버티지 못할 것이다. 수년 또는 수십 년 동안 그런 적대적인 환경에서 권력을 유지하려면 피해망상적 요소가 있어야 한다. 그리고 그런 망상 속에서 겪는 위협 중 일부는 현실이 될 것이다. '정상적인' 사람이라면 하루이틀 전에 완전히 정상적인 대화를 나눴던 사람을 죽이라고 명령한 후 어떻게 잠이 들겠는가?

1934년에 코네티컷에서 태어난 제럴드 포스트(Jerrold Post) 박사는 독재자에 대한 정신분석으로 저명한 심리학자였다. 포스트 박사는 심리학자로 활동하던 기간 전반에 걸쳐서 중앙정보국(CIA)을 비롯한 미국 정부 내 여러 기관에 자문을 했는데, 포스트 박사가 특히 자세히 연구했던 지도자는 이라크 독재자 사담 후세인이었다. 1991년 후세인이라는 인물을 소개하면서 포스트 박사는 다음과 같이 썼다.

사담 후세인이 자신과 이라크를 위해서 권력을 추구하는 데에는 끝이 없다. 사실 그의 정신세계에서 후세인과 이라크의 운명은 하나이며 구분할 수 없다. …… 세상을 다 바꾸겠다는 꿈을 좇는 과정에서 후세인이 양심의 제약을 받는다는 증거는 없으며, 오히려 후세인의 유일한 충성심은 사담 후세인 자신을 향한 것뿐이다. 자신의 혁명적 길에 걸림돌이 있으면, 후세인은 그 걸림돌이 이전에 충성했던 부하든 자신을 지지했던 국가든 개의치 않고 제거한다.[47]

포스트 박사는 사담 후세인이 '악성 나르시시스트(malignant narcissist)'라고 생각했다. 심각한 형태의 자기애적 성격장애를 가리키는 이 상태는 다음과 같이 설명할 수 있다.

전형적인 나르시시스트와 마찬가지로 악성 나르시시스트 역시 거만하

고 자기중심적이며 비판에 지나치게 민감하고 타인에게 공감하지 못한다. 이들은 과장된 자기 이미지로 깊은 불안감을 덮어 버린다. 무엇보다도 악성 나르시스트는 피해망상과 공격성을 보이며, 도덕적 또는 윤리적 판단 결여와 같이 반사회적 인격과 같은 일부 특징을 공유한다.[48]

평범한 직업을 가진 이들이라면 이 모든 특성이 큰 장애가 될 수 있다. 하지만 독재자로 '성공하는' 데는 도움이 될 수도 있다.

그러나 문제가 하나 있다. 바로 한계가 있다는 점이다. 어느 정도의 정신병은 도움이 될 것이다. 하지만 현실감각을 잃을 정도로 심각한 수준이 되면 그때는 정신병이 독재자의 통치에 위험 요소가 된다. 하지만 사담 후세인은 예외였다. 포스트 박사는 미국 하원군사위원회(House Armed Services Committee)에서 이렇게 말했다.

후세인은 순교자가 되고 싶은 마음이 전혀 없으며, 생존은 그의 최우선 과제다. 자칭 혁명적 실용주의자인 후세인은 이라크가 심각하게 훼손되거나 지도자로서 자신의 지위가 무너질 물리적 충돌은 원하지 않는다. …… 탈출구가 있다면 후세인은 화약을 지고 불구덩이에 뛰어드는 짓은 하지 않을 테지만, 궁지에 몰리면 극도로 위험한 인물이 되어서 어떤 일도 서슴지 않을 것이다.[49]

후세인은 정신질환자가 아니었으며, 생존이라는 궁극적 목표는 절대 변하지 않았다. 독재자에게 이 두 상황 중 하나라도 바뀌면, 빠르게 몰락할 가능성이 훨씬 더 커진다.

프란시스코 마시아스 응궤마(Francisco Macías Nguema)의 사례를 생각해 보면 명확히 알 수 있다. 1968년 신생독립국 적도기니(Equatorial Guinea)에서 권력을 잡은 응궤마는 독재자로서 본격적인 행보를 시작했다. 응궤마의 권력을 처음으로 체감한 사람은 온도 에두(Ondó Edu)였다.[50] 대선에서 응궤마에게 패한 뒤 망명했던 에도는 고국에 돌아가면 위험에 처할 거라는 두려움에 돌아가려 하지 않았다. 응궤마는 에도에게 아무 일도 없을 거라고 약속했고, 에도는 그 약속을 믿는 실수를 저질렀다.[51]

응궤마가 그 작은 나라에 대한 통제권을 강화하면서 거의 모든 국민이 고통을 겪기 시작했다. 당시 일부 이웃 국가들과는 달리 적도기니에는 제대로 작동하는 전력선이 있었지만, 전력회사들은 전력공급을 중단했다.[52] 이웃 국가인 나이지리아 출신 이주노동자들은 학대가 점차 심해지면서 적도기니를 떠났고, 결국 응궤마는 강제 노동 제도를 도입했다.[53] 자신의 학력이 부족하다는 생각에 불안해진 응궤마는 '지식인'이라는 단어 사용을 금지하기까지 했다.[54] 상황이 너무 끔찍해지면서 적도기니 인구 중 3분의 2가 나라를 떠난 것으로 추산된다.

하지만 적도기니에서 응궤마의 정적만큼 최악의 대우를 받은 사람은 없었다. 그들은 적도기니의 악명 높은 감옥에서 'A급'으로 분류되어 거의 사형에 가까운 형벌을 받았다.

A급 수감자 중 한 명이었던 페드로 에콩 안데메(Pedro Ekong Andeme)는 1968년 불과 27세에 적도기니 보건부 장관이 되었다. 보통의 경우라면 축하할 일이었다. 그렇게 젊은 나이에 장관이라니! 하지만 에콩에게는 악몽이 되었다. 1971년에 에콩은 말라보에 있는 감옥으로 보내졌다. 그는 옷도 입지 못한 채 작은 감방에 갇혀 알몸으로 콘크리트 바닥에서 잠을 자야 했다. 고문을 당하기도 했다. 에콩은 "매주 토요일 오전이면 나를 포함한 모든 정치범은 쇠몽둥이로 150대씩 맞았습니다"라고 회상했다.[55]

자신이 고문당하지 않을 때면 다른 수감자들이 맞는 소리가 들렸다. 그 소리는 에콩을 괴롭혔지만, 최악은 고통스러운 소리가 침묵으로 변할 때였다. "척추가 부러지면 비명이 멈췄어요." 수감자가 척추가 부러져 죽어 나갈 때마다 에콩은 자신의 감방 콘크리트에 그 수를 하나씩 새겼다. 에콩이 척추가 부러진 채로 살아서 풀려났을 때, 콘크리트에 새겨진 숫자는 모두 157개였다.[56]

응게마는 본능적으로 최측근들이 자신의 안위에 가장 큰 위협이라는 사실을 알고 있었고, 따라서 그의 측근이 된다는 것은 극도로 위험한 일이었다. 스페인과 독립 협상에 참여했던 46명 중 대다수가 죽임을 당했고, 응게마의 첫 번째 내각 구성원이었던 장관 열두 명 중 단 두 명만 살아남았다. 응게마는 "정

치는 승자독식의 세계이고, 패자는 죽는다"라고 말하곤 했다고 알려져 있다.[57]

이런 무자비함 덕분에 응궤마는 한동안 권력을 유지하고, 더 나아가 그 권력을 강화할 수 있었다. 하지만 응궤마에게는 정신병이라는 약점이 있었다.

응궤마가 "내가 보여 준 유일한 광기는 자유를 향한 광기뿐이었다"라고 말했는지는 모르지만, 그는 실제로 질병을 가지고 있었다. 해외 순방 중에 한 차례 정신과의사를 만난 적이 있었던 것을 보면, 응궤마도 그 사실을 잘 알고 있었던 것 같다.[58] 적도기니 국민에게는 안타깝게도, 본국에는 응궤마를 치료할 수 있는 적절한 의사가 없었다. 의사들이 모두 죽임을 당하거나 해외로 망명했기 때문이다.[59]

자기 마음대로 할 수 없다는 측면에서 건강 문제는 누구에게나 다루기 어려운 부분이지만, 권력을 유지하기 위해 천하무적 같은 이미지를 보여 줘야만 하는 독재자들에게는 특히 더 그렇다. 독재자들이 신체적으로 약해 보이면, 반대파와 정권 지지자들은 정치적으로 다른 계산을 하기 시작한다. 적들은 한 발 나아갈 좋은 기회라고 생각할 것이고, 지지자들은 한 발 물러나서 현직 권력자에게 계속 '충성'해야 할지 자문할 것이다. 현직 지도자의 예후가 좋지 않아서 몇 년 안에 더 활동하기 어려워진다면, 다른 말에 베팅해야 할까? 아니면 직접 나서야 할까?

브루스 부에노 데 메스키타와 알라스테어 스미스가 말했듯이, "어떤 지도자도 무덤에 들어가서는 지지자들에게 보답을 약속할 수 없다".[60] 심장병 같은 심각한 질병을 진단받으면 지도자가 살날이 얼마 남지 않았다는 사실을 엘리트들이 알아차리게 되고, 독재자는 매우 곤란한 상황에 놓이게 된다. 심장이 멈추기 전에 독재자가 몰락하는 것도 충분히 가능하다.

응궤마의 정신 건강 문제는 적어도 직접적으로 생명과 관계된 것이 아니었기 때문에 심장이 멈출 때까지 그는 자리를 지킬 수 있었다. 하지만 극심한 피해망상증으로 인해 응궤마는 현실로부터 단절되었고, 이는 (정권과 본인의) 생존에 결정적인 요소가 되었다.

수도에는 대통령 궁을 보호하기 위해 구도심을 둘러싼 4미터 높이의 벽이 세워졌다. 그 벽 안쪽에 살고 있던 사람들은 모두 그냥 쫓겨났다.[61] 이 모든 노력에도 불구하고 응궤마는 말라보가 그다지 안전하지 않다고 생각했다. 그는 대통령 궁 안에서 잠을 잘 수 없었고, 4년 이상을 그렇게 생활했다. 낮에 수도를 방문하는 일조차 드물었다.[62] 대신에 응궤마는 대부분 시간을 고향 마을에 특별하게 지은 저택에서 보냈다. 적도기니의 국가 예비금 중 상당액이 그 나무 오두막에 현금으로 보관되어 있었다.[63]

이론적으로는 이렇게 생활하면서 응궤마가 더 안전하다고 느껴야 했지만, 그의 상태는 호전되지 않았다. 그는 자신이 죽인 사람들의 이름을 외치며 저택을 돌아다니곤 했다.[64] 특히 충격적이었던 일화가 하나 있는데, 응게마가 하인들에게 손님 여덟 명을 위한 식사를 준비하라고 했다.[65] 하지만 손님은 아무도 오지 않았고, 응게마는 혼자 자리에 앉아서 마치 '손님들'이 있는 것처럼 이야기를 했다. 치료가 시급해 보였다.[66] 응게마는 단지 존재하지도 않는 위협을 느끼는 것에서 그치지 않고 말 그대로 살아 있지도 않은 이들의 환영을 보기도 했다. 응게마는 현실감각을 잃은 정신질환자였다. 그런 상황에서 그는 사람들을 마구 몰아세우며 무작위로 죽였다. 응게마가 자신에게 충성하든 말든 상관없이 사람들을 죽이자, 적도기니의 엘리트들은 더 이상 그의 편에 설 이유가 없었다. 응게마가 계산을 잘못해서가 아니라 더 이상 계산 자체를 할 수 없게 되어서 나타난 이카로스 효과였다.

최후의 결정타는 용병 지도자들이 그의 저택으로 찾아왔을 때였다. 그들의 요구는 온건했다. 용병대원에게 지급할 돈을 달라는 것이었다. 하지만 적군과 아군을 구분할 수 없는 상태였던 응게마는 그들을 모두 죽였다. 응게마에게는 안타까운 일이지만, 그들 중 한 명이 응게마의 조카이자 국방부 차관이었던 테오도로 오비앙(Teodoro Obian)의 친척이었다.[67] 형제의 죽음을 본 오비앙은 더 이상 응게마를 두고 볼 수 없다고 판단했다. 너무 많은 이들이 아무런 이유 없이 죽임을 당했고, 자신이 다음 차례가 되지 않으리라는 보장도 없었다.

행동에 나서기로 결심한 오비앙은 제일 먼저 적도기니에서 가장 악명 높은 교도소에 찾아가 응궤마 통치하에서 오랫동안 고통받아 온 사람들을 풀어 주었다. 그러고 나서 복수를 열망하는 사람들과 함께 응궤마의 충복들에 맞서 싸웠고, 승리했다. 응궤마는 잠시 정글로 피신했지만 결국 발각되었고, 낡은 극장에서 약식 재판을 받은 후 총살당했다.

내부의 적은 모든 독재자에게 가장 즉각적인 위협이다. 독재자가 권력을 유지하며 살아남으려면 내부의 적을 잘 관리해야 한다. 이를 위해서는 부와 권력을 가진 이들에게 더 많은 돈을 뿌려서 그들이 자신의 편에 서도록 해야 한다. 궁정 엘리트들을 자기편에 세우기 위해 폭력에 의존할 수 있다. 이것은 위험한 게임이고, 당근과 채찍의 적절한 조합을 찾는 일은 극도로 어렵다. 지도자의 권력 유지 능력에 영향을 미친다는 점에서 모든 엘리트가 중요하지만, 나머지에 비해 두드러지게 중요한 집단이 있다. 바로 무력을 가진 사람들이다. 다음 장에서는 무력을 가진 집단이 왜 그렇게 중요하며, 다른 집단보다 통제하기가 더 어려운 이유는 무엇인지 살펴볼 것이다.

3장
군사집단 약화하기

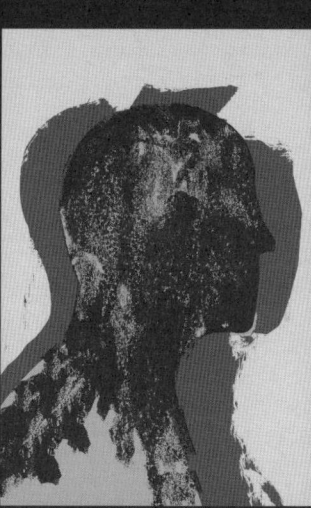

HOW TYRANTS FALL

MARCEL DIRSUS

3장
군사집단 약화하기

> 혁명은 일격에 수탈과 파벌, 배신과 반역의 온상이었던 이 반동적이고 타락한 정권의 길고 어두웠던 밤에 불을 밝혔다.[1]
>
> 무아마르 카다피

파파 팔(Papa Faal)은 해냈다. 글쎄, 충분하지는 않았지만 적어도 안전했다. 전날 동이 트기 전, 팔은 반줄[Banjul, 감비아의 수도] 부근 숲속에서 군장을 갖추고 감비아 독재자 야히아 자메(Yahya Jammeh)를 상대로 쿠데타를 일으킬 준비를 하고 있었다.[2] 하지만 지금 팔은 이웃 국가 세네갈의 미국대사관에서 피자를 먹으며 FBI 요원에게 조금 전까지 무슨 일이 있었는지 이야기하고 있었다. 요원은 물었다. "이게 범죄인 것은 알고

있죠?" 파파 팔과 공모자들은 현대사에서 성공 가능성이 가장 희박한 쿠데타의 선동자가 되어 있었다.[3]

감비아는 서아프리카에 있는 작은 나라이다. 지도상에서 감비아는 양쪽에 좁은 둑이 있는 강에 불과해 보인다. 북쪽, 동쪽, 남쪽은 세네갈에 둘러싸여 있고, 서쪽으로는 대서양이 있다. 2014년 새해 전야에 쿠데타 시도가 있었을 때, 야히아 자메는 반줄을 거점으로 20년째 감비아에서 독재자로 군림하고 있었다. 당시 자메는 감비아를 10억 년 동안 통치할 것이라 공언했고, 자기 손으로 에이즈를 치료할 수 있다고 주장했다. 게다가 감비아를 공포 상태로 만들었다. 감비아인들은 법 위반 여부와 상관없이 국가정보국, 경찰, 자메의 '정굴러(Junguler)' 때문에 마음을 졸여야 했다. 정굴러는 대통령 경호대에서 선발된 부대로, 자메 정권이 저지른 최악의 범죄 대부분이 이들의 소행이었다. 일부 감비아인들은 모의 처형을 당하거나 쇠 파이프로 구타당하는 일을 견뎌야 했다. 전직 정굴러 대원 한 명은 국제인권감시단(Human Rights Watch)에 "때때로 그들은 비닐봉지에 불을 붙여 사람들 몸 위로 떨어뜨렸습니다"라고 말했다.[4] 자메는 악랄한 과대망상증 환자였고, 잔인한 과대망상증 환자들 모두가 그렇듯이 내부의 적을 키웠다.

자메를 몰아내려는 모의는 감비아계 미국인 활동가 반카 마네(Banka Manneh)가 다카르〔Dakar, 세네갈의 수도〕에서 라민 사네(Lamin Sanneh) 대령을 만나면서 시작되었다. 사네는 마네와 전화번호를 교환하며 "내가 염두에 둔 게 있습니다"라고 말했다. 자메 경호대에서 고위급 간부를 지낸 사네는 이유 없이 부하를 해고하라는 명령을 거부했다는 이유로 정권에서 추방된 상태였다. 두 사람은 종종 함께 시간을 보냈고, 때로는 녹차를 마시며 농담을 나누기도 했다.[5] 사네는 이제 추방되었으니 필요하다면 무력을 써서라도 자메를 무너뜨리기로 결심했다고 마네에게 말했다.

폭력 사태가 발생하면 무장한 사람들이 유리한 위치에 서기 때문에 군대에 의한 쿠데타는 많은 독재자에게 심각한 위협이 된다. 궁정 엘리트들은 권모술수의 달인일지 몰라도 군인들은 눈 깜짝할 사이에 독재자를 무너뜨릴 실력을 갖추고 있다. 쿠데타를 방지하는 문제에서 독재자들은 진퇴양난에 직면한다. 외세의 위협이나 반란으로부터 정권을 보호하려면 독재자는 강력한 군대가 필요하다. 하지만 군대에 힘을 실어 주면 장군과 병사 들이 독재자를 무너뜨릴 정도로 강해질 수 있다. 약한 군대는 외부의 위협을 만들 수 있고, 강한 군대는 내부의 위협이 될 수 있다. 일부 작은 국가에서는 군대를 폐지해서 이런 딜레마를 해결하기도 하지만, 이는 대다수 나라에서 선택할 수 있는 방법이 아니다. 야히아 자메 역시 마찬가지였다.

마네는 기로에 서 있었다. 평화주의 인권 활동가로서 마네는 시위를 조직하고 감비아 내 반대파를 위해 자금을 모았다. 그는 언제나 평화적으로 독재체제를 무너뜨릴 수 있다고 생각했다. 마네는 여전히 평화적인 전복이 가능하다고 믿었을까? 평화적인 방법으로 독재정권을 무너뜨릴 수 없다면, 어떻게 해야 할까? 중대한 결정이었다. 사네는 쿠데타가 올바른 선택이라며 마네를 설득하려 했다. 마네는 사네에게 "이건 농담이 아닙니다. 지금 사람이 죽는 문제를 이야기하고 있다는 거 아시죠?"라고 물었다. 사네가 대답했다. "그럼요. 죽는 사람도 있을 겁니다."[6]

내가 반카 마네를 만났을 때, 그는 감비아 상황이 점점 더 악화되면서 마음을 바꾸게 되었다며 이렇게 말했다. "매일 누군가 고문당하거나 살해당한다는 보고서를 받았어요."[7]

실제로 감비아 상황은 대단히 심각했다. 정권에 반대하는 사람들은 마구잡이로 체포되었고, 정권에 대한 반대의견은 완전히 억압되었다. 2012년에 정권이 라마단 직후 사형수 아홉 명을 처형하는 충격적인 사건이 발생했다.[8] 처형을 반대하는 목소리를 낸 이맘(imam, 이슬람교에서 성직자에 대한 경칭)은 고문당했다. 고문당한 사람은 그뿐만이 아니었다. 인권단체 국제엠네스티(Amnesty International)에 따르면 고문은 일상적으로 벌어졌다.[9]

결국 마네는 평화혁명이 불가능하게 되면 폭력혁명이 불가피하게 된다고 말했던 존 F. 케네디를[10] 언급하면서 쿠데타를 정당화했다. 마네는 폭력혁명이 쿠데타라고 생각했다. 이미 감비아에서 인권 활동으로 잘 알려져 있던 마네는 쿠데타에 직접 참여할 수 없다는 사실을 알고 있었지만, 마음을 바꾼 후 쿠데타를 조직하는 데 주요한 역할을 맡았다.[11]

어떤 부분에서 계획은 치밀하고 철두철미했지만 어떤 부분에서는 완전히 엉망진창이었다. 이런 상황을 조정하기 위해 정기적인 전화 회의가 열렸는데, 회의 참가자들은 가족들에게 정부를 전복하려 한다고 솔직하게 말할 수 없었기에 변명거리를 찾아야만 했다.[12] 쿠데타 모의는 진지했지만 모의를 꾸민 이들은 아마추어였다. 이들 중 다수가 감비아나 미국 군대에서 훈련받기는 했지만, 이제는 가족과 일반적인 직장을 가지고 평범한 삶을 사는 중년 남성들이었다. 예를 들어, 반카 마네는 건설 현장에서 쉬는 시간 동안 정부 전복 계획 일부를 수립했다.[13] 이전에 이들이 정부를 전복해 본 적이 없는 것은 분명했다. 이들 중 일부는 온라인에서 스크래블게임〔철자가 적힌 플라스틱 조각으로 글자를 만드는 보드게임의 일종〕인 '워즈위드프렌즈(Words with Friends)'를 하면서 친해진 이들과 함께 쿠데타 모의를 하기도 했다.[14]

쿠데타 공모자 중 한 명은 "일급비밀"이라고 적힌 마닐라지 서류철을 가지고 있었는데, 그 안에는 주석이 적혀 있는 대통령 관저 위성사진이 들어 있었다.[15] 예산(22만 798달러)을 세세하게 기록한 스프레드시트에는 차량 임대료까지 자세하게 기록되어 있었다. 바렛 50구경 저격소총 두 자루에 대해서는 "실제로 필수적이지는 않지만 매우 유용할 수 있음"이라고 적혀 있었다.[16] 평화주의 활동가에서 이제 국제 무기 밀수업자가 된 마네가 총을 구입했고, 그 돌격용 자동소총은 통에 숨겨진 채 대서양을 건넜다.

쿠데타 모의자들은 자신 있었다. 단지 위성사진과 스프레드시트만 가지고 있는 것은 아니었다. 그들에게는 내부정보도 있었다. 이제 감비아자유연맹(Gambian Freedom League)으로 불리는 이 집단에는 독재자를 경호했던 사람이 있었기에, 자메가 어떻게 경호를 받고 있는지 알고 있었다.[17] 성공을 확신한 이들은 「감비아의 재탄생: 독재정권에서 민주주의와 발전으로의 이행을 위한 헌장(Gambia Reborn: A Charter for Transition from Dictatorship to Democracy and Development)」이라는 제목으로 쿠데타 이후 감비아의 미래에 대한 계획 초안도 수립했다.[18]

2014년 12월 30일 한밤중에 라민 사네와 파파 팔, 그리고 또 다른 사내 여섯 명은 감비아 대통령 궁에 해당하는 국무성에서 멀지 않은 곳에 위치한 묘지에 서 있었다.[19] 달이 떠 있었지만, 아주 어두웠다. 그들은 방탄조끼를 입고 마지막으로 계획을 점검하면서 함께 기도했다. 주변에 들리지 않도록 작은 목소리로 모두 함께 "나라를 되찾자"라고 말했다.[20]

계획은 간단했다. 남성들은 알파팀과 브라보팀, 두 팀으로 나뉘었다. 사네가 지휘하는 알파팀은 대통령 궁 정문을 뚫고 들어가 경비대의 무장을 해제시킨 후 국무성을 장악하는 임무를 맡았다. 파파 팔이 이끄는 브라보팀은 대통령 궁 뒤쪽을 확보할 계획이었다.[21] 일단 공격이 시작되면 국무성 내부에서 쿠데타에 동조하는 사람들이 합류하기로 되어 있었다.

사네가 이끄는 팀은 렌터카를 타고 전조등을 끈 채 대통령 궁 정문으로 차를 몰았다.[22] 첫 번째 경비초소에 도착하자마자 한 명을 제외하고 모두 차에서 내렸다. 무리 중 한 명이 겁에 질린 경비대 두 명에게 총을 겨누며 "너희를 죽이지 않겠다. 총을 내려놔"라고 말했다.[23] 경비대는 총을 내려놓았다. 알파팀은 대통령 궁 반대편에 있는 브라보팀에 무전으로 좋은 소식을 전한 후 다시 차를 타고 출발했고, 장벽 여러 개를 통과했다. 그때까지는 성공적이었다.

그러나 그때 탑에서 보초를 서던 경비병이 대통령 궁 중심부로 접근하는 알파팀을 발견하고는 총을 쐈다. 경비병에게 초소에서 내려오라고 설득하는 데 실패하고 또 한 번 총성이 울렸다. 사네가 총을 맞고 바닥에 쓰러졌다. 알파팀 중 한 명이 사네를 안전한 곳으로 끌고 가려 했으나, 계속 총알이 날아오는 상황에서 무거운 사네를 끌어내지 못했다. 자기 목숨을 구하기 위해 그는 사네를 뒤에 남겨 둔 채 작전을 포기해야 했다.

총소리가 들리자 대통령 궁 반대편의 경비대가 브라보팀을 조준했다. 파파 팔은 "필수적이지 않지만 유용"하다고 판단했던 50구경 자동소총 중 한 자루를 사용해 반격했으나 어둠 속에서 야간 투시경도 없이 정확히 어디를 조준해야 할지 알 수 없었다. 작전은 급격하게 흐트러지기 시작했다. 브라보팀 중 한 명이 살해되자 알파팀에 알리려 했지만 대답 없이 무전기 잡음만 들렸다.[24]

동이 트자 감비아가 다시 태어날 수 없다는 사실이 모두에게 분명해졌다. 쿠데타는 비참하게 실패했다. 공식적인 것처럼 보이는 일급비밀 서류철과 몇 달에 걸친 계획에도 불구하고 공모자들은 쿠데타의 기초를 닦지 못했다. 그들은 어둠 속에서 요새 같은 대통령 궁을 공격하기에는 턱도 없는 장비와 열두 명도 채 되지 않는 인원으로 쿠데타를 일으켰다. 쿠데타에 가담할 것으로 예상했던 내부자들은 나타나지 않았다. 무엇보다 전체적인 계획의 바탕에는 일평생 자메를 지키겠다고 맹세한 경호원들이 마음을 바꿔서 쿠데타에 가담할 것이라는 생각이 깔려 있었다.

마네는 나에게 "승산이 없었어요"라고 말했다. 자메를 지키던 경호원들은 자메에 의해 정치적으로 '새롭게 태어난' 이들로, 자메에게 모든 것을 빚지고 있었다는 설명을 덧붙였다.[25] 아무것도 아니었던 그들은 자메 덕에 이제 중요한 존재로 인정받고 있었다. 오합지졸로 보이는 미상의 남성들이 총을 들고 도착했다고 해서 그 경호원들이 안락한 지위를 포기할 리는 없었다.

쿠데타 모의자들이 직면한 결과는 끔찍했다. 반줄의 묘지에서 조국을 되찾겠다고 맹세한 남성 여덟 명 중 세 명은 총에 맞았다. 그건 시작일 뿐이었다. 뒤이어 감비아에 몰아닥친 탄압의 물결 속에서 자메 정권은 쿠데타와 아무 관련이 없는 그들의 가족들까지 투옥하기 시작했다. 고령인 사네의 어머니는 기소조차 없이 감옥에 갇혔다. 정권의 폭력배들이 쿠데타 주모자의 딸이 다니던 학교에 나타났는데, 그 아이는 고작 일곱 살이었다.

반카 마네는 '운이 좋았다'. 쿠데타 직후에 마네와 아내, 두 아이, 어머니와 장모는 미국 조지아에 있는 집에서 자고 있었다.[26] 새벽 4시경 무장한 FBI 요원들이 들이닥쳐 마네를 체포했다.

마네는 무기를 조달해서 보냈다는 이유로 중급보안교도소에서 6개월 징역형을 선고받았다. 그가 징역형을 선고받은 이유 중에는 중립법(Neutrality Act)[27]이라는 법을 위반했다는 사실도 포함되었다. 1794년에 처음 통과된 이 법의 원래 취지는 미국인이 '미국과 평화롭게 지내는' 왕족이나 국가 또는 국민을 공격하지 못하게 하는 것이었다. 이제 이 법은 악랄한 독재자를 전복하려 했던 반카 마네를 처벌하는 데 사용되고 있었다.[28]

미국의 감옥이 좋은 것은 아니지만 독재자에 맞서 쿠데타를 계획한 사람에 대한 처벌로는 비교적 가벼운 편이었다.

쿠데타가 치밀한 계획하에 실행되지 못했다는 점은 자메에게 행운이었다. 만약 제대로 조직되었다면, 자메는 심각한 곤경에 처할 수도 있었다. 쿠데타 주모자가 무능하기를 바라고 있을 수만은 없기에 독재자들에게는 위협을 관리할 전략이 필요하다. 그 전략은 분열과 약화다. 독재자가 적극적으로 나서지 않으면, 어느 장군이 스스로 지도자가 되겠다고 마음먹는 순간 쉽게 무너질 수 있다. 그리고 거의 필연적으로 그런 날이 온다.

쿠데타는 일반적으로 "군부나 국가기구 내 다른 엘리트들이 현직 행정수반을 축출하기 위해 자행하는 불법적이고 공공연한 시도"라고 정의된다.[29] 어떻게 정의하든 쿠데타의 위협은 인류가 지도자를 선출하는 규칙에 합의한 이래 모든 족장과 왕, 술탄, 최고지도자들이 다루어야 했던 문제였다. 심지어 성경에도 일종의 군사 쿠데타가 언급되어 있다. 구약성서에서 이스라엘의 네 번째 왕 엘라는 자신의 전차 절반을 지휘하던 시므리에 의해 왕좌를 찬탈당했다. 술에 취한 왕을 죽인 것으로 만족하지 못한 시므리는 엘라의 집안 사람 전부를 학살했다. 열왕기상에 따르면 "그의 친척이든 그의 친구든" 아무도 살아남지 못했다.[30] 그러나 결국 시므리의 치세는 성경에 등장하는 왕 중에서 가장 짧았다.[31] 그가 통치하던 도시가 엘라의 옛 사령관 중 한 명인 오므리에 의해 포위당하자 시므리는 궁전을 불태워서 자살했고, 시므리의 치세는 7일 만에 끝났다.[32]

좀 더 넓은 시각에서 살펴보기 위해 정치학자 조너선 파월(Jonathan Powell)과 클레이턴 타인(Clayton Thyne)은 60년 동안 일어난 쿠데타 시도 457건을 분석했다. 이들의 연구에 따르면 쿠데타 시도 중 절반 정도가 성공했다. 쿠데타 시도 분포는 고르지 않았다. 그 기간 동안 유럽에서는 쿠데타가 단 열두 건 발생했던 반면, 아프리카에서는 열네 배 이상 많은 169건이 발생했다. 시기적으로 보면 쿠데타는 1960년대 중반에 정점을 찍었는데,[33] 이는 우연이 아니었다. 세계가 두 진영으로 나뉘어 거대한 지역에 대한 통제권을 두고 사활을 건 투쟁을 벌이던 냉전 시기에, 양측은 때때로 탐탁지 않은 현직 국가 지도자들을 제거하기 위해 새로운 도전자를 지원했다. 일반적으로 쿠데타는 부정적으로 생각되지만, 당시에는 적어도 지금처럼 부정적으로 인식되지는 않았다. 게다가 식민지에서 독립한 신생국가의 정부 중 많은 수가 불안정했다. 이는 대부분 식민 권력이 고의로 신생 정부를 불안정하게 설계했기 때문이다.

냉전 종식 이후 쿠데타는 점차 줄어들었지만, 세계에서 가장 억압적인 통치자들을 조기 '은퇴'시킬 수 있는 가장 강력한 위협이 바로 그들의 군사라는 사실에는 변함이 없다. 심지어 냉전 말기에 하락하던 쿠데타의 '성공률'이 2000년대 초반부터 상승하기 시작했다.[34] 실제로 2020년대 초에도 가봉, 니제르, 부르키나파소, 말리에서 쿠데타가 발생했다. 말리의 경우 10년도 안 되는 기간에 세 번이나 쿠데타가 발생했다.

쿠데타라는 위협에 대처하는 일이 왜 그렇게 어려운지를 이해하려면, 우선 쿠데타가 어떻게 작동하는지부터 이해해야 한다. 쿠데타는 그것이 불가피하다는 인상을 심어 줄 때 비로소 성공할 수 있다. 반줄에서 감비아의 쿠데타 모의자들이 실패한 부분이 바로 이것이다. 대통령 궁에 도착했을 때 이들은 약해 보였다.

쿠데타의 메커니즘은 세 그룹이 연루된 시도로 단순화하여 상상하면 가장 쉽게 이해할 수 있다. 첫 번째 그룹은 쿠데타를 실행하는 사람들이다. 이들은 무력으로 현직 지도자를 전복하려고 모인 무장 세력이다. 일반적으로 이들은 군부 세력의 일부지만, 전직 군인이나 심지어 용병일 수도 있다. 이들이 이런 행동을 하는 이유는 아주 다양하다. 쿠데타 주동자 중 대부분은 권력, 인지된 부당함을 바로잡는 것, 돈이라는 세 가지 이유 중 하나 때문에 정권을 무너뜨리려 한다.

이와 같은 쿠데타 세력 중 극단적인 사례가 이튼칼리지에서 교육받은 영국인 사이먼 만(Simon Mann)이다. 만은 북아일랜드에서 벌어진 반란 진압 작전에서 첫 경험을 쌓은 후 엘리트 부대인 공수특전단(Special Air Service, SAS)에서 활동했다. 만은 짐바브웨에서 적도기니로 무기와 전투기를 운반할 계획을 세웠다. 그곳에서 이미 한동안 현지에 머물던 선발대와 합류할 생각이었다. 그런 다음 테오도로 오비앙 대통령을 끌어내서 체포하거나 살해하려 했다. 오비앙이 제거되면 망명 중인 야당 지도자 세베로 모토(Severo Moto)를 대통령으로 세울 계획이었다.[35] 겉보기에는 터무니없는 계획이었다. 그러나 만은 그 말도 안 되는 계획을 실행에 옮겼다. 민간군사기업(private military company, PMC)을 설립해서 운영했던 만은 정부 전복을 위한 자금조달, 계획 및 실행에 필요한 관련 경험과 네트워크를 갖추고 있었다.

테오도로 오비앙은 1979년 삼촌인 마시아스 응궤마 정권을 전복하고 적도기니를 장악한 다음 인구가 160만 명인 이 나라에 매우 억압적인 정권을 세웠다. 오비앙은 세계에서 가장 오래 봉사 중인 비군주제 국가원수였다(여기서 봉사라는 표현은 오비앙이 스스로에게 봉사했다는 점에서만 적절한 단어다). 오비앙은 정적을 반복해서 공격하고 투옥하고 고문하고 살해함으로써 오랜 기간 동안 권력을 유지했다. 자유로운 언론도, 자유로운 선거도 없으며, '야당'은 있었지만 정부의 통제를 받았다. 사이먼 만의 부대가 쿠데타를 시도하기 2년 전인 2002년에 오비앙 대통령은 97퍼센트가 넘는 득표율로 '재선'에 성공했다.[36]

만은 아니라고 했지만, 적도기니의 억압적인 독재 상황은 그다지 그의 관심사가 아니었다. 만이 주목한 것은 분명 1996년에 적도기니에서 발견된 엄청난 매장량을 가진 유전이었다.[37] 1995년에 적도기니의 경제 규모를 인구수로 나눈 값, 즉 1인당 GDP는 1578달러였다. 2008년에 그 수치는 3만 5689달러로 한국보다 높고 멕시코보다는 두 배 가까이 되었다.[38] 석유 덕택에 독재자와 그 일당들은 어마어마한 부를 쌓았고, 만은 그들의 선례를 따르고 싶었다. 오비앙을 타도하는 대가로 만과 그의 국제 '투자자들'은 현금 수백만 달러와 수익성이 매우 높은 석유채굴권을 얻을 수 있으리라 기대했다.

만은 나중에 자서전에서 이렇게 썼다. "나는 수십억 달러를 벌거나 아니면 총에 맞거나 둘 중 하나라는 걸 알았다."[39] 어느 쪽이 될지 결정되기 전에 만과 공모자들은 외국 독재자를 타도하는 데 투입할 수 있는 사람들을 모집해야 했다. 이렇게 모집한 사람 중 다수는 버펄로 대대(Buffalo Battalion, 1975년에 창설된 남아프리카공화국 육군 정예 부대로 1993에 해산됨) 출신 참전 용사로, 남아프리카공화국 아파르트헤이트 정권(1948년부터 1994년까지 남아프리카공화국을 일당제로 통치했던 국민당 정권)을 대표해서 앙골라에서 잔혹하게 반란 진압 작전을 벌인 경험이 있었다.[40]

이들이 남아공 폴로콰네(Polokwane)에서 짐바브웨의 하라레(Harare)까지 비행기에 실려 이동하는 동안 '공식적인' 설명은 콩고민주공화국에 있는 광산을 경비하러 간다는 것이었다. 하지만 만과 용병 67명이 군사 장비를 가득 실은 보잉 727기를 타고 하라레국제공항을 출발하려던 순간 뭔가가 잘못되었다는 느낌이 들었다. 만은 부하들을 안심시키려고 "진정해. 괜찮아"라고 말했다. 몇 명은 그 말을 믿고 잠이 들었다. 그러나 비행기 밖에서 들리는 확성기 소리에 깨어났다. "너희는 포위되었다."[41]

이들은 전부 짐바브웨 당국에 의해 체포되었다.[42] 하라레 감옥에서 4년을 복역한 후, 만은 이감되어(만의 표현에 따르자면 납치되어) 적도기니의 악명 높은 블랙비치교도소에 감금되었다.[43] 만은 34년 형을 선고받았다.[44] 운이 따르지 않았던 쿠데타를 시도한 후 4년이 지나 영국 언론과 인터뷰했을 때, 그는 손목과 발목에 쇠고랑을 차고 있었다.[45] 만이 말했다. "알고 계시겠지만, 호랑이 사냥을 나갈 때 호랑이가 이길 거라고 예상하지는 않잖아요."

누군가 호랑이를 사냥하러 간다고 하면 세계 정보기관들은 일반적으로 관심을 기울이지 않는다. 하지만 쿠데타를 계획하고 있다면, 특히 목표로 삼은 정부가 상당한 석유가 매장된 유전을 관리하고 있다면, 얘기는 달라진다. 알려진 바에 따르면, 쿠데타 계획 전체가 런던과 케이프타운에 위치한 식당과 술집에서 논의되었고, 따라서 관련국 하나 이상에서 계획된 내용을 알고 있었다. 그중에서 짐바브웨의 무가베 정권은 분명히 쿠데타 계획에 대해 알고 있었다. 영국 정부 또한 쿠데타가 일어나기 몇 달 전부터 일정, 무기 수송, 관련자 등을 포함한 계획을 알고 있었다.[46] 용병들이 적도기니에서 발각되지 않았다면 공격이 성공했을지는 알 수 없으나, 어쨌든 쿠데타는 시작도 하기 전에 실패로 끝났다.

쿠데타의 동기가 부당한 통치자를 몰아내는 것이든 돈을 버는 것이든 간에, 쿠데타를 계획하는 사람들은 성공할 수 있다고 믿어야 한다. 그렇지 않고서는 위험을 감수하기 어렵다. 독재자를 퇴진시키려는 시도가 실패하면 그 결과는 분명 혹독할 것이기 때문이다. 미국의 최근 연구에 따르면, 쿠데타에 실패할 경우 주동자 중 60퍼센트 이상이 처형당하거나 투옥된다.[47] 총살당하거나 고문당하기도 한다. 만은 결국 형을 다 채우기 전에 석방되었지만, 그 경험이 유쾌하지는 않았을 것이다.

쿠데타 관련 그룹의 반대편 끝에는 현직 지도자와 그의 최측근들이 있다. 당연히도 이들은 권력을 유지하기를 바란다. 이는 권좌에 있어야 권위주의 정권에서 온갖 특권을 누릴 수 있기 때문이기도 하고, 쿠데타 모의자들이 성공하면 떨어질 벼랑이 아득하기 때문이기도 하다.

이 두 그룹은 모두 규모가 작은 편이다. 용병 그룹 규모가 작은 이유는 쿠데타에 참여할 공모자를 대규모로 모집하는 일이 위험하기 때문이다. 어떤 정부를 타도하는 일에 관해 비밀을 유지할 수 있는 열 명을 찾는 일은 가능할지 모른다. 하지만 100명을 찾는 일은 어떨까? 행운을 빈다.

현직 지도자의 측근 그룹 역시 규모가 작은데, 이는 권위주의 정권일수록 상부에 권력이 집중되기 때문이다. 마치 피라미드와 같은 구조에서 정상에 있는 극소수만이 모든 결실을 쓸어 담는다.

관련 그룹 중에 규모가 가장 큰 그룹은 어느 정치 그룹이나 파벌과도 동맹을 맺지 않았으나 무력을 갖춘 사람들이다. 쿠데타가 진행되는 동안 '올바른' 선택을 한다면, 이들은 킹메이커가 될 수 있다. 하지만 이들의 관점에서 쿠데타는 끔찍할 수 있다. 잠시 평범한 군인의 입장이 되어 보자. 존이라는 스물일곱 살인 육군 보병 장교를 떠올려 보자. 존은 소총을 청소하고 수류탄을 던지고 지혈대를 사용하는 법을 배웠다. 복무하는 국가에 따라 전투에서 병사들을 지휘한 적이 있을 수도 있다.

하지만 쿠데타를 준비하지는 못했을 것이다. 쿠데타가 진행되는 동안 존은 지휘하는 중대의 맨 앞에 서서 결정을 내리려고 애쓴다. 쿠데타 공모자들 편에 서서 정부 전복을 시도할 수도 있고, 정권의 편에서 현 상태를 지킬 수도 있다. 어떻게 할 것인가? 만약 지는 편을 선택하면 존과 그 병사 100여 명이 맞이할 결과는 아마 끔찍할 것이다. 게다가 존이 가진 정보는 불완전하다. 전체 계획 중에서 오직 일부만을 파악할 수 있을 뿐이다. 이런 역동적인 상황에서 양쪽이 실제로 얼마나 강한지를 알기는 쉽지 않다.

때로는 아무것도 하지 않는 것이 가장 안전한 선택이 되기도 한다. 존과 같은 장교들에게 합리적인 행동은 혼돈과 혼란 한복판에서 누가 이기는지를 알 수 있을 때까지 최대한 기다리는 것이다. 일단 윤곽이 드러나면 존과 그 중대는 승자 편에 설 수 있다. 만약 쿠데타 모의자들이 승리할 것 같으면 존과 같은 군인들은 쿠데타에 합류한다. 반대로 쿠데타를 일으킨 쪽이 승산이 없어 보이면 쿠데타를 진압하는 데 힘을 보탤 것이다. 이런 까닭에 외부에서 인식되는 힘이 독재자에게는 아주 중요하다. 인식은 현실을 이기는 데 그치지 않고 현실 자체가 된다.

영리한 쿠데타 지도자는 이 점을 잘 알고 있으며, 따라서 쿠데타를 일으킬 때 자신이 가지고 있는 한정적인 권력을 이용하여 상징적 가치가 높은 지점을 차지하고 통제권을 확보하려고 최선을 다할 것이다. 정치학자 브라이언 클라스(Brian Klaas)는 이를 '악대차 효과(bandwagon effect)'라고 한다.[48] 일반 사병들과 군 장교들은 쿠데타가 성공한다고 믿게 되면 쿠데타 공모자들을 중심으로 집결한다. 쿠데타를 실행하는 사람들은 이런 사실을 자신에게 유리하게 사용하여 일반 병사들이 쿠데타가 성공한다고 믿게 만들어서 독재자를 무너뜨리는 것을 목표로 삼도록 하고, 그 결과로 승리 가능성을 더욱 높인다.

좀 더 구체적으로 설명하자면, 영국에서 국왕의 정부를 무너뜨린다고 상상해 보자. 가장 먼저 해야 할 일은 시각을 바꿔서 런던 이외의 모든 지역을 무시하는 것이다. 쿠데타는 수도에서 일어난다. 다른 모든 것은 나중에 걱정해도 된다.

쿠데타가 성공하기 위한 열쇠는 공항, 총리 관저, 국회의사당, 국방부, 국무조정실, BBC와 같은 핵심 방송사, 국가정보기관 본부 등 주요 자산을 신속하게 장악하는 것이다. 그러고는 군대가 명령에 따르지 않는 이들을 체포하는 동안 충격을 받은 BBC 본사 직원들이 어리둥절한 시민들에게 새로운 정부가 구성되었음을 알리게 한다. 그 후에는 사람들이 다른 정보에 접근하지 못하게 막는다. 휴대전화 네트워크를 차단하고 사람들이 소셜미디어에 접속할 수 없도록 한다. 그리고 오후 6시 정각부터 통행금지를 실시한다.

그러나 말처럼 쉽지 않은 이 모든 일이 문제 없이 진행된다고 했을 때, 손에 넣을 수 있는 것은 무엇일까? 런던 도심의 전체 면적은 고작해야 319제곱킬로미터에 불과하고, 당신은 그중에서도 아주 일부, 도로와 빌딩, 다리 몇 개만을 장악했을 뿐이다. 남성(또는 여성) 1000명을 앞세워 런던에 도착했다 해도, 정부 전복 시도에 관여하지 않은 영국군 병력 15만 1000여 명이 여전히 남아 있을 것이다.[49] 병력과 그들의 탱크, 대포, 헬기뿐만 아니라 경찰과도 싸워야 한다. 실제로 당신이 통제할 수 있는 것은 그다지 많지 않다. 하지만 국민들에게 쿠데타가 정당하다는 인상을 심어 줄 수는 있다. 일반 국민은 텔레비전을 켜는 순간 당신의 군대를 보게 된다. 라디오에서는 질서 회복을 위해 권력을 장악한 군부 세력을 지지하라고 말하는 국왕의 목소리를 듣게 된다. 전임 총리는 지하실에 숨어 버려서 어디에서도 보이지 않는다. 새로운 정권은 강해 보이고, 이전의 정부는 약해 보인다.

이것이 앞서 말한 존과 같은 장교들을 쿠데타에 합류하도록 설득하거나 최소한 막아서지 않게 하는 열쇠다. 바로 이런 식으로 군인들은 엘리트나 국민들로부터 전폭적인 지지를 얻지 못하더라도 정부를 전복할 수 있다. 그리고 이것이 바로 모든 독재자에게 군부가 그토록 강력한 위협이 되는 이유다.

물론 영국에서 이런 시나리오는 상상할 수 없다. 군 장교들이 전혀 불만이 없거나 쿠데타를 시도할 만큼 강력하지 않아서가 아니라, 영국 정치체제가 수 세기 동안 군대는 정치에 관여하면 안 된다는 규범을 발전시켰기 때문이다. 영국에서 쿠데타라고 할 만한 사건이 마지막으로 일어난 것은 올리버 크롬웰(Oliver Cromwell)이 머스킷 총을 든 병사 40명에게 도움을 받아 의회를 장악했을 때였다. 그때가 1653년이었다. 그 후 미국 건국의 아버지 56명이 독립선언문에 서명할 때까지 영국 통치자들은 120년이 넘는 기간 동안 쿠데타를 어떻게든 잘 막아 냈다. 그렇게 오랜 기간 쿠데타를 막아 온 역사가 강력한 억지력으로 작용한 것이다. 영국 해군 제1군사위원(현재의 해군참모총장에 해당함)이나 국방부 장관은 총리와 갈등이 있다고 해도 쿠데타를 일으킬 생각조차 하지 않는다. 쿠데타를 겪은 역사가 있는 나라에서는 민간인과 군대의 관계가 훨씬 더 복잡하다. 최근에 한 번이라도 쿠데타를 경험한 국가에서는 쿠데타가 더 많은 쿠데타를 정당화하기 때문에 새로운 쿠데타가 일어날 가능성이 훨씬 높아진다.[50] 이런 경험이 미치는 영향은 아주 커서 그 나라는 쿠데타 한 번이 또 다른 쿠데타를 낳는 '쿠데타의 올가미(coup trap)'에 갇힐 수 있다.

이런 문제에 대해 독재자는 무엇을 할 수 있을까? 이것은 최대한 빨리 대처해야 하는 엄청난 위협이다. 선택의 문제가 아니라 반드시 해야 하는 일이다.

우선 독재자는 본능적으로 문제가 있는 곳에 돈을 뿌리기도 하는데, 그것이 때로는 사람들을 정권에 잡아 두는 좋은 방법이 되기 때문이다. 돈은 일시적인 해결책이 될 수 있지만 돈을 전달할수록 장군들의 힘은 더 강력해지기 때문에 단순히 그들에게 돈이나 무기를 더 많이 주는 것으로는 문제를 해결할 수 없다. 또한 돈을 받은 장군들은 만족할 수 있지만, 부정부패에서 그 정도로 이득을 얻지 못한 훨씬 많은 부하 장교가 군사 쿠데타를 시도할 수도 있다. 미국 해군전쟁대학교(US Naval War College)의 연구에 따르면, 아주 많은 쿠데타가 존과 같이 (대위 이하의) 하급 군인에 의해 실행된다.[51] 이들의 쿠데타 성공률은 중간 계급이 주도한 쿠데타 성공률(48퍼센트)이나 고위 계급의 성공률(68퍼센트)보다 낮지만, 그래도 3분의 1은 성공한다. 돈만으로는 독재자가 직면한 문제를 해결할 수 없다.

군대가 독재자에게 등을 돌릴 가능성은 항상 존재하기 때문에, 가장 중요한 일은 전략, 다시 말해 독재자의 안전을 보장해 줄 방법을 개발하는 것이다. 정권이 '쿠데타를 방지할(coup-proof)' 수 있는 주요한 방법은 세 가지가 있다. 군대를 분산시키고, 서로 간의 신뢰를 약화하고, 모두가 적절한 자리에 있게 하는 것이다.

군대를 작은 단위로 나누어 서로 경쟁하도록 하는 전략을 '견제 세력화(counter-balancing)'라고 한다. 가령 쿠데타라고 부를 만한 마지막 사건이 머스킷 총을 사용하는 것이었던 영국 같은 나라가 아니라면, 군대는 언젠가 권력을 쥐려고 할 것이다. 군대가 정부를 전복하는 가장 좋은 방법은 함께 행동하는 것이다. 군인들이 협력하면 압도적인 힘을 가질 수 있고, 그렇게 되면 군부가 걱정해야 할 것이라고는 (제압할 수 있는) 대중들과 (무력에서 군에 미치지 못하는) 경찰뿐이다. 독재자에게는 악몽 같은 시나리오다.

정부에서는 군대를 작은 단위로 나눔으로서 각 부대를 서로 견제하게 만들 수 있다. 과거에는 정규군만 있었다면, 이제는 정규군, 준군사조직, 군대화된 궁전 경비대로 나뉘어 각자의 임무를 수행하게 하는 것이다. 정보기관도 마찬가지다. 단일한 정보기관에 국내 위협을 감시하는 임무를 전담시키는 대신 각각 다른 업무를 수행하는 동시에 중첩되는 임무를 담당하는 세 개의 정보기관을 설치하면 각 기관이 서로를 감시하게 되기 때문에 음지에서 정권 전복 음모를 수립하기 훨씬 더 어려워진다.

이 모든 조치들의 목적은 잠재적인 쿠데타 모의자들의 계획에 영향을 미치는 것이다. 정권을 전복할 계획을 세우려는 장교들은 견제 세력으로부터 강력한 저항에 부딪힐 것을 예상해야 한다. 이런 예상은 군대가 소규모로 분산되어 있고, 어떤 개별 부대도 다른 부대를 압도할 만큼 우세하지 않는 상황일 때 더 강력하게 작동한다.

정치학자 제임스 퀸리번(James Quinlivan)은 그 작동 방식을 다음과 같이 적절히 요약했다.

준군사조직은 정규군만큼 규모가 클 필요도 없고, 총력을 기울인 내전

에서 정규군을 이길 필요도 없다. 하지만 정권의 핵심적인 장소 바로 인근에 있는 불충한 군대와의 교전에서 이길 수 있을 정도의 규모와 충성심은 갖고 있어야 한다.[52]

이것은 이론일 뿐이다. 그렇다면 실제에서는 어떻게 작동할까? 이라크 독재자 사담 후세인이 군대를 다루는 방식을 살펴보자. 후세인은 "이라크 군대는 나를 상대로 반란을 꾀할 수 있는 유일한 세력이다. 우리가 두려워하는 유일한 힘은 정당 지도부를 장악할 수 있는 이 군대다. 이 군대는 애완용 호랑이와 같다"라고 말한 적이 있다. 후세인은 틀림없이 이 호랑이를 심각한 위협으로 여겼다. 권력을 잡자마자, 그는 호랑이의 "눈과 이빨, 발톱을 뽑는" 일에 착수했다.[53]

사담 후세인의 바트당 정권은 군대의 위협을 약화하기 위해 여러 가지 노력을 기울였다. 군대에서 의심스러운 부류를 숙청한 다음, 충성도 테스트를 통과한 바트당원들로 그 자리를 채워 넣었다. 바트당원들은 "우리의 길을 따르지 않는 자는 부인과 함께 집에 머물게 될" 것이라고 말하곤 했다.[54] 또한 인민군(Popular Army)과 공화국방위군(Republican Guard)도 창설했다. 인민군은 "정규군을 대체할 수 있는, 당을 기반으로 하고 당의 지도를 받는 대중들", 다시 말해 민병대였다.[55] 인민군 대원들은 최고의 훈련이나 최고의 무기를 받지 못했지만, 수가 많았다. 공화국방위군은 정권을 보호하기 위해 특별히 고안된 소규모 조직으로 창설되었다. 군을 이렇게 구조적으로 변화시킨 덕분에 후세인은 단일한 적의 위협을 맞닥뜨릴 일이 없어졌다. 대신에 더 작아진 군의 분파들은 후세인을 타도하려면 독재자뿐만 아니라 서로 싸우게 될 가능성을 심각하게 고려해야 했다.

'쿠데타를 방지할' 수 있는 정권을 만들기 위한 두 번째 방법은 바로 장군들 사이에서 그리고 장군과 병사들 사이에서 신뢰를 약화하는 것이다. 사담 후세인은 안보기관들을 끊임없이 교체했다.[56] 이는 변칙이 아니라 독재자들이 일반적으로 사용하는 방법이다.

사람들을 수시로 교체하면, 신뢰를 약화하는 효과 이외에도 서로 이야기하거나 협력하기 어렵게 만드는 장점도 있다. 단언컨대 독재자들은 국방부 장관과 내무부 장관, 정보기관 수장이 함께 많은 시간을 보내는 것을 원하지 않는다. 함께 시간을 보내다가 서로를 떠보게 되고 계획을 세우기 시작할 수도 있기 때문이다. 이들이 서로를 미심쩍어하면서 언제나 대통령궁의 관심을 차지하려고 경쟁하는 것이 독재자에게 가장 바람직한 상황이다. 공격당하지 않으려면 분열시켜야 한다.

쿠데타 방지책은 정권에 대해 많이 알거나 사람들을 모을 수 있는 행위자가 (독재자 이외에는) 한 명도 없을 때 가장 효과적이다. 그러므로 군대를 책임지는 모든 사람과 정기적으로 회의하는 합동참모본부 의장을 두는 대신, 모두가 독재자 서재에서 직접 보고하게 해야 한다. 그렇게 하면 이들은 서로를 신뢰하지 않고, 서로 이야기를 나누지 않으며, 독재자 등 뒤에서 행동하지도 않는다. 이런 부분에서는 야세르 아라파트(Yasser Arafat)가 악명 높았다. 팔레스타인 안보 기구의 모든 부서가 그에게 직접 보고했다.[57] 아라파트가 어찌나 세세한 부분까지 강력히 통제했던지, 가끔 그는 준군사조직 부대에 지급하는 300달러밖에 안 되는 수표에도 직접 서명하고는 했다.[58]

쿠데타 발생 가능성을 낮추는 방식으로 군대를 조직했다면, 다음으로는 적절한 군대를 적재적소에 배치해야 한다. 두말할 나위 없이 독재자는 수도에 위치한 대통령 궁과 보호가 필요한 다른 핵심 시설 근처에 충성심이 높은 군대를 배치하고 싶어 한다. 그러나 수도에 너무 많은 병력을 배치하면 위험이 따르기 때문에 일부 독재자는 아예 반대로 정규군을 더 멀리 이동시키는 방법을 택했다. 그럴 경우 수도 근처에서는 더 이상 대규모 군사훈련을 하지 않는다. 그렇다면 수도 인근에 정규군 기지가 있을까? 아니, 절대 없다. 정규군이 수도 근처에 없으면, 독재자와 주요 위협(자국의 군대) 사이에 준군사조직을 배치하는 것으로 충분하다.

인근에 적어도 적대국을 하나 이상 가지고 있는 세습군주국인 사우디아라비아는 정규군인 사우디아라비아군(Saudi Arabian Armed Forces), 견제 세력 역할을 하는 사우디아라비아 국민위병(Saudi Arabian National Guard), 사우드왕가를 보호하는 전담 부대인 사우디 왕실연대(Saudi Royal Regiment)를 보유하고 있다. 1970년대 사우드왕가는 견제 세력화된 군대를 만드는 것만으로는 충분하지 않다고 생각했다. 정규군은 사우디아라비아가 국경 지역에 위치한 주요 분쟁 지역과 침입 경로에 (큰 비용을 들여) 지은 군사 도시들에 주로 배치되고, 국민위병은 물리적으로 사우디아라비아군과 왕가 사이에 위치하게 된다.[59] 그리고 사우디 왕실연대는 쿠데타를 계획한 이들이 혹시라도 리야드 왕궁 근처까지 접근하는 경우에 최후의 수단을 담보하는 역할을 한다.

이처럼 군대 구조에 변화를 주는 것은 공모자들이 서로 조율하고 협력하여 쿠데타를 성공시킬 수 있는 능력을 약화하기 위한 방법이다. 또한 이것은 무기를 들고 살인을 위한 훈련을 받은 이들이라도 실제로는 폭력을 사용하고 싶어 하지 않는다는 역설을 독재자가 악용하는 방법이기도 하다.

쿠데타는 항상 격렬하고 폭력적이라고 대중들은 오해한다. 쿠데타 중 일부는 확실히 폭력적이다. 하지만 군인들 간의 충돌이 발생하거나 군인이 민간인에게 직접 발포하는 쿠데타를 목격한다면, 그건 무언가 계획대로 진행되지 않고 있다는 뜻이다. 정치학자 에리카 드 브루인(Erica de Bruin)은 쿠데타 시도 400건을 자세히 분석한 결과, 그중 200건 이하에서만 사망자가 발생했다는 사실을 발견했다. 군인들도 전우에게 총을 쏘는 일을 주저하는 것이다.[60] 이런 현상은 부분적으로는 문화적인 차이에서 기인한다. 외부의 적과 싸우도록 훈련받는 군인들은 국내에서 폭력을 사용하는 데 저항하는 경우가 많고, 이는 군 내부의 분열로 이어진다. 개인적인 수준에서 이 문제는 정당성 상실과 관련된다. 외세의 위협으로부터 나라를 지키는 것은 존경받을 만한 일이며, 일부 사회에서는 영웅적으로 여겨지기도 한다. 하지만 권력을 잡으려고 자국민, 즉 군인이나 민간인 특히 여성과 아이들을 향해 총을 쏘는 일은 어떤가? 영웅이라 불리기는 어려울 것이다. 그리고 이런 상황은 결국 잔인한 정부가 권력을 유지하는 데 도움이 된다. 지도자가 자신을 몰아내려면 군인 간 충돌이나 민간인 사상자가 발생할 수밖에 없다는 신호를 확실하게 전달한다면, 권력을 유지할 가능성은 상당히 높아진다.

하지만 여전히 문제가 남아 있다. 이런 억지력이 효과를 발휘하려면 정권 전복을 도모하는 이들이 쿠데타 발생 시에 준군사조직이 실질적으로 저항할 것이라고 믿어야 한다. 그러기 위해서 준군사조직은 독재정권에 충성해야 하며, 정규군에 심각한 피해를 입힐 만큼 충분히 강력해야 한다. 만약 준군사조직이 종이호랑이에 불과하다면, 진짜 호랑이가 그들을 갈기갈기 찢어 버릴 것이다.

독재자들은 훈련, 장비, 인원 배치를 활용해 준군사조직을 효율적으로 활용한다. 이 모든 것을 갖추었다면, 권력을 유지하기 위한 첫 걸음을 내디딘 셈이다. 하지만 예상치 못한 상황에서 은퇴하지 않기 위해서는 그 이상이 필요하다. 군대를 작은 단위로 나누어 분열시키고 약화시켰다면, 이제 현 체제를 지지할 명분을 제공해야 한다. 준군사조직의 충성을 얻는 가장 단순하면서도 효과적인 방법은 그들을 완전히 망가뜨리는 것이다. 예를 들어, 돈을 주고, 장난감을 주고, 부정한 방법으로 개인적인 부를 쌓을 기회를 충분히 제공하는 것이다. 준군사조직이 정규군보다 더 나은 장비를 갖추고 있는 경우가 많은 것은 바로 이런 이유 때문이다.

또 다른 방법은 특정 정체성을 바탕으로 군인을 선발하는 것이다.

크리스틴 하크니스(Kristen Harkness)는 탁월한 저서 『군인이 반란을 일으킬 때(When Soldiers Rebel)』에서 정부가 군인들을 정권에 묶어 두려 했던 방법을 개괄한다. 하크니스는 중세 시대에 유럽 군대가 어떤 방식으로 "상호 봉건적 관계에 뿌리를 두고 있었는지" 설명한다.[61] 나중에 프랑스와 독일은 귀족이라면 상당한 토지를 소유하고 있지 않더라도 장교가 될 수 있도록 장교단을 개편했다. 실제로는 귀족이 아닌 이들도 일부는 장교가 될 수 있었으나, 공병과 포병으로만 제한되었다. 영국에서는 군대 내 진급을 돈으로 사야 했다. 이 시스템에서는 능력이 필요하지 않았다. 하지만 이 시스템의 장점은 군사 엘리트들을 국가에 묶어 두었다는 점이다.

유럽 내에서 이런 시스템은 군대가 더 많은 시민 집단에 개방되면서 결국 바뀌었다. 하지만 고국에서 이런 변화가 일어난 지 오랜 후에도 식민 제국은 식민지에서 정체성에 기반한 군대 모집 시스템을 고수했다. 식민지 인도에서 대영제국은 전쟁을 수행할 수 있는 민족과 전쟁에 부적합하거나 신뢰할 수 없는 민족을 차별하는 '전투 종족 정책(martial race doctrine)'을 명시적으로 표방했다. 아프리카에서 식민지 통치자들은 식민지 주민들이 들고일어나 맞서 싸우는 상황을 맞닥뜨릴까 봐 전전긍긍했다. 이런 위험을 줄이려고 대영제국은 식민 국가의 핵심 기관 두 개, 즉 공무원과 군대를 한 종족이 장악할 수 없도록 했다. 행정직에서 한 종족이 대거 승진하면, 군인은 다른 종족들로 채웠다.[62]

게다가 대부분 식민지 군대는 훗날 독립국의 영토를 바탕으로 하지 않고 지역 단위로 관할했다. 예를 들어 영국 식민지 군대인 왕의아프리카소총군단(King's African Rifles)은 영국령 동아프리카(British East Africa, 케냐), 니아살랜드(Nyasalandm, 말라위), 영국령 탕가니카(British Tanganyika, 탄자니아)에서 병사를 모집했다.[63] 거듭 말하지만, 그 목적은 통일된 반대파의 출현을 막는 것이었다. 마지막으로, 아프리카에서 식민 제국들은 모두 현지인이 장교단에 들어오는 것을 허용하지 않으려 했다. 2만 5000명으로 구성된 벨기에령 콩고의 군대에 아프리카계 장교는 단 한 명도 없었다.[64] 다시 말해, 식민지 통치 비용을 절감하기 위해 식민지 주민들이 필요했지만,

그들을 지도부 자리에 앉힐 필요는 없었다. 상대적으로 현지인의 진급에 관대했던 대영제국에서도 현지인 지도자의 수는 적었다. 1960년까지 전체 나이지리아군에서 나이지리아 출신 장교는 82명에 불과했으며, 영국군에서 파견된 장교는 243명이었다.[65] 누구나 예상할 수 있듯이, 현지인 장교를 두지 않는 이런 관행으로 인해 독립국 지도자들은 병사들을 자신의 정권에 잡아 두는 데 어려움을 겪었다. 지도자들이 병사들을 신뢰할 수 없었기 때문이다.

신생독립국 지도자들이 많이 사용했던 해결책 중 하나는 군 병력의 '종족 편중 배치(ethnic stacking)'였다. 종족적 정체성 덕분에 현 체제에서 유리한 위치에 있는 집단은 자신에게 권력을 쥐여 준 지도자가 축출되면 지금껏 누렸던 특권을 모두 잃게 된다. 누가 그렇게 되기를 원할까? 독재자가 짐작하건대, 그런 사람은 거의 없다.

독립 이후 아프리카를 연구한 하크니스는 독재정권 지도자들이 종족 편중 배치에 놀랄 만한 규모로 관여했다는 증거를 발견했다. 지도자들 중 50퍼센트 가량이 편중 배치 방법을 실행했다(민주정부 지도자들 중에서도 그 수치는 약 24퍼센트나 된다). 게다가 이 과정은 분명히 지도자들에게 유리했다. 종족 편중 배치를 활용하지 않은 지도자들은 평균 6년 정도 집권했다. 반면에 동족으로 구성된 준군사조직을 만들어서 개인적으로 관리한 지도자들은 두 배 이상 긴 기간을 집권했다.[66]

종족 편중 배치는 군인들이 현상 유지를 매력적이라고 생각하게 만드는 방법이다. 자신의 정체성 덕분에 혜택을 받았으므로 정권을 지지할 이유를 갖게 된다. 하지만 당근이 효과가 없을 경우, 다른 모든 대안을 끔찍하게 만들어 전투복을 입은 남성들에게 현 체제를 지지하는 것 외에는 다른 선택지를 주지 않는 채찍도 사용할 수 있다. 사담 후세인 집권기의 이라크에서는 보안기관들이 정권을 대신해 중대한 인권 침해를 저지르는 일이 잦았다. 이들이 빈번하게 표적으로 삼은 대상 중 하나는 쿠르드족(Kurds)이었다.

쿠르드족은 튀르키예, 이란, 시리아, 이라크 등에 주로 산재해 있는 인종 집단으로, 수십 년 동안 후세인 정권이 자행한 잔혹한 폭력의 희생자였다. 이들은 괴롭힘당하고, 고문받고, 살해되었다.

그런 범죄를 저지른 사람들은 어땠을까? 증오의 대상이 되었다. 그래서 범죄자들에 맞서 반격할 기회가 왔을 때, 쿠르드족은 주저하지 않았다. 1991년 3월에 쿠르드군은 후세인과 바트당이 집권하는 동안 수많은 제소자가 구타와 고문, 굶주림을 견뎌야 했던 술라이마니아중앙보안교도소를 점령했다.[67] 이라크 북부의 작은 구석에서 전세가 역전되었다. 고문과 살인을 저지른 보안군은 세력을 잃었고, 그들에게 고문당하던 쿠르드족이 우위를 점했다.

쿠르드족의 소식통에 따르면, 교도소를 지키던 비밀경찰

300명 중 살아남은 사람은 한 명도 없었다. 교도소가 해방되고 경찰이 모두 죽은 후, 교도소 내 방음실에서 고문받던 45세 교장은 "그들을 다시 죽일 수 있도록" 모두 살아나기를 바란다고 말했다.[68] 이런 상황에서 군인과 정보기관 요원들은 편을 바꾸거나 무기를 내려놓을 수 없으므로 "죽을 때까지" 정권에 충성을 다해야 한다.[69]

이런 조치 중 몇 가지를 적절하게 조합하여 실행하면 독재자는 살아남아 다음 날을 위해 싸울 수 있다. 이와 같은 문제를 해결하지 못하면, 언젠가 장군들이 독재자가 아니라 자신들이 권력을 잡아야겠다고 결심하는 날이 올 것이므로 독재자는 분명 몰락하고 말 것이다. 장군들이 결심을 하고 뭉치는 순간, 누구보다 폭력이 익숙한 그들을 이기는 것은 상당히 어려울 것이다.

사우디아라비아와 이라크에서는 성공한 쿠데타가 없다는 점에서 쿠데타 방지책은 '효과가 있었다'. 사담 후세인 정권은 압도적으로 강력한 외세인 미국이 후세인을 제거하기로 결정한 후에야 몰락했다. 그전까지 후세인은 상당히 당혹스러운 일련의 군사적 패배를 겪었음에도 권력을 유지했다. 이라크 국경 남쪽에서는 사우드왕가가 가문의 이름을 딴 국가를 계속 통치했다.

쿠데타 방지책이 쿠데타를 피하는 열쇠라면, 모두가 정권을 잡은 후에 군대와 정보기관을 재편하지 않는 이유는 무엇일까? 에리카 드 브루인이 자신의 저서 『쿠데타를 예방하는 방법

(How to Prevent Coups d'État)』에서 보여 준 것처럼, 문제 중 하나는 그 과정 자체에서 비롯된다.[70] 쿠데타를 예방하기 위한 군대가 있으면 정권이 생존할 가능성은 높아지지만, 일단 그 과정을 시작해서 완료하기 전까지 독재자는 위험한 상황에 놓여 있다.

콰메 은크루마(Kwame Nkrumah)의 이야기는 왜 그 순간이 그렇게 위험한지를 잘 보여 준다. 은크루마가 1940년대 후반 처음으로 가나 정계에 입문했을 때, 가나는 황금 해안으로 알려진 영국의 직할 식민지였다. 가나인들이 독립을 쟁취한 후, 은크루마는 가나의 초대 지도자가 되었다. 정권을 잡자 그는 곧 자신의 안위를 걱정하기 시작했다. 그래서 정보 및 보안에 관련된 특수부대 일부를 자신의 지휘하에 두었다. 그것만으로는 충분히 안전하다는 생각이 들지 않자, 대통령 경호를 담당하는 대통령경호연대(President's Own Guard Regiment, POGR)를 최정예 전투부대로 전환하여 자신을 공격하려는 자들을 섬멸할 수 있게 했다. 연대의 병력 규모는 급속도로 커졌고, 연대 소속 병사들의 처우는 일반 병사들보다 월등했다.[71] 처음에 은크루마는 "부족주의를 국가의 견고함과 정권의 안정성, 관료제와 사법부의 효율성, 군대와 경찰의 효율성을 망치는 걸림돌"로 여겨서, 종족을 모병의 핵심적인 도구로 삼는 데 주저했다.[72] 그러나 은크루마가 종족 편중 배치를 특별히 선호하지 않았다고 해도 자신의 출신 종족을 포함하여 일부 인종 집단

출신을 장교로 자주 진급시키고, 다른 종족 출신은 무시했다. 결정적으로 은크루마는 거기서 멈추지 않고, 경찰에서도 마찬가지 행보를 보였다.[73]

은크루마는 정보 및 보안 부대 외에 다른 수단으로도 권력을 강화했다. 1964년 헌법 개정을 통해 가나는 은크루마의 대회국민당(Convention People's Party)이 집권하는 일당제 국가가 되었다.[74] 은크루마는 종신 대통령으로 선포되었으며, 정적들 다수는 한때 미국으로 보내는 노예를 가두는 데 사용되었던 요새에 투옥되었다. 게다가 군인들은 파업을 진압하는 국내 치안 활동에 투입되었다.[75] 이쯤 되면 모든 경고등이 빨간색으로 번쩍거렸어야 했다.

1966년 초, 종신 대통령 은쿠루마가 베트남과 중국으로 순방을 떠났다. 은크루마와 국방부 핵심 관료들이 출국한 이때가 행동에 돌입할 적기였다. 자정 무렵에 가나의 수도 아크라(Accra)에서 북서쪽으로 200킬로미터가량 떨어진 지역에 주둔하고 있던 에마누엘 코토카(Emmanuel Kotoka) 대령은 자신의 군대를 이동시키기 시작했다. 아크라공항 근처에 도착하자 수도 근처에서 며칠간 훈련을 받은 낙하산 부대 1개 중대가 합류했다. 그 후 상황은 급박하게 돌아갔다. 새벽 2시 30분경 쿠데타 모의자들이 대통령 관저인 플래그스태프 하우스(Flagstaff House)에 도착했다. 국방부, 라디오 방송국, 우체국이 포위되었다. 새벽 6시, 가나인들은 코토카 대령이 라디오에서 '국가자유위원회(National Liberation Council)'가 정권을 잡았다고 선언하는 것을 들었다. 쿠데타가 발생하면 반격에 나서기 위해 만들어진 대통령 경호대가 교전에 나섰다. 하지만 당일 정오가 되자, "대통령 경호대 사령관은 군대를 이끌고 나가서 투항했다".[76]

쿠데타를 조직한 이들이 가나의 전반적인 정치와 경제 상황에 불만을 품었다는 사실에는 의심의 여지가 없지만, 그들이 (이후에도 가나에서 여생을 보낸) 은크루마 대통령을 축출하도록 추동한 실제 동기는 군대에 견제 세력을 만들고 경찰의 역할을 축소하려 했던 은크루마의 움직임이었다.[77] 쿠데타에 가담한 경찰국장 J. W. K. 할리(J. W. K. Harlley)는 은크루마가 "가나군을 견제하는 세력을 만들기 위해 자신이 가나에 강요한 헌법마저 명백히 위반하면서 연간 50만 파운드 이상을 들여 사병을" 키웠다고 말하면서 쿠데타에서 자신이 한 역할에 명시적으로 정당성을 부여했다.[78]

쿠데타 방지책을 만들려는 은크루마의 시도는 실패했다. 그 시도로 정규군은 공격할 동기를 얻었으나, 정규군에 맞서기에 준군사조직은 너무 취약했다.

그렇다면 종합적으로 봤을 때 문제는 군대로부터의 위협을 약화하기 위해 독재자가 실행하는 일들이 바로 군대가 독재자에 맞서는 행동에 나서는 원인이 되었다는 점이다.

이론상으로는 이 문제를 해결할 방법이 있다. 독재자가 정권의 안전을 보장받기 위해 외국 군대를 동원할 수 있도록 설득한다면, 독재자 정권은 군대 효율성에 대한 걱정 없이 쿠데타 방지책에 집중할 수 있다. 그런 다음 군사력을 최소한의 국가 안보를 관리할 수 있는 수준으로 감축할 수 있다. 예를 들어 냉전 시기에 프랑스군은 종종 해당국 군대로부터 독재자를 구하기 위해 개입하곤 했다. 가봉 대통령 레옹 음바(Léon M'ba)가 재집권을 위해 벌인 작전처럼, 어떤 경우에는 쿠데타를 역전시키기 위해 프랑스 군대가 투입되기도 했다.[79]

외국의 보증이 독재자에게 매력적인 선택지이기는 하지만, 독재자를 보호하기 위해 다른 나라가 나서는 경우는 거의 없다. 설령 그런 일이 있다고 해도 거기에는 상당한 대가가 따른다. 지도자가 생존을 위해 외국에 의존할 때마다, 지도자가 운신할 수 있는 폭은 심각하게 줄어든다.

가장 어려운 일은 군대를 제공해 줄 국가를 찾는 것이다. 다른 나라의 독재자를 위해 군대를 투입할 동기도 있어야 할 뿐만 아니라, 실제 군대를 통해 개입할 수도 있어야 한다. 이처럼 안보를 제공해 줄 만한 국가는 많지 않다. 쿠데타는 순식간에 일어나기 때문에, 효과가 조금이라도 있으려면 외국 군대가 이미 해당 지역에 있어야 한다.[80] 외국군이 카리브해에 정박해 있거나 피레네산맥을 내려보는 훈련장에 있으면 아무 소용이 없다. 의미 있는 차이를 만들려면, 외국군이 이미 그 나라에 들어가 있는 것이 가장 좋고, 최소한 그 지역에라도 있어야 한다.

그렇다면 독재자는 군대가 근처에 있으면서 동시에 쿠데타 세력을 억제하거나 최소한 압도할 수 있을 정도로 강한 나라를 찾아야 한다. 가봉에서는 프랑스 낙하산 부대가 강하고 가봉 군대는 약했기 때문에, 쿠데타를 뒤집을 수 있었다. 한 추산에 따르면, 당시 가봉군은 군과 경찰을 모두 합친 인원이 600명에 불과했다.[81] 오늘날 이론적으로라도 가봉과 비슷한 일을 해낼 수 있는 군대의 목록은 길지 않다. 만약 이집트에서 쿠데타가 일어나서 유럽 강대국들이 쿠데타를 진압하기 위해 낙하산 부대를 보낸다면, 그들은 (돌아올 수 있다면) 관에 누워서야 고국에 돌아오게 될 것이다.

당연한 말이지만, 잠재적 쿠데타에 맞서 정권을 지키기 위해 외국 정부를 설득하는 것은 쉬운 일이 아니다. 외국 정부는 평판이 땅에 떨어질 것을 감수하고 불안정한 독재정권을 보호하기 위해 자국 군대의 목숨을 걸라는 요청을 받는 것이나 마찬가지다. 그 결과 대부분 독재자는 혼자 힘으로 자국 군대를 상대해야 한다.

지금까지 살펴본 것처럼, 군대는 모든 독재자에게 강력한 위협이다. 궁정 엘리트와 달리 군인은 무력을 사용할 수 있다. 독재자는 이 사실을 잘 알고 있으며, 따라서 군대를 분열시키고 약하게 만들려 애쓴다. 군대를 세분화하는 데 성공하면, 새로운 문제가 등장한다. 그 군대가 전투를 위해 만들어지지 않았다는 사실을 누구나 알게 되고, 이런 상황은 배후에서 기회를 노리고 있는 도전자를 불러들일 수 있다. 그리고 독재자가 알아차리기도 전에 지방에 있던 반군 사령관이 수도를 향해 진격할 수도 있다.

4장
반군, 총, 돈

MARCEL DIRSUS

HOW TYRANTS FALL

4장
반군,
총, 돈

단순히 궁핍하다고 해서 반란이 일어나지는 않는다. 만약 그랬다면 대중은 항상 반란에 가담했을 것이다.[1]

레온 트로츠키(Leon Trotsky)

1972년 12월 23일 새벽 1시 30분, 마나과(Managua, 니카라과의 수도) 주민들은 땅이 흔들리는 것을 느끼고 잠에서 깼다.[2] 한 주민은 "처음에는 땅이 위아래로 흔들리는 것 같았는데, 나중에는 좌우로 흔들리는 듯하더니 모든 게 내려앉았어요"라고 회상했다.[3] 당시에 발생한 지진 자체는 리히터 규모 6.25로 비교적 약했지만, 니카라과 수도에 끼친 영향은 대단히 파괴적이었다.[4]

아침이 오고 해가 떴을 때, 마나과 상공은 온통 연기와 붉은 먼지로 뒤덮여 있었다. 지상에서는 건물 수천 채가 무너진 곳에서 불길이 타오르고 있었다. 소방차가 매몰되고 수도관이 터진 상황에서 소방관들은 그나마 무너지지 않은 구조물까지 불길이 집어삼키는 모습을 망연자실하게 바라볼 수밖에 없었다.[5] 생존자 상당수가 도시를 떠났다.[6] 집과 마을은 파괴되었지만, 그래도 생존자들은 운이 좋은 셈이었다. 사망한 이들이 너무 많아서 한 공무원은 대규모 무덤을 만들기 위해 땅을 고르고 나면 도시 전체가 석회암 비석으로 뒤덮일 것이라고 말할 정도였다.[7] 처음으로 마나과에 도착한 외신기자는 "우리가 알던 마나과는 다시 볼 수 없을 것이다. 마나과는 사라졌다. 남은 건 폐허와 죽음, 그리고 비극뿐이다"라고 말했다.[8]

니카라과 지진은 대재앙이었다.

니카라과 통치자, 아나스타시오 소모사데바일레(Anastasio Somoza-Debayle) 장군은 대통령 궁에서 그 폐허를 바라보면서 기회라고 생각했다. 첫 번째 조치로 정부는 계엄령을 선포해서 소모사가 지휘하는 국가방위군(National Guard)의 권한을 확대했다. 그 후 세계 각국에서 재건 자금이 쏟아져 들어오자, 소모사는 국가보다는 자신을 최우선 수혜자로 만들었다. 아버지와 형이 이미 이전에 니카라과를 통치했던 터라 소모사는 국민 다수가 아무것도 소유하지 못한 나라에서 거대한 사업 왕국을 소유하고 엄청난 부를 축적했다. 폐허가 된 마나과에서 소모사는 "소모사의 땅 위에 소모사의 건설사가 소모사의 은행을 통해 들어온 국제 원조를 받아서" 마나과를 재건하도록 만들었다.[9]

독재자와 그 일당들에게는 완벽한 상황일 수도 있었다. 하지만 소모사는 도가 지나쳤다. 니카라과의 부유한 엘리트들은 독재자가 가장 큰 몫을 차지해야 한다는 사실을 받아들였을지 모르지만, 자신들에게 남겨진 몫은 충분하지 않았다. 결국 한때 독재정권을 지지했던 마나과의 부유한 사업가들이 소모사에게서 등을 돌리기 시작했다.[10]

수도 밖에서는 반란이 태동하고 있었다. 1961년에 광범위한 대중의 불만을 등에 업고 결성된 좌파 반군 단체 산디니스타민족해방전선(Sandinista National Liberation Front, FSLN)은 게릴라전을 통해 정권을 무너뜨리고 승리할 수 있다고 생각했다.[11] 그들은 특이하게도 1974년 어느 크리스마스 파티에서 정계와 재계의 유력 인사들을 납치하는 전술을 사용했다. 정권이 인질을 구하기 위해 몸값을 지불하기는 했지만, 그 이후 반군뿐만 아니라 무고한 민간인들에게까지 폭력의 피바람이 몰아쳤다. 탄압 표적은 대부분 마나과 밖에 사는 국민이었다. 당시 사제들은 소모사의 국가방위군이 "매일 같이 농민을 고문하거나 죽이고 여성들을 강간하며 집을 태우고 곡식과 재산을 훔치면서 …… 공포정치를 시작했다"라고 보고했다.[12]

소모사는 마치 화약통 위에 앉아 있는 것처럼 일촉즉발의 상황에 처해 있었다.[13] 그러다가 1978년 1월 10일, 괴한 세 명이 유명한 기자에서 정권 반대운동 지도자로 변신한 페드로 호아킨 차모로 카르데날(Pedro Joaquín Chamorro Cardenal)에게 18번이나 총격을 가하는 사건이 발생하며 도화선에 불을 붙였다.[14] 차모로 가족과 대중들이 그의 죽음을 소모사 정권 탓으로 돌리면서 반역의 불꽃이 타올랐다. 수도에서는 소모사의 기업들이 불에 탔다. 다른 도시에서는 젊은이들이 남녀를 가리지 않고 모을 수 있는 모든 무기를 동원해 국가방위군을 공격했다. 마사야(Masaya)에서는 보병이 투입되었음에도 반란을 진압하지 못했다. 결국 정권은 탱크와 헬기를 투입해야 했다.[15]

1979년이 되자 소모사는 세 가지 문제에 직면했다. 첫째, 산디니스타민족해방전선 내부의 여러 파벌들이 차이를 극복하고 하나의 집단으로 통일되었다.[16] 둘째, 소모사 정권은 수십 년 동안 미국의 지원을 받아 왔지만, 카터 행정부는 니카라과 독재정권에 대한 지원을 철회했다. 셋째, 여러 이웃 국가들이 소모사가 물러나야 한다는 확고한 판단을 내렸고 그에 따라 행동했다.

피델 카스트로(Fidel Castro)는 반군에게 소총과 로켓추진식 수류탄, 대포를 제공했다.[17] 베네수엘라는 자금을 지원했고, 코스타리카는 니카라과에 무기를 밀반입하는 경로를 내주었다. 1979년 5월, 멕시코는 니카라과와 외교를 단절했다. 소모사는 점점 더 고립되고 반군은 그 어느 때보다 강력한 무장을 갖추게 되자, 산디니스타민족해방전선은 최후의 공격을 선포했다. 7월이 되자 산디니스타민족해방전선은 니카라과 거의 전역을 장악했고 소모사는 물러날 수밖에 없었다.

반군에 패하고 마이애미로 도망친 니카라과의 전직 독재자는 자신을 받아 줄 우호적인 독재자를 찾았다. 바로 파라과이의 알프레도 스트로에스네르(Alfredo Stroessner)였다. 소모사는 파라과이에서 수영장이 딸린 교외 저택에 거주하면서 흰색 벤츠 차량에 운전기사까지 두고 있었다. 8000만 달러를 잃었다고 불평했지만, 은행에는 아직 2000만 달러가 남아 있었다. 소모사는 절대 빈곤하지 않았다. 하지만 어느 날, 파라과이 수도 아순시온(Asunción)에 있는 집에서 불과 몇 블록 떨어진 곳에서 소모사 수행단이 총알과 바주카포 세례를 받는 사건이 발생했고, 그 순간 과거 행적이 그의 발목을 잡았다.[18]

독재자는 모두를 행복하게 해 줄 수 없다. 손에 쥔 권력을 유지하려면 대중을 수탈해서 장군이나 소수 집권층, 경쟁 정치인 같은 정권 내부자들에게 이익을 분배해야 한다. 그렇게 하지 않으면 독재자들은 궁정 엘리트들이나 자국 군대에 의해 쉽게 무너지고 만다. 하지만 수탈이 극심해지면 배후지에서 무시당하고 소외되었던 대중들이 들고일어날 수도 있다. 그렇게 되면 수도 바깥의 위협에 크게 신경을 쓰지 않던 독재자는 기습 공격을 받을 수 있다.

니카라과 독재자 소모사는 많은 사람들로부터 불만을 샀다. 일부 마나과 엘리트들은 소모사가 대중을 수탈하면서도 정작 자신들이 부를 쌓을 수 있는 기회를 충분히 주는 않는 데 분노했다. 생계를 유지할 만한 수입을 얻지 못하는 수도 외곽의 니카라과인들 역시 분노했다. 니카라과 가톨릭 주교들은 민간인을 상대로 한 정권의 가혹한 탄압에 경악했다. 게다가 소모사는 자신의 가장 중요한 보호자인 미국과 소원해졌고, 라틴아메리카의 다른 국가들 역시 소모사의 적들에 힘을 실어 주었다.

니카라과에서 일어난 일은 흔치 않았다. 현대사회에서 반군이 독재자를 무너뜨리기란 극히 어렵다. 약 5000년 전에는 정규군이 존재하지 않았다. 사람들은 서로 싸웠지만, 사실상 게릴라와 게릴라 간의 싸움이었다.[19] 고대 그리스 거대 도시국가들의 인구는 고작 수십만 명이었다. 수백 년 전 독일은 워낙 작게 나뉘어 있어서 브런즈윅(Brunswick, 독일 북부 지방)에서 프랑스 국경까지 가려면 여섯 개의 공국과 네 개의 주교령, 한 개의 자유 제국 도시를 지나야 했다. 많은 수처럼 들리지만, 당시 신성로마제국은 대략 812개의 독립된 정치체로 구성되어 있었다.[20] 이 정치체들은 대체로 약하고 분열되어 있어 소규모 군인 집단이 일으킨 즉흥적인 공격에도 쉽게 무너졌다.

현대 민족국가는 완전히 다른 정치체이다. 현대 국가는 전쟁과 같은 단일한 목표를 달성하기 위해 사람들을 대규모로 조직하는 데 극도로 효율적이다. 반군이 그런 국가에 맞서 전쟁을 벌인다면, 고대 그리스 도시국가나 독일의 공국에 비해 이기기가 훨씬 어려울 것이다. 이는 부분적으로 현대 국가의 규모와 효율성의 결과이기도 하지만, 기술 발전의 결과이기도 하다.

기술이 발전하면서 반군이 몸을 숨기는 것은 점점 더 어려워졌다. 오늘날 국가들은 감시용 드론을 대량생산하거나 여러 제조업체 중 하나를 선택해 쉽게 구입할 수 있으므로 반군이 숨는 일은 훨씬 더 어려워졌다. 정부의 눈을 피해 산등성이에 캠프를 차리거나 숲속 빈터에서 불을 피울 수도 없다. 세계는 훨씬 더 좁아졌다.

단지 드론만으로도 이런 효과를 거둘 수 있다. 게다가 이제는 위성사진이나 생체 정보 등 독재자가 적을 추적하는 데 사용할 수 있는 다양한 도구를 쉽게 구할 수 있다. 하지만 가장 큰 변화를 가져온 것은 현대의 기반 시설일 것이다. 도로와 철도가 건설되면서 이전에는 정규군이 접근할 수 없던 지역에서도 작전을 수행할 수 있게 되었고, 그 결과 국가와 국민 사이의 권력 균형이 완전히 바뀌었다.

물론 반란 세력도 현대 기술의 혜택을 누릴 수 있다. 휴대전화로 계획을 조율할 수 있고, 구글 지도를 이용해 공격 계획을 수립할 수 있으며, 소셜미디어로 신병을 모집할 수도 있다. 하지만 단지 전투를 이어가는 수준이 아니라 궁극적으로 승리를 쟁취하는 데 필요한 규모에서 현대 민족국가를 능가하기는 어렵다. 과거에 인류가 경험했던 어떤 조직과 비교해도 현대 국가는 놀라울 만큼 강력하다.

그렇다고 반군이 결코 이길 수 없는 것은 아니지만 현재 그 문턱은 더 높아졌다. 현대 국가와 같은 강력한 적과 싸우기 위해서 반란 세력은 더 정교해져야 하고, 더 많은 자금을 모아야 하며, 더 강력한 무기로 무장해야 한다. '단순한' 군사 쿠데타보다 훨씬 많은 시간과 조율이 필요하므로 반란을 일으키는 일은 쉽지 않다. 어떻게 보면 반란은 쿠데타와 정반대다. 반란이 성공하려면 어마어마하게 많은 사람이 필요하고, 수많은 이들이 피를 흘려야 하는 경우도 있으며, 전장에서 사용할 수 있는 무력이 사람들의 인식보다 더 중요하다. 이런 어려움에도 불구하고 반란이 일어난다면, 그것은 대개 어딘가에 소외된 사람들이 있기 때문이다.

군 장교 출신인 이드리스 데비(Idriss Déby)는 1970년대에 한동안 프랑스에 머물면서 조종사가 되기 위한 훈련을 받았다. 1979년 2월, 고국 차드로 돌아갔을 때 차드는 여러 군벌이 서로를 상대로 싸우는 전쟁 중이었다. 데비는 고민 끝에 이센 아브르가 이끄는 북방군(Armed Forces of the North, FAN)에 들어갔다. 데비는 아브르에게 권력을 가져다준 반란에서 전투를 성공적으로 이끌었고, 그 대가로 아브르 대통령 소속 부대의 부사령관으로 임명되었다.[21]

하지만 이들의 동맹은 오래 지속되지 않았고, 1989년이 되자 한때 동지였던 두 사람 사이의 갈등은 충돌 직전까지 치달았다. 아브르 대통령은 자가와족(Zaghawa)이라는 인종 집단이 자신의 통치에 위협이 될까 두려워했고, 그래서 정부 인사 중 자가와족 출신들이 살해되는 가운데 비밀경찰을 동원해 평범한 자가와족 사람들까지 표적으로 삼아 공격했다.[22] 자가와족의 가난한 유목민 집안에서 태어난 데비는 자신이 다음 차례가 되지 않을까 걱정해야 했다. 1989년 4월 1일, 아브르는 데비와 공모자들을 쿠데타 미수에 따른 반역죄로 고발하는 연설을 했다. "이들은 우리의 투쟁으로, 우리 군대와 국민의 피땀으로 많은 혜택을 입어 부자가 되어 놓고 뒤에서 차드를 공격했다."[23]

수단을 거쳐 리비아로 도피한 데비는 차드 수도에 진군할 수 있는 군사를 모집하기 시작했다. 그리고 온 힘을 다해 은자메나(N'Djamena, 차드의 수도)까지 행군(또는 운전)했다. 데비의 군대가 가까이 오자 아브르는 카메룬으로 도피했고 아브르의 병사들은 바로 투항했다.[24]

정권에서 소외되는 것이 두려웠던 데비는 불과 10년 전 자신이 무력을 이용해 권좌에 올려놓았던 아브르를 힘으로 몰아냈다.

대통령으로서 데비는 많은 부분에서 아브르와 똑같은 행보를 보였으며, 오래지 않아 데비 역시 리비아 남부에서 국경을 넘어온 불만 가득한 군인들이 일으킨 반란을 맞닥뜨렸다. 아브르와 마찬가지로 반군에 의해 축출될 위협에 직면하자, 데비는 정면으로 맞서기로 했다. 2021년 4월에 데비는 반군에 맞서 싸우던 최전선 부대에 합류했다. 그러고 나서 얼마 지나지 않아 장군 한 명이 차드 국영방송을 통해 그의 소식을 전했다. 데비는 "전장에서 주권 국가를 지키다가 숨을 거뒀다".[25]

아브르와 데비 두 사람은 신뢰할 수 없다고 판단한 내부자들을 축출하려다 권력을 잃었다. 그 내부자들은 도망쳤다가 전투기와 칼라시니코프, 수류탄을 들고 돌아왔다. 이런 사례는 드물지 않고, 오히려 자주 일어난다. 그렇다면 왜 그렇게 많은 독재자가 내부자를 축출하려는 걸까? 정치학자 필립 로슬러(Philip Roessler)는 "통치자와 그 동지들이 정치적 패권에 대한 위협이 줄어든다는 계산으로" 갈등을 정권 내부에서 사회로 옮기기 때문이라고 주장한다.[26]

모든 독재자는 내전의 위협에 직면한다. 하지만 모든 독재자가 같은 수준의 위협을 맞닥뜨리지는 않는다. 지구상에서 최악의 독재자 중 일부는 잔혹한 통치 방식에도 불구하고 상대적으로 인기가 높다. 예를 들어, 석유 부국의 독재자들은 터무니없는 부패를 저지르고 말도 안 되는 불평등을 조장하지만, 폭력적인 봉기를 사전에 방지하기 위해 대중에 충분히 많은 돈을 뿌릴 수 있다. 엄청난 천연자원이 매장되어 있지만 인구는 고작 수백만에 불과한 나라에서는 왕실이 수십억을 착복해도 국민은 풍요롭게 살 수 있다. 반대쪽 극단에는 독재자와 그 측근들을 제외한 모든 국민들이 극빈층으로 분류되는 나라도 있다. 가난한 국민과 부유한 독재자 측근 간의 대비가 너무 극명해서, 국민들 대부분은 통치자에게 불만을 가질 만한 충분한 이유를 가지고 있다.

분노가 활화산처럼 타오르면, 독재자가 처하게 될 위험은 반란을 일으킬 기회가 있는지에 따라 결정된다.

반란군은 온갖 이유로 싸운다. 어떤 이는 불의에 맞서기 위해 싸우고, 다른 이는 탐욕 때문에 싸운다. 역설적으로 들리겠지만, 어떤 사람들은 안전을 위해서 반란군에 들어가 싸우기로 결심한다.[27] 이 책을 읽는 독자들이 살면서 항상 당연하게 여긴 몇 가지가 있을 것이다. 우선 국경 내부에서 폭력을 독점하는 지위를 가지고 법과 질서, 안정성을 유지하는 국가가 있다. 그리고 집을 사는 일이 조부모 때보다 어려워졌을 수도 있지만, 그래도 일자리가 있다. 비상시에는 경찰이 출동하고, 정말 심각한 분쟁이 발생하면 법원 시스템이 작동한다. 하지만 많은 최빈국에서는 이 모든 것이 존재하지 않는다. 기반 시설은 열악하고 일자리도 없으며, 경찰은 법을 준수하는 시민들로부터 돈을 갈취한다. 사법 시스템은 고통스러울 정도로 더디게 진행되며, 부패한 판사들이 판사석을 차지하고 있다. 이런 상황에서 누군가 위협을 느낀다면 칼라시니코프를 들고 반군 조직에 들어가는 것이 자신과 가족을 보호하는 최선의 방법일 수 있다.

반군 조직은 자발적으로 가입한 신병으로 병력을 빠르게 채우지 못하는 경우, 사람들을 강제로 전투에 참여하게 만들기도 한다. 냉전시대에 있었던 사례를 하나 살펴보자. 한 추정치에 따르면, 반공 무장단체인 모잠비크민족저항군(National Resistance of Mozambique, RENAMO)에 참여한 병사 중 약 80퍼센트가 전투를 선택한 것이 아니라 강제로 입대한 이들이었다.[28] 정말 섬뜩한 전술은 '신병'을 납치한 다음, 이들이 다시는 가족 품으로 돌아가지 못하게 집 근처에서 잔혹 행위를 저지르도록 강요하여 반란군에서 벗어나지 못하게 하는 것이었다.[29] 어린아이들이라고 안전하지는 않았다. 부룬디 내전 당시 반군은 케냐로부터 부랑아들을 사들여 전투원으로 만들었다.[30]

하지만 어떤 독재자도 무장하지 않은 전투원에게는 위협을 느끼지 않는다. 만약 그 집단이 천명한 목표가 정부에 맞서 싸우는 것이라면, 그냥 총기 판매점에 들어가서 로켓추진식 수류탄과 중기관총을 집어 들 수는 없는 노릇이다. 하지만 초기의 반군 운동에 자금이 충분하다면, 암시장이나 자발적인 후원자로부터 필요한 무기를 조달할 수 있다.

반군이 총기를 확보하려면 분명 돈이 필요하지만, 총기 구입을 위한 돈은 단지 착수금일 뿐이다. 몇 달, 아니 몇 년에 걸쳐 전투원들을 먹여야 하고 장비도 제공해야 한다. 전투원들이 위험을 감수할 수 있도록 급여도 줘야 한다. 반군 활동은 직접적으로 수익을 창출하지 않으므로, 이 문제는 반군 집단의 딜레마다.[31] 반군 집단은 사업을 통해 지속적으로 조직을 이어 가는 기업과 다르다. 그렇다면 반군은 독재자를 무너뜨리는 데 필요한 자금을 어떻게 조달하는 걸까?

반란 세력이 가진 한 가지 장점은 폭력을 행사할 수 있는 능력이다. 그리고 폭력은 현금으로 바뀔 수 있다. 만약 당신이 런던이나 뉴욕, 홍콩에서 조직범죄 집단에 소속되어 있다면, 폭력을 이용하여 사람들에게서 돈을 갈취할 수 있다. 말하자면 일종의 보호 판매원 역할을 하는 셈이다. 사람들이 보호에 대한 대가를 지불하지 않으면 '보호'를 받지 못하고 오히려 집 창문이 깨지는 봉변을 당할 수 있다. 반군 집단이 주로 활동하는 가난한 시골 지역에서는 가진 것 하나 없는 사람들에게서 무언가를 강탈할 수는 없으므로, 보호를 제공하고 대가를 받는 일은 사실 선택지가 될 수 없다.[32] 아니면 모든 이들이 어느 정도 **가진 것**이 있어서 그들에게 강탈할 수 있다고 치자. 하지만 강탈할 수 있는 것이 무엇이든 그것만으로는 반군을 유지할 수 없다. 그렇지만 또 다른 선택지들이 있다. 그중 하나는 천연자원이다.

반란에 필요한 자금을 찾는 사람에게는 다이아몬드가 안성맞춤이다. 다이아몬드는 채굴하기 쉽고 밀수도 간편하며 전쟁 지역을 벗어나기만 하면 아주 높은 값에 판매할 수 있다. 우리는 모두 '블러드 다이아몬드(Blood Diamond)', 즉 전쟁을 부르는 다이아몬드라는 용어를 알고 있다. 블러드 다이아몬드는 여러 신문과 책에서 언급되었고, 에드워드 즈윅(Edward Zwick) 감독의 2007년 영화 〈블러드 다이아몬드(Blood Diamond)〉에서도 소개되었다. 리어나도 디캐프리오(Leonardo DiCaprio)가 주연을 맡은 이 영화는 시에라리온에서 벌어진 잔혹한 내전을 배경으로 한다. 내전 중에 반군은 땅에서 바로 캐낸 이 보석을 이용해 전투 자금을 조달했다. 고된 채굴 작업은 삽과 체 말고는 아무 장비도 없는 젊은 남녀에 의해 이루어졌다. 20미터 깊이까지 땅을 파 내려간 후 파낸 자갈은 양동이에 담겨 길게 늘어선 인간 사슬을 통해 사람에서 사람으로 옮겨졌다. 인간 사슬의 한쪽 끝에서는 보석의 흔적이 있는지 땅속을 확인했다. 채굴하는 갱부들은 가난했고 쉽게 겁을 먹었다. 갱부들이 운 좋게 보석을 발견하면, 반군은 '세금'을 매겼다. 갱부들이 잠시 쉬려고 하면 반군들은 폭력을 행사하며 다시 일을 시켰다. 아침에 갱부들이 나타나지 않으면, 다른 누군가가 그 일을 해야 했다. 서아프리카에서 나온 그 보석은 런던, 파리, 모스크바로 옮겨져 고급 보석상에서 수천 달러에 팔렸다. 아주 큰 사업이었다. 일부 추산에 따르면 아프리카 분쟁 지역에서 채굴된 다이아몬드는 1990년대 중반에 전 세계 공급량의 15퍼센트를 차지했다.[33]

다이아몬드를 판매하는 반군은 놀랄 만한 금액을 벌 수 있다. 한 추산에 따르면, 앙골라내전 당시 반군의 한 파벌이었던 앙골라완전독립민족동맹(UNITA)은 다이아몬드 판매로 10억 달러 이상을 벌어들였다(다른 추정치는 이보다 훨씬 높다).[34] 독재자에게 다이아몬드로 자금을 조달하는 반군이 야기하는 위협은 고약할 수 있다. 반군은 다이아몬드 채굴로 돈을 번다. 그리고 그 돈으로 무기를 사고 전투원을 모집한다. 반군이 승승장구할수록 더 많은 영토를 차지하고, 더 많은 다이아몬드를 채굴한다. 이런 식으로 반군의 영향력은 점점 더 확대된다.

반군은 보통 첨단 기계, 대규모 외부 투자, 정교한 기술에 접근할 수 없으므로 다이아몬드(또는 마약) 외에 다른 상품은 이용하기 어렵다. 예를 들어 석유를 채굴하는 일은 훨씬 더 어렵다. 그러나 석유 시추만큼 어렵지만, 시추 작업을 하는 사람이나 관련된 다른 작업을 하는 사람으로부터 이익을 얻는 방법도 있다. 가장 쉬운 방법은 그런 일을 맡은 다국적기업의 직원을 협박하거나 납치하는 것이다.[35] 이런 기업들은 자금력도 막강한 데다가 반군의 영향력이 가장 강력한 가난한 시골 지역에서도 기꺼이 일하려 한다. 이런 기업의 엔지니어나 관리자에게 총구를 들이대고 납치해서 정글이나 동굴에 숨겨 놓으면, 기업은 직원들을 돌려받기 위해 거액을 선뜻 내놓는다.

가끔은 한 기업의 '후원'만으로도 큰돈을 벌 수 있다. 1980년대 초, 마네스만(Mannesmann) 본사에서는 샴페인이 터졌다. 이 독일 대기업은 콜롬비아 유전에서 카리브해 연안까지 278킬로미터에 달하는 송유관을 건설하는 1억 6000만 달러 규모의 계약을 막 따낸 참이었다. 아주 사소한 문제가 세 가지 정도 있었다. 첫째, 송유관이 안데스산맥을 관통해야 했다. 이것은 독일인들이 해결할 수 있는 기술적인 문제였으므로 상관없었다. 둘째, 공사 지역에는 마르크스레닌주의민족해방군(Marxist-Leninist National Liberation Army, ELN)이 활동하고 있었다. 이 문제는 조금 더 까다로웠다. 마지막으로 이 프로젝트를 1년 내에 끝내야 했다.[36] 이는 꽤 어려운 일이었다.

그때 독일 기술자 한 명과 콜롬비아 동료 두 명이 납치당했고, 회사 관리자들은 결정을 내려야 했다. 직원들을 돌려받고 프로젝트를 제시간에 끝낼 수 있도록 반군과 협상해야 할까, 아니면 그런 협상에 나서지 않고 주어진 일에 최선을 다해야 할까? 둘 다 좋은 선택지는 아니었다. 반군과 거래한다면 직원을 납치한 범죄자에게 많은 돈을 건네야 하고, 돈을 주지 않으면 직원들이 목숨을 잃고 송유관 건설 자체가 위험해질 수도 있다.

결국 회사는 협상을 선택했다고 보도되었다.[37] 그 프로젝트에 관여했던 전직 관리자에 따르면, 회사는 직원들의 몸값으로 수백만 달러를 건넸다. 반군 지도자에 따르면, 그때 건네받은 몇백만 달러는 ELN이 이후 마네스만으로부터 여러 차례 받은 돈 중에서 일부였을 뿐이다. 반군과 마네스만의 관계는 아주 끈끈해져서 마네스만은 반군으로부터 차량과 트럭에 붙일 스티커도 발부받았다. 이 스티커는 마네스만의 트럭이 외딴 마을을 통과할 때, 마을 사람들에게 해당 차량이 ELN의 '보호'를 받고 있다는 사실을 알려 주었다. 스티커는 또한 마을 사람들에게 ELN이 그 지역을 위해 자금을 들여오고 있다는 사실을 알린다는 측면에서 ENL에도 이익이었다.[38] 마네스만은 계약을 완수했으나, 독일 기업의 자금에 힘입은 ELN은 승승장구했다. 나중에 반군은 그 돈 덕분에 조직이 500퍼센트 성장했다고 말했다.[39]

이것이 반란군이 자금을 조달하는 '일반적인' 방법이다. 정치학자 마이클 L. 로스(Michael L. Ross)가 '전리품 선물(booty futures)'이라 부르는 비정통적인 방법도 존재한다. 반란에 자금을 대는 경우가 아니라면, 선물(先物)이란 한 당사자가 미래의 특정 시점에 자산을 구매하기로 합의하는 계약을 말한다. 선물 계약의 장점 중 하나는 변동성을 줄일 수 있다는 점이다. 예를 들어 등락을 거듭하는 등유 가격으로 인해 걱정이 많은 항공사를 생각해 보자. 항공사 관리자는 휴가철에 보통 얼마나 많은 비행이 있는지 알고 있으므로 내년 6월에 구매해야 하는 연료량이 어느 정도인지도 알고 있다. 만약 항공사 관리자가 그때쯤 연료 가격이 크게 오를 것으로 예상한다면, 지금 가격을 고정하여 나중에 지급할 금액을 미리 확정해 둘 수 있다.

분명히 이런 종류의 수단은 위험에 대한 대비뿐만 아니라 투기에도 활용될 수 있다. 이 지점에서 반군이 활동할 수 있는 여지가 생긴다. 그러나 반군은 시카고상업거래소를 통해 내년 여름까지 일정량의 등유를 판매하겠다는 합법적인 계약을 체결하는 대신 아직 차지하지 못한 '전리품'을 선물거래로 팔려고 한다. 그러기 위해서 반군은 전리품 포획의 가능성을 높이려 할 것이다. 마치 해적의 황금기에나 있을 법한 이야기처럼 들릴지도 모르지만, 그보다는 훨씬 최근의 일이다.

콩고 대통령 파스칼 리수바(Pascal Lissouba)는 전임자인 드니 사수웅게소(Denis Sassou-Nguesso)가 다시 대통령이 되려 하지 않을까 두려웠다. 리수바가 걱정하는 이유는 사수웅게소가 사병을 보유하고 있기 때문이었다. 리수바가 정부군을 보내

사수웅게소의 사유지를 포위하자, 그의 사병이 반격을 하며 내전이 시작되었다.[40] 사수웅게소가 사병을 키우는 데 동원된 자금 일부는 엘프아키텐(Elf-Aquitaine)이라는 프랑스 회사에 콩고의 석유에 대한 미래 채굴권을 판매한 데에서 나왔다고 알려졌다. 추정컨대 사수웅게소는 1억 5000만 달러 정도를 받았으며, 엘프아키텐은 그가 무기를 사는 데 도움을 준 것이나 다름없었다.[41]

믿기 어렵겠지만, 이 사건은 1997년에 일어났다.

자발적인 전투원이든 강제 징집병이든, 다이아몬드든 아니면 전리품 선물이든 간에 반군은 이제 반란을 계속 진행할 수 있을 만큼 충분한 전투원과 무기, 돈을 확보했다. 독재자를 무너뜨리기 위해서 반군에 여전히 필요한 것은 숨을 장소다. 여기서 지리가 중요한 역할을 한다. 근처에 지도가 있다면 유럽 대륙, 특히 네덜란드를 한번 살펴보자. 네덜란드는 수십 년 동안 자유민주주의국가를 유지해 왔고, 네덜란드 국민은 세계에서 가장 자유로운 사람들에 속한다. 그런데 네덜란드인 중 상당수가 불만이나 다른 이유로 반란을 일으키기로 마음을 먹었다고 가정해 보자. 과연 가능할까? 아니다. 홀란트(Holland)에서[또는 프리슬란트(Friesland)나 림뷔르흐(Limburg)에서] 반란을 시도하는 것은 거의 불가능하다(홀란트와 프리슬란트, 림쉬르흐는 모두 네덜란드에 속한 주의 이름이다).

네덜란드에서 반란이 일어날 수 없는 이유는 숨을 만한 장소를 찾을 수 없기 때문이다. 흐로닝언(Groningen)에서 에인트호번(Eindhoven)까지는 차로 3시간이 채 걸리지 않으며, 네덜란드에서 가장 멀리 떨어진 지점 사이의 거리는 기껏해야 200킬로미터다. 네덜란드왕국에 높이 900미터 정도 되는 산이 있기는 하지만, 실제 그 산은 카리브해에 있는 해외 영토에 있다. 본토에는 정글도 없고 중앙정부의 통제가 미치지 않는 벽지도 없다. 물론 이웃 국가에 숨는 방법도 있다. 하지만 현재 네덜란드는 독일, 벨기에와 국경을 접하고 있으며, 독일 정부나 벨기에 정부 어느 쪽도 딱히 비넨호프〔Binnenhof, 국회의사당, 국무총리실 등 국가 기관과 국제기구 사무실이 위치한 네덜란드 정치 중심지〕로 진군하려는 계획을 지원할 것 같지는 않다. 결국 네덜란드의 반란 세력은 네덜란드왕립육군(Royal Netherlands Army)을 상대로 하루도 버티기 어려울 것이다.

작고 평지로 이루어져 쉽게 접근할 수 있는 국가에서 모두 민주적 통치가 이루어진다고 말할 수는 없지만, 네덜란드와 전혀 다른 지리적 특징을 가진 국가에서 독재자들이 많이 군림하는 것은 사실이다. 1992년, 소련이 붕괴한 후 타지키스탄 정부가 내전을 치를 때 큰 문제 중 하나는 국토가 대부분 설산으로 이루어져서 반대 세력을 추적하기 어려웠다는 점이다. [1962년까지는 스탈린봉(Stalin Peak)으로 불렸고 그 이후 1990년대 후반까지는 코뮤니즘봉(Communism Peak)으로 불린] 타지키스탄의 이스모일소모니봉(Ismoil Somoni Peak)의 높이는 해발

7495미터로, 유럽의 네덜란드에 있는 가장 높은 '산'보다 23배 이상 높다. 게다가 이스모일소모니봉 하나만 있는 것이 아니다. 타지키스탄은 온통 외부 세력이(또는 심지어 중앙정부도) 접근하기 어려운 산으로 이루어져 있다. 그런 산은 전투원뿐만 아니라 칼라시니코프나 로켓추진식 수류탄을 숨기기에도 완벽한 장소다. 반군이 숨바꼭질 게임에서 정부군에 이길 가능성이 높을 때 반란은 가장 성공적으로 진행된다.

때로는 나라 자체도 벽지인 데다가, 마찬가지로 벽지인 나라들과 국경을 접한 상황도 있다. 네덜란드의 예로 돌아가 보자. 벨기에는 인구밀도가 높고, 네덜란드와 국경을 접한 독일 지역도 마찬가지다. 네덜란드에 반란이 일어난다고 가정하면, 무기와 전투원의 이동은 극도로 어려울 것이다. 하지만 중앙아프리카공화국 같은 나라에서 반란이 일어난다면 정부는 네덜란드 정부보다 두 배는 어려운 상황과 씨름해야 한다. 중앙아프리카공화국 동부는 지리적 조건과 기반 시설 부족으로 중앙정부가 접근하기 어려운 낙후된 지역이다. 게다가 그 지역은 콩고민주공화국, 남수단, 수단, 차드로 둘러싸여 있으며, 이 나라들 역시 접근이 어렵기는 마찬가지다. 구멍이 숭숭 뚫린 국경과 이웃 국가들이 겪고 있는 문제를 고려할 때, 중앙아프리카공화국 동부를 수도 방기(Bangui)에서 통제하는 것은 불가능에 가깝다. 아주 소규모 무장 반군 세력이라도 이 주변 지역에 대한 통제권을 차지할 수 있고, 시간이 지나면서 그 지역은 더 큰 도전을 위한 발판이 될 수 있다.

대체로 내전은 누가 대중을 자기편으로 끌어들일지를 둘러싼 반군과 정부군 간의 싸움이다. 아군(또는 적군)에 민간인은 노동력과 '과세'의 기회, 정보를 제공하는 자원이다. 이들은 매우 중요해서 정부와 반란 세력 모두가 이들이 상대편으로 '이탈하지' 못하게 하려 한다. 민간인이 양측과 자주 접촉하게 되는 분쟁 지역에서는 이런 문제가 특히 더 중요하다.[42] 그리고 이런 문제는 특히 반군에 유리하다. 정부군은 전국 각지에서 차출되는 경우가 많고, 임무가 끝나거나 정권이 바뀌면 그 지역을 떠난다. 하지만 반군은 애초에 현지인일 가능성이 높으며, 따라서 그곳을 떠나지 않을 것이다. 이런 불변성은 민간인의 이탈을 막는 데 이점이 된다. 민주적이든 비민주적이든 상관없이 정부는 폭력을 행사하는 데 반군보다 더 큰 제약을 받는다는 단점이 있다.[43] 알제리내전 당시 전신주를 톱으로 잘라서 프랑스군에 체포된 노인이, 왜 그랬는지를 설명한 이야기가 있다.

선생님, 프랑스군이 와서 제게 전신주를 자르면 안 된다고, 만약 자르면 감옥에 갈 거라고 말했습니다. 저는 감옥에 가고 싶지 않다고, 안 갈 거라고 중얼거렸죠. 프랑스군이 떠났습니다. 그날 밤 반군이 와서 여기서부터 저기까지 전신주를 자르라고 말했어요. 저는 안 된다고, 프랑스군이 나를 감옥에 처넣을 거라고 했습니다. 반군은 전신주를 자르지 않으면 제 목을 자르겠다고 말했습니다. 저는 머리를 굴렸어요. 만약 제가

전신주를 자르지 않는다면, 그는 분명히 제 목을 자를 겁니다. 옆 마을의 다른 사람들에게도 그렇게 했었죠. 저는 차라리 감옥에 가는 게 낫습니다. 그러니 선생님, 저는 전신주를 잘랐고, 선생님은 저를 잡았죠. 저를 감옥에 넣으세요.[44]

이 내전에서 프랑스군의 행동은 유난히 잔혹했다. 마을을 파괴하고 사람들을 고문하고 죽였다. 하지만 결국 이 노인에게는 반군의 위협이 더 확실했고, 그래서 그는 합리적인 선택을 했다. 반군이 지시한 대로 전신주를 자른 것이다.

하지만 폭력은 아무리 잔혹하더라도 차별적일 때 가장 효과적이다.[45] 전신주를 자른 사람이 자르지 않은 사람보다 더 큰 처벌을 받지 않는다면, 지역 주민들은 전봇대를 자를 것이다. 이를 방지하기 위해 독재자의 군인과 반군은 누가 '반역자'이고, 누가 대의를 따르는지를 알아내야 한다. 이런 작업은 현지 언어조차 구사하지 못하는 정부군보다는 불변성과 지역 공동체와의 연계성, 폭력을 행사할 수 있는 능력을 지닌 반군에게 훨씬 유리하다.

잘 알려져 있다시피 반군은 전장에서 독재자보다 유리한 위치에 있다. 그러나 중요한 것은 반군이 정부군을 이기지 못하더라도 독재자를 무너뜨릴 수 있다는 사실이다. 반군과 마찬가지로 독재자도 계속 싸우려면 사람과 돈, 무기가 필요하다.[46] 이미 어느 정도 전투력을 확보하고 있다면 사람을 구하기가 비교적 수월하지만, 반군은 정권으로 들어가는 돈과 무기의 흐름을 끊을 수 있다.

돈과 무기 모두 적어도 어떤 면에서는 독재자의 '좋은' 평판에 좌우되는 경향이 있다. 반군으로 인해 독재자가 유혈 낭자한 내전을 벌여 무고한 민간인 수천 명이 희생된다면, 반군은 현직 독재자를 국제적으로 고립시킬 수 있다.

누군가는 항상 무기를 팔기 때문에 제재를 한다고 무기 구입을 완전히 막을 수는 없지만 무기를 아주 비싼 값에 구입할 수밖에 없고, 그 때문에 이미 무능하다고 입증된 군대의 효율성이 더욱 떨어질 수 있다. 또한 제재가 국민들에게 큰 고통을 가져올 수 있지만, 이는 독재자에게 큰 걱정거리가 아니다. 독재자에게 큰 문제는 내전으로 해외 원조가 끊기거나 무역로가 봉쇄되어 재분배에 차질이 생기는 것이다. 독재자가 자기 주변의 배고픈 엘리트들에게 파이를 나눠 줌으로써 권력을 유지한다는 사실을 고려하면, 파이의 크기가 줄어드는 일은 달갑지 않다.

이밖에도 독재자가 맞닥뜨릴 수도 있는 문제가 또 있다. 일부 분쟁에서 반군을 진압하는 데 너무 비용이 많이 들거나 아니면 진압 자체가 불가능하다고 판단한 독재자가 반군 집단을 현금이나 지원금으로 매수할 수 있다.[47] 이 경우 단순히 반군과 독재정권 간의 문제라면 양자가 고려해야 할 사항은 그다지 복잡하지 않다. (돈을 주고) 전쟁을 끝내는 게 나을까? 그게 저항이 가장 적은 길일까, 아니면 전투를 계속하는 게 나을까? 이

두 가지가 유일한 선택지라면, 반군의 '충성'을 얻기 위해 지급해야 할 금액은 상대적으로 적다. 하지만 안타깝게도 21세기형 내전은 믿을 수 없을 만큼 골치 아프고, 거의 항상 외부 세력들이 결부되어 있다. 어쩌면 이웃 국가에서는 그 분쟁에 경제적 이해가 걸려 있거나 혹은 옆집의 반란이 오래도록 싫어했던 적대적인 지도자를 제거하기에 좋은 기회라고 생각할 수도 있다. 이렇게 관여해 있는 외부 세력들 때문에 독재자와 반군 사령관 간의 양자 협상은 경매로 바뀐다. 반군 지도자가 독재자를 위해 싸울지 아니면 외부 세력을 위해 싸울지, 양쪽 모두를 버릴지 선택할 수 있게 되면 독재자가 지급해야 할 금액은 자동적으로 올라간다. 그래서 때로는 정말 기이한 결과가 나오기도 한다.

2003년 수단 서부에서 발생한 다르푸르(Darfur) 분쟁에서도 이런 메커니즘이 작용했다. 불안 수위가 높아지던 2002년, 수단 정권은 싼값에 무장 집단을 매수할 수 있다고 오판했다. 그 결과 반란 세력도 정부도 준비하지 못한 전쟁이 발발했다. 그러자 여타 강대국들이 이 폭력 사태에 관심을 두게 되었다. 우선 평화 협상이 시작되었지만 분쟁을 해결하는 데 실패했다. 알렉스 드 왈(Alex de Waal)의 설명에 따르면, 평화 협상은 "정치적 경쟁을 증가시키고, 새로운 (정치) 기업가들의 시장 진입 장벽을 낮추고, (안보 시장의 역설에 따라) 충성심의 가격을 더욱 부풀리는 데 악용되었다".[48] 물론 이런 상황이 모든 내전과 모든 반군 집단에 적용되지는 않지만, '파이'의 크기가 줄지 않더라도 독재자가 위험에 빠질 수 있음을 보여 준다. 더 큰 파이 조각을 잘라 줘야 한다는 것만으로도 독재자들에게는 충분히 큰 문제가 된다.

이 모든 문제는 부정부패로 인해 더욱 악화된다. 권위주의적 정부 시스템은 대부분 부패를 중심으로 돌아가고, 탄약, 월급, 총기에서 돈을 빼돌릴 수 있는 기관인 군대도 다르지 않다. 그리고 군대와 부정부패는 긴밀하게 연결되어 있다. 충성을 바칠 마음이 들지 않는 독재정권을 위해 저임금에 목숨을 걸고 싸우는 것도 문제지만, 지휘관이 병사의 생존에 필요한 장비에서 돈을 빼돌리는 상황에서 목숨 걸고 싸우는 것 또한 (훨씬 더 견디기 어려운) 완전히 새로운 문제다.

반란을 격퇴하는 것은 쉽지 않다. 상당한 사상자가 나온 후에도 반란군은 마치 좀비처럼 상당 기간 살아남는다. 그리고 전쟁이 길어질수록 전투에 참여하는 사람들뿐만 아니라 국가 전체가 치러야 할 비용도 증가한다.

2018년 3월 21일 오전에 나는 레바논산맥과 안티레바논산맥 사이에 있는 놀랍도록 아름다운 베카계곡에 있었다. 동쪽으로는 산맥 너머에 아사드 정권이 점령하고 있는 시리아가 있었다. 나는 대형 텐트 바닥에 앉아서 한 여성이 자신이 처한 절망스러운 상황에 관해 이야기하는 것을 듣고 있었다. 그 여성과 그의 직계가족은 바샤르 알아사드(Bashar al-Assad)가 대통령 자리에서 물러나느니 차라리 시리아를 불태우겠다고 작정한 후 발생한 파괴적인 내전으로 시리아의 고향마을을 떠났다. 당시 이 여성은 어린 자녀들과 함께 비공식 난민캠프에 머물고 있었다. 천막에는 카펫이 깔려 있고 전기가 들어왔으며, 사람들은 매트리스 위에서 잘 수 있었다. 그러나 가족들이 비를 피할 수 있도록 막아 주는 유엔의 흰색 방수천 바깥쪽은 포장이 되어 있지 않았다. 비가 오면 그곳에서 생활하는 것이 어떨지 상상하는 것조차 끔찍했다.

어떤 의미에서는 여성과 자녀가 안전했으나, 또 다른 의미에서는 전혀 안전하지 않았다. 기본적인 의료서비스는 제공되었으나, 그것이 전부였다. 근근이 살아갈 돈조차 벌기 힘들었다. 남편은 유럽에 도착했지만, 그 여성과 아이들이 가까운 미래에 남편을 따라 유럽으로 갈 수 있다는 보장도 없었다. 여전히 폐허와 탄압, 폭력이 기다리는 시리아로 돌아갈 수도 없었다. 결국 이들은 자신들의 뜻과는 전혀 관계가 없는 전쟁으로 원치 않는 곳에 갇히는 처지가 되었다.

집으로 돌아가는 비행기 안에서 나는 그날 만난 그 작은 시리아 가족이 아사드 정권으로 인해 발생한 내전의 대가를 감당해야 하는 시리아인 수백만 명 중 세 명에 불과하다는 사실을 곱씹어 생각했다. 튀르키예로 탈출한 시리아인만 해도 300만 명이 넘고, 레바논도 거의 80만 명에 가까운 난민을 받아들였다. 30만 명이 넘는 민간인이 살해되고 실향민과 난민이 1400만 명이나 발생한 시리아 내전은 최근 30년 이내에 벌어진 가

장 커다란 비극이었다.⁴⁹

일부 분쟁은 트라우마를 겪을 정도로 충격적이어서, 수백 년 또는 수천 년이 지난 후에도 대중의 생각에 지나치게 큰 영향을 미치고 있다. 예를 들어 오늘날 중국 정치에서는 약 2000년 전 전국시대가 여전히 혼돈의 상징으로 남아 있다.

하지만 이런 파괴적인 분쟁이 반드시 독재자의 몰락으로 이어지는 것은 아니다. "게릴라는 지지 않으면 승리한다"⁵⁰라고 말한 헨리 키신저(Henry Kissinger)는 틀렸다. 사실 승리 근처에는 가 본 적도 없이 수십 년 동안 게릴라전을 벌이고 있는 반란 세력도 아주 많다. 콜롬비아무장혁명군(Revolutionary Armed Forces of Colombia, FARC)은 보고타(Bogotá)에서 중앙정부를 상대로 수십 년째 끈질긴 투쟁을 벌여 왔다. 기습 공격을 감행하고 전투를 벌이고 민간인을 폭격하고 정치인을 인질로 잡기도 했다. 이 전쟁으로 총 20만 명 이상이 목숨을 잃었다.⁵¹ 콜롬비아무장혁명군은 지지 않았지만, 마침내 후안 마누엘 산토스(Juan Manuel Santos) 콜롬비아 대통령과 휴전 협정을 맺었다. 당시 이 협정은 많은 논란을 가져왔으며, 어떤 면에서는 콜롬비아무장혁명군에 큰 성과이기도 했다. 하지만 과연 그들이 승리한 걸까? 그렇지 않다. 그리고 이것이 유일한 사례는 아니다.

분명 정부를 무너뜨리기 위해서 단순히 계속 싸우는 것만으로는 반군에 충분하지 않다. 전장에서 승리하거나 다른 방식으로 정권을 이기는 등 그 이상을 할 수 있어야 한다. 그럴 때만 독재자는 몰락한다. 전장 밖에서 독재자의 취약성은 독재자가 외세의 압력에 얼마나 영향받는가에 따라 달라지며, 다른 무엇보다 외부의 영향에 가장 취약한 국가도 있다. 외국 공급업체가 무기 공급을 중단해도 정권이 국내 무기 산업을 이용하여 무기를 계속 생산할 수 있는가? 독재정권이 반인도적 범죄를 저질렀다는 혐의를 받는 중에도 높은 가격에 판매할 수 있는 상품이 있는가? 외국의 원조가 없이도 경제가 생존할 수 있는가? 이 세 질문에 모두 그렇다고 답한다면, 그 정권을 이기는 것은 매우 어려울 것이다. 스스로 싸움을 지속할 수 있어서든 아니면 다른 세력이 그 정권을 가치 있다고 여겨서 보호해서든, 정권은 아무리 암울한 상황이라도 계속 싸울 것이다.

다른 세력으로 인해 정권이 유지되는 사례 중 하나로 차드의 데비를 들 수 있다. 1982년 데비가 권력을 잡을 수 있었던 이유 중 하나는 데비의 반군이 수도로 진격하자 파리에서 차드에 주둔하던 프랑스군에게 대기 명령을 내렸기 때문이다. 당시 프랑스 외무부 장관은 다음과 같이 말했다. "프랑스가 원한다고 해서 정부를 선택하거나 정부를 바꿔서 다른 정부를 유지하는 시대는 지났다."[52] 뻔한 거짓말이었다. 이전에 프랑스는 아브르를 보호했으나, 아브르가 프랑스의 신경을 거스르며 미국과 너무 가까워지는 바람에 더 이상 아브르를 보호할 가치가 없다고 판단했다.[53] 데비가 권력을 잡은 후 상황은 크게 달라졌다. 2019년 말, 프랑스 조종사들은 프랑스 전투기를 몰고 상공을 날아 데비를 대신해 반군에 폭격을 퍼부었다.[54] 무슨 일이 벌어지는 것인지를 묻자, 프랑스 외무부 장관은 쿠데타로부터 정권을 보호하기 위해 프랑스가 개입하는 중이라고 분명히 말했다.[55] 이것이 정부를 골라서 선택하는 게 아니고 무엇인가?

전투 초반, 반군에는 유리한 점이 있다. 제대로 된 지형만 장악하고 있다면, 상대가 월등히 많은 무기를 가졌어도 단순한 방법으로 상대와 싸울 수 있다.

아프가니스탄의 집권 정당인 아프가니스탄인민민주당(People's Democratic Party of Afghanistan)이 1970년대 말 자국민과 싸우기 시작했을 때, 아프가니스탄인들에게도 오지인 누리스탄(Nuristan) 부족민들은 자신을 지킬 무기가 거의 없었다. 새총이나 도끼에 의지해야 할 때도 있었다. 그러나 누리스탄 부족에게는 그 누구보다 잘 알고 유리하게 이용할 수 있는 지형이 있었다. 정부는 반란을 진압하기 위해 장갑차를 보내서 공격을 감행했다. 하지만 산악 도로가 너무 좁아서 장갑차는 포탑의 방향조차 바꿀 수가 없었다. 그 와중에 가파른 협곡을 따라 위에 포진한 목표물을 조준하는 일은 어떨까? 감히 엄두도 낼 수 없었다.[56] 기갑 대대가 근처까지 왔을 때마저 누리스탄 부족의 민병대는 산사태를 일으켜 대대의 진격을 막았다.[57]

그러나 더 어려운 목표물을 공격하려면 다른 전술과 다른 무기가 필요하므로, 결국에는 새총도 산사태도 더 이상 통하지 않을 것이다. 반군은 재래식 군대처럼 싸워야 한다. 마오쩌둥이 믿었던 것처럼, 반군은 지역을 통제하고 국가처럼 인력과 자원을 동원해야 한다. 그런 자원을 통제할 수 있다면, 반군은 공격에 나서기 전에 새롭게 점령한 지역을 국가의 반격으로부터 지킬 수 있다.[58] 하지만 그럴 경우 반군은 병력을 집중시켜야 하고 그 결과 독재자의 군대에 더 큰 표적이 되기 때문에, 반군의 취약성은 더 커질 수 있다.[59] 그런 취약성 덕분에 많은 독재자가 권력을 유지할 수 있다.

전장에서 내전과 반란은 특히 어렵다. 반란의 불씨를 영원히 끄기 어렵기 때문이다. 그렇지만 영리한 독재자는 반란을 관리할 수 있다. 수많은 반정부 무장 단체가 쓴맛을 보고 나서야 인정했듯이, 내전에서 승리하는 것은 패배하지 않는 것보다 훨씬 더 어렵다. 부패한 데다가 참전을 염두하고 만들어지지 않았더라도 정부군은 어떤 적도 충분히 이겨 낼 수 있는 경우가 많다.

정부군이 성공하고 독재자가 반군을 궁지에 몰아넣었다면, 이제 지평선 너머로 더 거대한 괴물이 등장한다. 이 잔혹한 지도자들이 단 한 번이라도 잘못된 시간에 잘못된 지역에서 잘못된 행보를 보인다면, 이들은 칼라시니코프를 휘두르는 농민들이 아니라 다른 국가를 마주하게 될 것이다. 그렇게 되면 모든 것은 물거품이 된다.

5장
외국의 적과
국내의 적

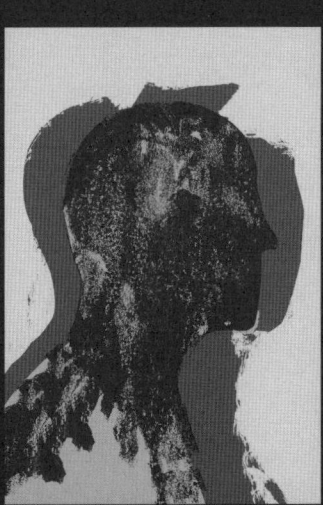

5장
외국의 적과
국내의 적

우선 내부를 진정시키고 그다음에 외부의 [위협에] 맞서라.[1]

장제스

독재자는 보기보다 훨씬 더 취약한 존재인 경우가 많다. 외부 세력이 독재자를 권좌에서 몰아내기 위해 반드시 많은 힘을 사용할 필요는 없다. 그 이유 중 하나는 많은 독재자들이 그렇듯이 국내 적을 우선시하느라 외국의 위협에는 취약해지기 때문이다.[2]

하지만 전쟁이 발생할 경우 권위주의 정권이 유리하다는 것이 일반적인 통념이다. 이는 어떤 면에서는 사실이다. 일례로 민주적 지도자는 국가가 전쟁에 휘말려 전장에서 희생된 이들의 관이 국기에 덮혀 돌아오기 시작하는 순간 진짜 문제를 직면하게 된다. 전쟁에서 사망한 이들에게는 부모와 형제자매, 친구가 있고, 그들은 민주적 정치인들이 권력을 유지하는 데 반드시 필요한 유권자들이다. 절대군주제나 개인 권력형 독재정권처럼 권력이 고도로 개인에게 집중된 정부 체제에서도 민주주의 체제와 마찬가지로 전쟁에서 희생된 이들을 애도하는 가족과 친구가 있지만, 그들은 지도자가 신경을 써야 하는 유권자는 아니다. 시민들이 거리에서 불만을 분출하지 못하도록 억압하고 협력자의 자녀가 총에 맞지 않게만 할 수 있다면, 독재정권은 민주적 정부에 비해 전쟁 사망자로 인해 나타나는 즉각적인 악영향으로부터 훨씬 자유롭다. 다시 말해 독재정권은 '사상자 민감성(casualty sensitivity)'이 더 낮고, 그래서 전쟁을 지속할 수 있다.[3]

마찬가지로 21세기형 독재정권은 극단적인 폭력을 사용하는 것에 대해서 자유민주주의 정권보다 제약을 덜 받는다. 물론 민주주의 정권이 폭력을 사용할 수 없다는 말은 아니다. 하지만 두 가지 결정적인 차이가 있다. 첫째, 민주적 지도자는 제 아무리 잔혹하다고 해도 법원이나 측근들에 의해 완전히 무너질 각오를 하지 않고는 무자비한 폭력을 휘두를 수 없다. 둘째, 전쟁범죄가 발생했을 때 자유 언론에 의해 범죄행위가 밝혀지는 과정이 존재하며, 종종 가해자가 책임을 져야 하는 일이 발생한다. 예를 들어 아프가니스탄에 파병되었던 오스트레일리아 특수부대원들이 아프가니스탄 민간인들을 고의로 살해한 사실이 독립적인 조사를 통해 밝혀지면서 2023년 오스트레일리아 공군특수연대(Australian Special Air Service Regiment) 출신 대원 한 명이 살인 혐의로 체포되었다.⁴ 이 과정에서 오스트레일리아 정부는 관련 정보를 알고 있는 사람은 누구든 제보하도록 독려했다.

푸틴의 러시아나 다른 개인 권력형 독재정권에서 이와 비슷한 일이 일어나리라고는 상상하기 어렵다. 러시아 공군이 민간인을 목표로 폭격하고 의사들이 도착할 때까지 기다렸다가 그들에게도 폭격을 쏟아붓는다고 해도, 러시아 방송에서는 절대 보도되지 않을 것이다. 설사 보도된다고 한들 무슨 일이 생길까? 아무 일도 일어나지 않을 것이다.

사상자에 대한 정치적 민감성이 부족한 독재자가 극단적 폭력을 행사할 수 있는 더 큰 능력까지 갖추면 전장에서 상당히 유리한 입장에 설 수 있다. 하지만 독재자가 가진 이점은 그것이 전부이다. 쿠데타를 방지하는 데 드는 비용과 숙청, 정치적 인사, 공포 분위기의 영향으로 약해진 군대를 유지하는 비용은 이점을 능가한다.

1937년 6월 11일, 소련에서 가장 유능한 장군인 미하일 투하쳅스키(Mikhail Tukhachevsky)는 비밀 법원 앞에 서 있었다. 그는 "꿈을 꾸는 느낌이었다"라고 말했다.⁵ 몇 주 전 투하쳅스키는 강등당한 후 체포되었다. 지난 몇 주 동안 그는 내무인민위원회(People's Commissariat for Internal Affairs, NKVD)로부터 고문과 구타를 당한 끝에 자백에 서명했다.[6] 재판은 1930년대 후반에 스탈린이 자행한 대숙청의 일환이었다. 소련은 이전에도 항상 잔인한 정권이었으나, 이번에는 완전히 새로운 체제였다. 스탈린은 아무도 살지 않는 곳까지 포함하여 어디든 적이 있다고 생각했다.[7] 스탈린을 실제로 위협할지도 모를 몇 안 되는 경쟁자를 제거하는 대신에 정권은 각 지역마다 처형해야 할 사람들의 할당량을 제시했다. 명령 단 한 번으로 26만 8950명이 체포되었고, 그들 중 19만 3000명이 강제 노역에 끌려갔으며, 나머지 7만 5950명은 처형되었다. 그 후 상황은 더욱 악화되었다. 새로운 명단이 작성되었고, 더 많은 사람이 죽어 갔다. 마치 악귀 같았던 내무인민위원회 수장 니콜라이 예조프(Nikolai Yezhov)는 처형자 명단이 적힌 '앨범'을 스탈린에게 보내 검토를 요청했다. 스탈린이 확인한 앨범 383개에는 약 4만 4000명의 이름이 포함되어 있었다.[8]

투하쳅스키 장군이 재판을 받을 무렵 숙청은 광란으로 치달았다. 지역 관료들은 더 이상 할당량을 채우는 데 그치지 않고 온갖 수단을 동원해 스탈린 정부에 더 많은 살인과 고문을 허가해 줄 것을 요청했다. 모스크바에 위치한 악명 높은 루뱐카(Lubyanka) 교도소 지하실에서 사람을 죽이는 데 만족하지 못한 예조프는 길 건너 건물에 살육을 위한 방을 마련했다. 방 한쪽에는 희생자의 몸을 관통한 총알이 박힐 수 있도록 통나무를 세웠고, 바닥은 피가 쉽게 빠지도록 경사지게 했다.[9] '인민의

적'이 되면 가족들도 숙청을 피할 수 없었다. 정권은 '잘못된' 남성과 결혼한 죄를 물어 여성 수천 명을 잡아 가뒀다. 세 살짜리 아이도 투옥 대상이 될 수 있었다.[10] 혁명은 젊은이들도 잡아먹었다. 투하쳅스키에게 형을 선고한 판사 중 한 명인 이반 벨로프(Ivan Belov) 군단장은 재판이 진행되는 동안 겁에 질려 다음 차례가 자신이 될 수도 있다는 생각을 떨치지 못했다.[11] 그리고 실제로 1년이 조금 지나서 벨로프 역시 유죄 선고를 받고 총살당했다.

어느 추정치에 따르면, 스탈린 치하에서 내무인민위원회는 1937년과 1938년 사이에 150만 명을 체포했으며, 그들 중 대다수는 다시 석방되지 못했다.[12] 1937년 6월 11일 22시 35분에 총살당한 미하일 투하쳅스키도 그들 중 하나였다. 이 걸출한 장군과 마찬가지로 숙청된 다른 이들도 적군(Red Army, 1946년까지 소련 육군을 지칭하던 이름으로, 붉은 군대라고도 한다)에서 복무하던 재능 있고 경험 많은 장교들이었다.[13] 심지어 스탈린 정권은 장교 수만 명이 체포되었다고 자랑스럽게 밝히기도 했다.[14] 그 결과 숙청된 장교들보다 훨씬 무능한 이들이 정권에 대한 '충성심'을 인정받아 주요 직책으로 승진했다.

이 유혈 사태와 충복의 승진으로 국내에서 스탈린의 권력은 어마어마하게 강화되었다. 대숙청 이전에 공산당은 소련에서 가장 강력한 정치 주체였다. 하지만 폭력이 잦아들 때쯤 모든 권력은 스탈린에게 집중되었다. 그는 세계 역사상 가장 큰 제국의 정점에 홀로 서 있었다.

하지만 숙청이 너무 과하고 경제와 행정, 적군의 붕괴가 극심했던 탓에, 스탈린은 스스로 무덤을 판 셈이 되었다. 국가가 존속해야만 스탈린도 권력을 유지할 수 있는데, 더 이상 소련의 존립을 장담할 수 없었다.[15] 국제 환경이 꽤 오랫동안 악화되고 있었던 터라 상황은 특히 더 위태로웠다. 곧 전쟁이 발발했고, 1941년 6월 나치 독일이 소련을 침공하자, 군 지도자들이 숙청당한 소련군은 초반에 큰 타격을 입을 수밖에 없었다.[16]

그러나 스탈린이 투하쳅스키를 비롯한 다른 유능한 장군들을 숙청하지 않았다고 해도 소련군은 고전했을 것이다. 군인들이 총구 너머로 보이는 적들보다 자국 정부를 더 두려워하면 제대로 싸울 수 없다. 민주주의국가에서는 장군들이 조국과 영광을 위해 싸우는 데 반해 지나치게 정치적인 군대의 장군들은 진퇴양난에 빠질 수 있다. 전장에서 너무 많이 패배할 경우 그에 대한 책임을 져야 하고, 그 책임은 강등이 아닌 죽음일 수 있다. 그렇다고 너무 많이 승리하면 독재자에게 위협으로 인식될 수 있으므로 그 또한 죽음을 의미한다. 위험이 너무 크기 때문에 군 지도자들은 "실수를 덮기 위해 거짓말을 하고, 과장하고, 책임을 전가할" 강력한 동기를 갖는다.[17]

1943년 스탈린의 적군과 나치 독일이 쿠르스크(Kursk)에서 제2차세계대전 중 가장 결정적인 전투를 치렀다. 전투의 남부 전선에서 소련 탱크 수백 대와 그 3분의 1에 불과한 독일 탱크가 대치하고 있었다. 적군(Red Army)의 수적 우세에도 불구하고 독일군이 압승을 거두었다. 어느 추정치에 따르면 독일군은 "자국 군대 탱크를 한 대 잃을 때마다 소련 탱크 열다섯 대를" 파괴했다고 한다. 전투가 끝난 후 모스크바에 패배를 알리는 역할을 맡은 사람은 니콜라이 바투틴(Nikolai Vatutin) 장군이었다. 그러나 스탈린이 자신을 축출하거나 처형할지도 모른다는 생각에 겁을 먹은 바투틴 장군은 그 일을 거부했다. 케네스 폴락(Kenneth Pollack)에 따르면, 바투틴 장군은 전투 결과를 그대로 전하는 대신 치열했던 전투로 조작하여 양측 모두 심각한 피해를 입었다고 보고했다.[18]

쿠르스크 전투와 같은 상황은 전장마다 군인들 사이에서 끝없이 반복되었다. 모두가 거짓말을 했다. 시간이 지나면서 군의 효율성은 심각하게 훼손되었는데, 전쟁에서 이기고자 할 때 이 정도 거짓말은 치명적이었기 때문이다. 마치 독재자의 군대가 연막탄을 터뜨려 통치자의 시야를 완전히 가리는 형국이었다.

때로는 극심한 공포 때문에 상부에 거짓말을 하는 것에서 더 나아가 제대로 전투를 수행할 수 없는 상태에 놓이기도 한다. 걸프전에서 사우디군과 미군은 나란히 싸웠고 둘 다 적진을 돌파했다. 미 해병대는 더 강력한 적의 저항에 부딪혔음에도 사우디 병사들보다 훨씬 더 빠르게 전진했다. 어떻게 그럴 수 있었을까? 주된 이유는 사우디 지휘관들이 긴박한 상황에서 결정을 내리지 못하고 계속 상부의 결정을 기다렸기 때문이다.[19] 사우디 군인들은 잘못된 행동을 할까 봐 두려워서 아무것도 하지 않았다.

독재자들에게는 안타까운 일이지만, 그들이 걱정해야 할 문제가 공식적인 전쟁만은 아니다. 한 국가에서 공식적으로 이루어지는 의회 승인이나 총리 연설 뒤에는 그림자의 세계가 존재한다. 외국의 강대국들은 겉으로는 그러지 않겠다고 말해 놓고도 뒤로는 독재자를 제거하려 할 수 있다. 방법은 다양하다. 독재자의 반대 세력을 훈련시키거나, 무장 집단에 자금을 지원하거나, 정적을 살려 두거나, 쿠데타를 모의하는 세력에게 힘을 실어 주어 독재자에게 맞서게 할 수 있다. 냉전시대를 돌아보면 독재자에 대한 위협이 어떻게 이루어지는지 알 수 있다.

정치학자 린지 오로크(Lindsey O'Rourke)는 저서 『은밀한 정권교체(Covert Regime Change)』에서 미국이 소련과 대립하는 동안 벌였던 '비밀 전쟁'을 완벽하게 설명한다.[20] (우리가 아는 한) 미국이 정권교체 작전을 수행한 것은 총 70건에 달한다. 이 중에서 64건이 비밀작전이었다. 오로크의 설명에 따르면, 이 비밀작전 중 25건이 성공하여 미국의 지원을 받는 정권이 권력을 잡았고, 나머지 작전은 실패했다.[21]

미국이 개입한 목적은 매우 다양했다. 때로는 친소련 성향으로 추정되는 지도자를 미국에 좀 더 우호적인 지도자로 교체하여 소련의 영향력을 제거하기 위한 작전이 진행되었다. 또 다른 경우는 지도자들이 소련 진영에 얼씬하지 못하도록 선제적으로 제거하려는 목적을 띠기도 했다. 미국이 표적으로 삼은 이들 중 일부는 독재자였지만, 분명 독재자가 아닌 지도자도 있었다.

오로크의 주장처럼, 비밀작전은 정책입안자에게 매력적이기 때문에 독재자에게는 문제가 된다.[22] 비밀리에 다른 국가를 공격한다는 것은 불가피하게 모든 전력을 동원하지 못한 채 작전을 수행해야 한다는 것을 의미하므로 비밀작전이 매력적이라는 사실에 놀라운 측면도 있다.[23] 다른 국가와 공개적으로 전쟁을 벌일 수 있다면, 자국에 비우호적인 정권을 무너뜨리기 위해 모든 수단을 사용할 수 있으며 실제 정권교체를 이룰 가능성을 극대화할 수 있다. 압도적인 군사력을 과시하는 것은 전투에서 매우 효과적이라서 장군들은 이런 방법을 이용해 적의 전투 의지를 빠르게 꺾을 수 있다는 개념을 중심으로 전체적인 군사교리를 수립하기도 한다. 이와 같은 충격과 공포 전략은 배후가 누구인지 알리지 않은 상태에서는 제대로 작동하기 어렵다.

그렇지만 외국 지도자를 어떻게 끌어내릴지에 관한 결정은 진공상태에서 이루어지지 않으며, 언제나 다른 고려 사항들이 작동한다. 대중이 개전을 지지하는가? 비용은 얼마나 들 것인가? 정부 결정으로 젊은이들이 사지에 내몰려 장애를 갖게 된다면, 다음 선거에 어떤 영향을 미칠까? 이미 수립된 다른 나라의 정부를 전복하겠다고 공개적으로 시인하면, 국가 평판은 어떻게 될까?

다시 말해서, 공개적으로 정치적 폭력을 사용하는 것은 그렇게 쉽지 않다. 이런 이유 때문에 비밀작전이 등장한다. 정치인들에게 비밀작전은 편리한 타협안이다. 은밀하게 작전을 진행해서 성과를 낼 수도 있지만, 실패한다고 해도 모든 것이 끝장나지는 않는다. 사실 비밀리에 진행된 정권교체 작전 중 다수가 성공하지 못할 것이 분명함에도 불구하고 승인되었다. CIA 국장이 아이젠하워 대통령에게 과테말라 개입 계획의 성공 확률이 20퍼센트 미만일 수 있다고 말했을 때, 아이젠하워는 수치가 낮아서 그 계획이 더 설득력 있다고 생각했다. 앨런 덜레스(Allen Dulles) CIA 국장과 대화를 나누면서 아이젠하워는 "앨런, 20퍼센트라는 수치는 설득력이 있었습니다. 성공 확률이 90퍼센트라고 했다면, 결정을 내리기 훨씬 더 어려웠을 것입니다"라고 말했다.[24] 해외에서 진행되는 비밀작전은 독재자에게 특히 더 위험할 수 있다. 왜냐하면 '그럴듯한 부인 가능성(plausible deniability)'으로 인해 독재자에게 불리한 작전이 실행될 가능성이 훨씬 커지기 때문이다.

하지만 독재자를 타도하기 위해 음지에서 애쓰는 사람들은 전능하지 않다. 위험성도 아주 높은 데다가 비밀도 유지해야 하기 때문에 실수가 생기는 경우가 많다. 실제로 그런 실수가 여러 독재자를 구하기도 했다.

1959년 피델 카스트로라는 젊은 혁명가가 수십 년 동안 철

권통치를 이어 오던 쿠바의 군부 독재자를 끌어내렸다. 풀헨시오 바티스타(Fulgencio Batista, 쿠바의 군인 출신 정치인으로, 쿠데타로 정권을 장악한 뒤 11년간 쿠바 대통령으로 재임했다)와 달리 카스트로는 부유한 미국인들이 쿠바의 부를 대부분 장악하도록 내버려두지 않았다. 카스트로가 자칭 마르크스 레닌주의자였던 까닭에 백악관은 쿠바가 소련을 지지하지 않을지 즉각 우려를 표했다. 존 F. 케네디가 리처드 닉슨을 누르고 대선에서 승리한 후, 미국 정보기관은 쿠바에 대한 계획을 보고했다. 케네디는 망설였다. 미국이 카스트로를 타도하려고 한다면 그 작전은 비밀리에 진행되어야 했다. 미국 정보기관은 플로리다와 과테말라에서 망명한 쿠바인들을 훈련시키기 시작했다. 미국이 돕겠지만, 쿠바인들이 직접 선봉에 나서야 했다.

먼저 투입되는 쿠바인들이 예상되는 반격에 맞서 버티려면, 카스트로 공군을 무력화해야 했다. 이 음모를 실행하기 위해 CIA는 쿠바 비행장을 폭격할 미군 B-26 항공기가 니카라과에서 이륙하기 전에 쿠바혁명군(Cuban Revolutionary Armed Forces) 부대처럼 보이도록 도색했다.[25] 정부 내부에 이견이 약간 있었지만, 성공 가능성에 대한 사전평가는 대부분 긍정적이었다. 미 국방부와 CIA는 적어도 침공군이 산악지대에 안전하게 도달할 것으로 판단했다. 그리고 잘하면 "본격적인 내전이 벌어져서 미국이 반카스트로 군을 공개적으로 지원할 수 있을 것"이라고 생각했다.[26]

만(쿠바 피그스만)에 상륙한 첫 번째 부대는 비행 중인 B-26 폭격기를 보았다. 한 부대원은 "그 비행기가 아군 전투기라고 생각했습니다"라고 말했다. "그 비행기들은 심지어 날개를 내리기도 했습니다. 하지만 곧 우리를 향해 사격을 개시했죠"라고 덧붙였다.[27] 카스트로 공군이 이미 전멸했다고 들었던 터라 부대원들은 눈앞에 펼쳐진 상황을 믿기 어려웠다. 하지만 현실이었다. CIA 비행기들은 표적을 많이 놓쳤고, 카스트로 공군의 비행기들이 하늘을 지배하고 있었다.[28] 바다에서는 탄약과 연료를 운반하던 화물선 한 척이 격침되었다. 다른 보급선들도 폭격을 피하기 위해 회항했다.[29] 계획이 잘못되면 은신처로 삼기로 한 산으로부터 80킬로미터 넘게 떨어진 곳에서 제대로 된 보급품도 없이 침공군의 발이 묶이면서 무력으로 카스트로를 전복하려는 시도는 암울한 결말을 맞게 되었다. 어쩌면 이 작전은 첫 발이 발사되기도 전에 실패로 끝났을 수도 있다. 나중에 CIA는 그 침공 계획이 실패할 수밖에 없었던 이유에 대해 다음과 같이 정확하게 지적했다.

> **그 만은 봉기를 선동하는 데 꼭 필요하고 도움이 되는 대규모 민간인 집단과 멀리 떨어져 있었다. 그리고 논란의 여지는 있겠지만, 쿠바에서 가장 큰 늪으로 둘러싸여 있어서 반란에 참여하고 싶은 쿠바인들이 있어도 실제 참가하는 것이 물리적으로 불가능했다.[30]**

케네디가 비밀작전을 고수하지 않고 공개적인 공격을 선택했다면, 상황이 같은 방식으로 전개되었을까? 결코 알 수 없다.

침공이 모든 면에서 참담하게 실패했을 때 미국은 카스트로를 끌어내리려는 시도를 멈출 수도 있었다. 하지만 케네디는 카스트로를 제거하려고 점점 더 터무니없는 계획을 제안하는 후속 작전을 승인했다. '쿠바 문제에 대한 해결책'을 찾으려는 노력을 주도한 사람은 대통령 동생인 로버트 F. 케네디(Robert F. Kenney) 법무부 장관으로, 그는 자신의 지위를 공고히 하기 위해 이 작전을 성공시키려 했다. 로버트는 회의에서 쿠바 문제에 대한 해결책을 찾는 것이 미국 정부 최우선 과제라고 말했다. "시간과 돈, 인력을 아끼지 않겠다"라고도 덧붙였다.[31]

쿠바 문제를 해결하려는 활동에는 카스트로의 신발에 탈륨염을 뿌려서 지도자의 상징인 수염이 빠지게 만든다는 계획처럼 정말 말도 안 되는 책략들도 포함되어 있었다.† CIA 내 한 직원은 카스트로가 중요한 연설을 하기 전에 그 주위에 환각을 유발하는 화학물질을 뿌려서 그를 제거할 수 있다고 생각했다. CIA의 계획은 카스트로의 평판을 떨어뜨리는 데 국한되지 않았다. 미국 정부는 카스트로를 암살할 계획도 세웠다. 카스트로에게 폭발하는 시가를 주는 계획도 있었고, 오염된 다이빙복을 입혀서 "심신을 쇠약하게 하는 피부병"을 유발하는 계획도 있

---

† 탈륨염은 대표적 독성물질로, 구토, 환각, 모발 손상 등의 부작용이 있다고 알려져 있다.

었다. 피델 카스트로가 스쿠버다이빙을 좋아한다는 점을 이용하여 환상적인 색을 칠한 조개껍데기 속에 폭발물을 숨겨서 물속에서 폭파하려는 계획도 있었다.[32] 말할 필요도 없이, 이 모든 계획은 폐기되거나 실수에 실수를 거듭하며 실패했다. 결국 피델 카스트로는 동생 라울(Raúl)에게 권력을 이양하고 몇 년 후 90세에 세상을 떠났다. 그때 쿠바공산당은 여전히 그 섬나라를 통치하고 있었다.

나중에 로버트 맥너마라(Robert McNamara) 국방부 장관은 카스트로에 대해서 자신들이 지나치게 감정적으로 반응했다고 말하곤 했다.[33] 이 사례에서 알 수 있듯이, 위협을 느꼈을 때 독재자만 비이성적인 결정을 내리는 것은 아니다. 민주적 지도자든 동료 독재자든, 독재자의 적들 또한 정확히 같은 실수를 할 수 있다. 하지만 이 모든 실패를 보면서도 우리는 정보기관이 꼭두각시를 조종하듯 세상을 마음대로 주무른다고 상상하는 경향이 있다. 사실 피그스만 사례는 많은 면에서 예외가 아니라 표준이다. 외국 정부를 무너뜨리는 것은 어려운 일이며, 비밀리에 진행되어야 할 때는 특히 더 그렇다.

하지만 독재자들은 이중의 위협에 직면해 있으므로, 단순히 적이 실수하기를 바라는 것은 합리적인 전략이 아니다. 강대국은 독재자라는 이유로 그들을 표적으로 삼을 수 있고, 공격적인 행보로 지역에 있는 경쟁 국가들과 갈등을 빚을 수도 있다.

모든 독재자가 같은 위협에 직면하지는 않는다. 어떤 독재자는 외세에 의해 쫓겨날 것을 끊임없이 걱정하며 간신히 자리를 유지하고 있는 반면 어떤 독재자는 비교적 안전하게 권좌에 앉아 있다. 하지만 둘 사이에는 공통점이 하나 있다. 패배가 반드시 몰락으로 이어지지는 않는다는 점이다. 침공당해서 침략군이 대통령 궁까지 온다면, 독재자는 분명히 권력을 잃게 된다. 하지만 전장에서 패배하면 독재자는 훨씬 일찍 몰락할 수도 있으며 실제로 많은 독재자가 그렇게 무너졌다. 한 연구팀이 150년이 넘는 기간을 대상으로 전쟁에서 패배한 영향을 조사한 결과, 패배한 지도자 중 29.5퍼센트가 폭력적인 정권교체를 겪었다는 사실을 발견했다.[34]

이런 일이 발생할 수 있는 상황은 여러 가지이며, 그중 하나는 독재자의 약점을 인식한 대중의 저항이다.[35] 같은 지역 안에서 경쟁하고 있는 두 국가가 모두 자신의 영토라고 주장하는 경합 지역을 두고 전쟁이 벌어진 상황을 가정해 보자. 이전부터 그 지역을 통치하면서 방어하던 국가가 크게 패배했다. 이 국가의 독재자는 경쟁 국가가 더 이상 공격해 들어오지 못하도록, 경합 지역에 대한 소유권을 주장하지 않겠다고 양보한다.

침략군은 여전히 궁에서 멀리 있고 독재자는 물리적으로 안전하지만, 이제 독재자가 심각한 곤경에 처할 가능성은 상당히 높다. 이 당황스러운 패배에 분노한 대중이 독재자의 퇴진을 요구하며 거리로 나온다고 해도 이상한 일은 아니다. 그 자체가 독재자에게 아주 큰 문제가 되지는 않지만, 적들에는 정권이 취약하다는 신호가 된다. 쿠데타를 시작하기에 완벽한 때이다.

몰락을 걱정하는 독재자에게는 군사적 패배 위험을 줄일 수 있는 두 가지 경로가 있다. 하나는 군대의 효율성을 높이는 것이고, 다른 하나는 군대는 그대로 두고 자신을 보호할 다른 방법을 찾는 것이다. 군대를 강화하려는 독재자에게 가장 합리적인 전략은 감당해야 할 대가가 너무 커서 외세가 아예 공격할 생각조차 하지 못할 정도로 군사력을 키우는 것이다. 국제 관계에서는 이를 '억지력(deterrent)'이라고 한다. 일단 억지력을 확보한 후에야 독재자들은 쿠데타 방지에 전력을 다한다. 여기서 핵심은 군대가 점점 더 내부의 적을 상대하는 데 초점을 맞추더라도 없어지지 않을 억지력을 발전시키는 것이다. 독재자들은 21세기 북한에서 영감을 얻을 수 있다.

조선인민군은 미국이나 심지어 남한과 일본 같은 지역 강대국 군대와 비교했을 때 구식이고 여러 면에서 원시적이다. 그러나 현역 병력이 100만 명을 넘는 세계 최대 규모의 군대이기도 하다. 더 중요한 점은 북한이 포병부대 수천 개를 보유하고 있으며, 그중 다수를 1953년부터 한반도 비무장지대 근처에 배치했다는 사실이다.[36]

북한과 남한 사이에 전면전이 벌어지면, 남한 수도인 서울로 출근하는 사람들은 갑작스럽게 세상의 종말과 같은 상황에 직면할 수 있다. 고층 빌딩이 무너져 내려 잔해만 남고, 사무실

건물이 불에 타고, 창문은 산산조각 날 것이다. 포탄 공격으로 땅이 흔들리는 와중에 다음 포탄과 또 그다음 포탄이 이미 날아오고 있을 것이다.

미국 정부와 긴밀하게 협력하는 비영리 싱크탱크인 랜드연구소(RAND Corporation)의 연구자들은 2020년에 북한의 포탄 공격이 얼마나 파괴적일지를 추정했다.[37] 이를 위해 연구자들은 북한 포병부대의 배치와 남한의 인구밀도를 검토하고, 공격 발생 시 표적이 된 사람들이 어떻게 반응할지도 조사했다. 얼마나 많은 이들이 공황 상태에 빠질까? 사람들은 얼마나 빠르게 지하실이나 지하철 터널로 대피할 수 있을까?

문제를 더 복잡하게 만드는 한 가지 요인은 수도 서울의 위치와 규모다. 휴전선에서 남쪽으로 50킬로미터 정도 떨어져 있는 서울은 엄밀히 말하면 인구가 950만 명에 '불과'하다.[38] 하지만 수도권 전체를 보면, 인구가 2600만 명에 달하는 거대도시가 된다. 이해하기 쉽게 말하자면, 벨기에, 그리스, 아일랜드의 인구를 합친 것과 비슷한 숫자다. 최악의 시나리오에서 북한 포병은 단 한 시간 내에 포탄 1만 4000발을 퍼부어서 서울을 '불바다'로 만들 수 있다. 이런 상황이 벌어질 때 발생할 사상자는 (낙관적으로 봤을 때) 약 8만 7600명, (비관적으로 봤을 때) 약 13만 명으로 추산된다.[39]

김정은이 아무리 군부의 쿠데타 방지를 위해 힘을 써도 북한 포병은 사라지지 않는다. 포병이 제자리를 지키는 한, 북한과 전쟁을 하면 불가피하게 사상자가 수십만 명 이상 발생한다는 사실을 모두가 알고 있으므로 북한 포병은 엄청난 억지력으로 작용한다.

김정은의 포병보다 효과적인 유일한 억지력은 대량살상무기 하나밖에 없다. 화학무기든, 생물무기든, 핵무기든 상관없이 대량살상무기의 파괴력은 너무 엄청나서 지도자들은 이런 무기가 다른 국가의 도발을 막을 만큼 강력한 억지력을 갖는다는 점을 잘 알고 있으며, 그런 무기를 보유하려 노력한다. 이런 무기를 보유하면 독재정권은 억지력을 확보하기 위해 쿠데타 방지책을 포기할 필요가 없다. 대량살상무기를 다룰 수 있으며 정권에 대한 충성심을 기준으로 선발된 소수 군인만으로 충분히 억지력을 유지할 수 있다.[40] 상황이 잘못되어 그 군인들이 독재자를 공격하더라도, 그리고 대량살상무기가 파괴력이 아무리 대단하더라도, 이들이 그 무기로 할 수 있는 일은 많지 않다. 대량살상무기는 재래식 군대와는 다르다. 군대에 제공되는 주 전투용 탱크는 군대가 정권에 맞설 때도 사용할 수 있다. 하지만 핵폭탄은 어떤가? 민족국가를 억지하는 데는 매우 유용하지만, 정권을 전복하는 데는 쓸모가 없다. 자기 국가의 수도에 핵폭탄을 투하하려는 사람은 아무도 없기 때문이다.

이 모든 이유로 대량살상무기는 독재자들에게 인기 있는 '전략적 대체제'이다. 예를 들어 중동에서는 5개국(이란, 이라크, 이스라엘, 리비아, 시리아)이 진지하게 핵무기 프로그램을 추진했으며, 이스라엘을 제외한 나머지 모든 나라에서 쿠데타는 강력하게 방지되었다.[41] 이는 결코 우연이 아니다.

그러나 핵무기 보유가 독재자에게 엄청난 이점으로 작용하기는 해도, 핵무기를 확보하는 일은 상당히 위험하다. 핵무기 전문가인 니컬러스 밀러(Nicholas Miller)에 따르면, 비밀리에 핵무기를 개발하는 일은 매우 어렵다. 일단 다른 국가들이 독재자가 핵무기를 개발하려고 한다는 사실을 알게(또는 최소한 의심하게) 되면, 경제적 제재나 군사적 조치와 같은 위협을 끊임없이 받게 된다.[42] 독재자가 비밀리에 핵무기 개발을 추진할 수 있다고 해도, 이런 대담한 계획을 핵보유라는 현실로 만들기 위해서는 필요한 자원이 충분히 제공되어야 한다.

여기서 국내 안보에 집중할수록 독재자가 다시 해를 입게 되는 역설이 발생한다. 핵기술은 완벽하게 터득하기 어렵다. 완벽한 핵기술을 구현하기 위해서는 유능하고 제대로 작동하는 기관이 필요하다. 오로지 현직 지도자의 권력 유지라는 단일 목표만으로 건설된 독재정권에서는 그런 기관을 지원하지 않는다. 대통령 궁에서는 현직 지도자의 권력을 제한하는 모든 것을 위협으로 간주하기 때문이다. 이로써 일부 독재자는 핵무기를 원하더라도 보유할 수 없다.

카다피 체제의 리비아는 잔인했을 뿐만 아니라, 모든 측면이 지도자의 개인적 기벽과 결부되어 있어서 전혀 제 기능을 하지 못했다. 그 결과 무능해진 리비아는 핵무기 개발을 비롯한 전략적 목표를 추구하기 어려웠다.

우선 리비아 정권은 핵무기 개발을 위한 기술자와 과학자를 충분히 보유하지 못했다. 이 문제는 부분적으로 카다피가 과학과 기술 분야를 반대 세력의 원천으로 여겨 고등교육에 대한 투자를 탐탁지 않게 여긴 데서 비롯되었다.[43] 독립 당시 리비아는 세계 최빈국이었다. 1948년에 1인당 연간소득은 약 15파운드였다.[44] 게다가 국가의 역량이라고 할 만한 것도 거의 없었고, 국민 대다수가 기초적인 교육조차 받지 못해 인구 중 94퍼센트가 문맹이었다.[45] 석유를 발견한 이후에 이런 상황을 바꿀 수 있는 기회가 있었다. 경제가 급속히 성장했을 때 정권이 국가 역량을 키울 자원을 확보했다면 말이다. 하지만 그런 일은 일어나지 않았다. 사실 카다피는 정반대 상황을 원했다. 카다피는 국가에 남아 있던 얼마 안 되는 것들조차 자신의 통치에 대한 위협으로 여겨서 노골적으로 없애기 시작했다. 카다피의 목표는 공동의 번영을 일구는 것이 아니라 권력을 유지하는 것이었다.

몰프리드 브레우트헤그함메르(Malfrid Braut-Hegghammer)는 자신의 저서 『불확실한 물리학(Unclear Physics)』에서 리비아의 핵 프로그램이 어떻게 실패했는지를 탐구한다. 그 내용은 충격적이다. 브레우트헤그함메르에 따르면, 리비아 정부 기관은 핵무기 프로젝트를 계획하는 일은 고사하고 간단한 작업조차 제대로 수행할 준비가 갖춰져 있지 않았다.[46] 그래서 카다피 정권은 핵무기 보유국으로 향하는 길을 돈으로 사려고 했다. 처음에 카다피 정권은 완성된 핵무기를 판매하도록 중국을 설득하려 했다. 하지만 알려진 바에 따르면, 저우언라이 중국 주석은 "미안하지만 …… 중국은 자체적인 노력으로 핵무기를 확보했습니다. 우리는 자력갱생 사상을 믿습니다"라고 말했다.[47]

이것은 기나긴 여정의 시작에 불과했다. 카다피 정권은 아르헨티나, 중국, 프랑스, 인도, 유고슬라비아, 미국, 이집트, 파키스탄, 소련으로부터 핵무기를 구매하려고 시도했다. 하지만 그 어느 나라도 돌파구를 마련해 주지 않았다.[48]

카다피 정권은 해외로부터 관련 장비를 구입하거나 과학자를 영입하는 데는 성공했지만, 그 장비와 과학자를 활용하는 데에는 어려움을 겪었다. 불가피하게 문제가 발생했을 때, 카다피 개인에게 권력이 집중된 정부 시스템으로는 전반적인 문제점을 파악하기 어려웠다. 카다피 자신부터가 핵과학자들이 하는 일을 이해할 수 없었고, 나아가 모든 면에서 빈약한 그의 국가에는 과학자들이 하는 일을 감시하고 이해할 기관도 전혀 없었다.[49] 결과적으로 카다피는 외부 위협에 맞서기 위한 보호책과 내부 안보를 맞바꾼 탓에 핵무기 문턱에도 가지 못했다.

외부 세력으로부터 위협을 느끼는 정권이 대량살상무기에 투자할 시간이 없다면(또는 외부 세력으로 인한 위험이 너무 크다고 판단한다면), 파괴력을 높일 수 있는 유일한 선택지는 쿠데타 방지책 중 일부를 철회함으로써 안보를 다른 방식으로 전환하는 것이다. 즉 내부의 적에 맞선 방어책을 줄이고 외국의 위협에 맞설 군대의 효율성을 강화하는 방식으로 거래하는 것이다.

1980년대에 사담 후세인은 이웃 국가 이란과 전쟁 중이었다. 후세인 군인들에게 그 전쟁은 특히 어려웠다. 장군들은 공포로 아무것도 하지 못하는 상태였고, 독재자는 개별 참호 크기까지 지시하는 등 소소한 군사 전략까지 간섭하고 있었다.[50] 거의 모든 정보기관이 평범한 이라크인과 군대를 감시하는 데 집중하고 있어서 다른 부분에 대해서는 아무것도 파악하지 못하고 있었다.[51] 내부의 적에게 완전히 초점을 맞춘 탓에 전쟁 전날까지 이라크 정보기관에는 이란에 관한 정보를 수집하고 분석하는 임무를 맡은 장교가 단 세 명에 불과했다. 그들 중에서 이란에서 벌어지는 일을 이해하는 데 필요한 페르시아어를 실제로 공부한 사람은 단 한 명이었다.[52] 쿠데타 방지 조치가 적용된 군대가 전투에 적합하게 조직되지 못해서 전장에서 패배한 전형적인 사례였다.

하지만 그때 위협에 대한 후세인의 계산법이 바뀌었다. 전쟁 전에 후세인에게 가장 큰 위협이 되는 것은 이란 군대가 아니라 이라크 군대였다. 그러나 전쟁이 발발하고 이란군이 우세를 나타내며 바그다드조차 더 이상 안전하지 않은 것처럼 보이자, 후세인은 생각을 바꿨다. 나중에 이라크 장군의 기억을 바탕으로 한 어느 분석에 따르면, "사담 후세인은 제대로 된 군사전문가들이 가장 절실하게 필요한 때조차 그들을 곁에 두지 않았다. 그러나 전쟁을 겪으면서 후세인은 점차 군사전문가들이 필요하다는 사실을 이해했고, 자주 그들의 조언에 귀를 기울였다".[53] 첩보원들도 초점을 바꿨다. 이전까지 이란에 대한 정보를 수집하는 사람은 거의 없었으나, 전쟁이 끝난 해에는 2500명 이상이 이란에 대한 정보를 수집하고 있었다.[54]

결국 사담 후세인은 쿠데타 방지 조치 중 일부를 철회함으로써 이란과의 전쟁을 교착상태로 이끌고, 자신의 권력을 연장할 수 있었다. 이에 따라 군부가 정권에 더 큰 위협이 되기는 했지만, 정권의 생존에 대한 임박한 위협을 피할 수 있었다는 점에서 그 정도 위험은 감수할 만한 가치가 있었다.

이라크의 독재자는 대규모 군대와 막대한 석유를 보유한 데다가 적이 압도적으로 강하지 않았던 덕분에 내부 방어에서 외부 방어로 중심축을 옮길 수 있었다. 이런 상황이 아니거나 독재자가 경로를 바꿀 수 없을 때, 또는 경로를 바꾼다고 해도 큰 차이를 가져올 수 없을 때 독재자에게 좋은 선택지를 찾기는 힘들다. 그럴 경우 군대를 사용하지 않고 외부 침략자를 상대할 방법을 찾아야 한다.

눈앞에 놓인 방법은 묵인이다. 독재자의 통치를 확실하게 위협할 수 있는 외부 세력이 무언가 시도하려 한다면, 하도록 내버려두는 것이다. 이 방법은 운신의 폭이 줄어들고 약점을 드러낼 위험이 있다는 면에서 독재자에게 분명 좋은 선택은 아니다. 때로는 국제 외교를 통해 더 우아한 해결책을 찾을 수도 있다. 적대감을 보이는 강대국이 민주적이든 아니든 상관없이 그런 적대감에서 벗어날 수 있도록 설득할 수 있을 것이다. 아니면 강대국이 원하는 것을 제공하는 방법도 있다. 그것은 석유일 수도 있고, 우라늄이나 시장 접근권, 전략적 해상 항로에 대한 간접적 통제권일 수도 있으며, 아프가니스탄 인근에 있는 2498미터짜리 콘크리트(우즈베키스탄 카르시카나바드 공군기지의 활주로를 의미함)일 수도 있다. 2001년 9월 11일 알카에다 테러리스트 다섯 명이 아메리칸항공 11편을 세계무역센터 북쪽 타워에 충돌시킨 후, 미국의 외교정책은 즉시 바뀌었다. 5일 후 부시 대통령은 테러와의 전쟁을 선포했다. 이 전쟁을 위해 미국은 사람들이 지도상에서 찾을 수도 없었던 중앙아시아라는 지역에서 새로운 우방을 만들어야 했다.

당시 우즈베키스탄은 우즈베키스탄공산당의 마지막 제1서기였던 이슬람 카리모프(Islam Karimov)가 통치하고 있었다. 카리모프는 잔인한 독재자였다. 그는 우즈베키스탄 북서쪽에 있는 자슬릭감옥의 수감자 두 명의 시신을 가족에게 돌려보내면서 국제 사회에서 악명이 높아졌다. 그중 네 아이를 둔 35세 무자파르 아바조프(Muzafar Avazov)의 시신에는 "머리 뒤쪽에 피투성이의 큰 상처"가 있었을 뿐만 아니라 손톱도 없었다고 한다. 무엇보다 신체의 "60~70퍼센트"에 화상을 입은 상태였다. 저명한 비정부기구인 국제인권감시단에 따르면, "시신을 본 의사들은 그런 화상은 끓는 물에 담가야만 생길 수 있다고 보고했다".[55] 아들이 당한 잔인한 고문에 감히 불만을 제기한 아바조프의 어머니는 63세에 "헌정 질서를 전복"하려 했다는 혐의로 최고보안교도소에 수감되었다.[56]

이와 유사한 다른 사건도 발생했지만 서방 군대가 아프가니스탄에서 군사작전을 수행하는 데 필요한 카르시카나바드 공군기지를 사용하는 데에 동의한 후 원조금 수천만 달러를 받았다. 2001년 말 콜린 파월(Colin Powell) 미 국무장관은 우즈베키스탄의 수도 타슈켄트(Tashkent)를 방문했다. 그다음 해 초에는 카리모프 대통령과 부시 대통령이 만났고,[57] 양국은 관계 강화를 위한 여러 협정에 서명했다. 우즈베키스탄에 머무는 동안 파월은 우즈베키스탄이 "대테러 연합의 중요한 일원"이라고 말했다.[58] 미국 정부는 우즈베키스탄 남부에 있는 공군기지를 아주 유용하게 활용하는 대신 결국 그 나라에서 자행되는 인권유린을 언급하지 않으려 했다.[59] 카리모프는 미국을 위협으로 여기기는커녕 자신의 권력을 공고히 해 주는 자산으로 삼았다.

독재자에게 훨씬 더 나은 방식은 외부 세력이 독재자가 뜻대로 하게 내버려 두는 것에 그치지 않고 제삼자로부터 독재자를 적극적으로 보호해 주는 것이다. 이는 중동의 여러 산유국이 추구하는 전략이다. 이 국가들은 미국 군사 장비에 수십억 달러를 지출하지만, 궁극적으로 카타르 국왕의 대외 안보를 보장하는 것은 카타르 군대가 아니라 그 나라에 주둔하는 미군 병사들이다. 병사 수천 명을 수용하고 있는 카타르 알우데이드 공군기지는 중동에서 가장 큰 미군 기지다. 카타르 국왕을 무너뜨리려는 외부 세력은 이 군대와 싸워야 한다. 누가 미군과 싸우고 싶겠는가? 카타르 군대와 싸우는 일이라면, 누군가 나설 수도 있을 것이다. 하지만 상대가 미군이라면 어떨까? 아무도 나서지 않을 것이다.

안전을 제공하는 측에 이런 상황은 매우 까다롭지만 한편으로는 많은 이익을 얻을 수 있다. 예를 들어 미국은 카타르 왕실을 보호하는 대가로 수익성 높은 무기 고객을 확보하는 것은 물론이고, 병사와 장비를 이동하거나 인근 국가에 있는 표적을 향해 출격하는 데 사용할 수 있는 거대한 허브에도 접근할 수 있다. 하지만 이런 안전보장은 적어도 두 가지 측면에서 위험하다. 첫째, 확전 위험이 상존한다. 독재정권에 안전을 제공하기로 동의한 정부는 일반적으로 자국의 군대가 존재하는 것만으로도 억지력이 충분해서 독재정권을 대신해 싸울 필요가 없다는 가정하에 안전을 제공한다. 물론 이런 가정을 당연하다고 생각해서는 안 된다. 계산 착오로 인해서든 우발적인 사고 때문이든 언제나 상황은 잘못될 수 있고, 그러면 갑자기 전쟁이 일어날 수도 있다.

둘째, 이런 식의 안전보장은 도덕적해이를 초래하고 '무임승차(free-riding)'를 부추긴다. 무임승차란 여러 국가가 비용을 지불하지 않은 채 혜택을 이용하는 것을 말한다. 예를 들어 이 용어는 지난 2년 동안 유럽의 방위비 지출 문제와 관련하여 반복적으로 사용되었다. 모든 NATO 회원국은 동맹의 억지력으로부터 혜택을 받지만, 모두가 똑같은 정도로 동맹에 기여하지는 않는다. 기여도가 낮은 국가들은 (충분히) 기여하지 않은 채 러시아의 공격으로부터 보호받는 혜택을 누리는 까닭에 무임승차라는 소리를 듣는다. 독재정권의 안전을 보장해 준다면, 그 정권은 스스로 대외 방어를 확립할 동인을 거의 찾지 못한다. 이런 상황은 안전을 제공하는 측의 이해에 반한다. 전쟁이 발발하면 독재정권보다 안전을 제공하는 측에서 전투(와 죽음)의 맹공을 감당해야 하기 때문이다.

안전보장이 도덕적해이를 양산한다는 말은 안전보장이 전쟁의 가능성을 **감소시키기**보다는 **증가시킨다**는 의미이므로, 안전을 제공하는 측에 훨씬 더 위험하다. 독재정권은 자신이 보호를 받고 있으며, 혹시 발생할지 모를 분쟁의 맹공을 감당하지 않는다고 생각하기 때문에, 평소보다 더 공격적으로 행동할 가능성이 있기 때문이다.

이런 식으로 안전을 보장받지 못하면, 독재자는 고립될 수밖에 없다. 독재자는 자국 군대가 쿠데타를 일으키지 못하게 예방할 수도 있고, 외부의 위협을 처리할 만큼 효율성을 갖춘 군대를 보유할 수도 있다. 하지만 두 가지를 모두 동시에 달성하는 일은 거의 불가능하다. 대량살상무기가 그나마 가능성 있는 탈출구지만, 그런 무기를 확보하기는 쉽지 않다. 결국 대부분 독재자는 완벽한 균형을 찾지 못하고 한쪽으로 기울어진 선택을 한 채 옴짝달싹 못 하는 상황에 처한다.

하지만 독재자가 내외부의 군사적 위협을 모두 해소했다고 해도, 그것은 훌륭한 거버넌스와는 전혀 상관없다. 독재자가 해온 모든 일은 즉각적인 위험을 간신히 모면하기 위한 것일 뿐이며, 국민 대다수의 요구를 돌보는 일은 제대로 하지 않았을 것이다. 이 문제를 해결할 선택지가 많지 않다면, 독재자는 대규모 시위나 폭력을 동반한 봉기, 심지어 대중 혁명으로 이어질 정도의 대중적 분노에 노출된다.

6장
총을 쏘면 패한다

HOW TYRANTS FALL

MARCEL DIRSUS

6장
총을 쏘면
패한다

> 자유나 생명을 박탈당한 사람들은 성자도 아니고, 천사도 아니었다. 그
> 들은 기존의 질서를 바꾸려고 했다.[1]
>
> 우고 반세르(Hugo Bánzer, 볼리비아 대통령)

마오쩌둥은 정치권력이 총구에서 나온다는 유명한 말을 남겼으나, 그 말은 틀렸다.[2] 정치권력은 총을 사용할 필요가 없는 사람에게 있다. 국민에 총을 겨눌 때 정권은 취약해질 위험을 감수해야 한다. 총구가 더 이상 은유에 그치지 않고 정권 유지를 위한 실제 전략이 되는 순간, 독재자는 몰락하고 정권은 붕괴되고 만다.

대중의 분노가 폭발해서 총 없이는 더 이상 통제할 수 없는 상황이 되면 독재자는 난감한 결정을 내려야 한다. 그 결정은

많은 독재자에게 최후의 결정이 된다. 대부분 독재자들에게 대중 봉기는 주요한 위협이 아니지만, 그렇다고 아예 위협이 되지 않는 것은 아니다. 독재정권 중 약 17퍼센트가 대중 봉기로 무너졌다.[3] 모든 독재자가 국민을 통제하는 데 집착한다는 사실을 고려하면 놀라울 정도로 높은 수치다.

민주주의는 반대 의견을 처리하는 데 매우 능숙하다. 정부에 반대하는 시위를 하고 싶다면, 하면 된다. 시위는 허용될 뿐만 아니라 경찰이 시위행진을 보호하기까지 한다. 많은 국가원수들이 거리에서 구호를 외치는 사람들을 어떻게 해야 할지 조금도 고민할 필요가 없다는 것은 자신감의 표시다. 하지만 독재자는 거리의 사람들을 무시할 수 없다. 이는 독재자에게 현실적인 딜레마다. 시위를 진압하지 않고 허용하면 다른 이들도 동참하고 싶은 마음이 들 수 있다. 그러면 시위 규모가 연쇄적으로 커져서 정권 자체를 위협할 수준까지 확대될 수도 있다. 행진하지 말라는 구체적인 지시를 받았음에도 행진을 해낸다면, 시위대가 또다시 정권을 무시하면서 무슨 일을 해낼 수 있을지 알 수 없다. 위험한 순간이다.

시위가 한 곳에서 다른 곳으로 번지는 과정을 사회과학에서 '확산(diffusion)'이라고 한다. 예를 들어 시위는 본받기 같은 여러 메커니즘을 통해 확산할 수 있다. 한 곳에서 보안군에 무력으로 진압당하지 않고 시위가 진행되는 모습을 보면 다른 시위대는 이를 본보기 삼아 그대로 따라하려 할 것이다. 또한 그들로부터 배울 점이 있는지를 자문하면서 더 효과적으로 저항하게 될 것이다. 따라서 시위가 시작되면 단지 전염되는 데서 그치지 않고, 마을에서 마을로 퍼지는 동안 반체제인사들이 서로 배우고 영감을 주고받으면서 점점 더 효과적으로 진행된다.

이런 학습효과는 항상 나타난다. 아랍의 봄 기간 동안 수많은 반체제인사가 진 샤프(Gene Sharp)의 『독재에서 민주주의로(From Dictatorship to Democracy)』라는 책을 참고했다.[4] 1993년에 쓰인 이 책에는 파업에서부터 정권 실세의 모의 장례식까지 특이한 대중 저항 방법 198개가 실려 있다. 진 샤프는 저항 방법을 '작위행위(acts of commission)'와 '부작위행위(acts of omission)'라는 두 가지로 분류하여 설명한다.[5] 좀 더 직접적으로 표현하면, 해서는 안 되는 일을 하는 행위와 해야 하는 일을 더 이상 하지 않는 행위라고 말할 수 있다.[6]

시위 확산이 독재정권에서만 나타나는 것은 아니지만, 독재정권에서 확산 효과가 중요한 이유는 그것이 시위에 참여하고 싶으나 그럴 수 없는 사람들이 겪는 조직화 문제를 해결하는 데 도움이 되기 때문이다. 모든 독재정권에는 정권에 비판적인 국민들이 상당수 있지만, 불만을 품은 이들은 다른 사람들이 동참할지 알 수 없어서 봉기하기 어렵고, 시위는 그 자체가 불법이고 위험하기 때문에 계획을 세우기도 힘들다. 이런 상황에서 앞장서서 시위를 조직하기 것은 매우 어렵다. 하지만 아랫마을에서 다른 이들이 벌이는 시위를 본 사람들은 더 이상 시위대를 조직할 필요 없이 그냥 동참하면 된다.

시위 확산은 아주 빠르게 진행될 수 있어서 시위가 확산될 수 있다는 전망은 독재자에게 특히 위협적이다. 하버드대학교 에리카 체노웨스(Erica Chenoweth)에 따르면, 비폭력 시민 저항운동의 주된 이점 중 하나는 참여하기 쉽다는 것이다.[7] 예를 들어 게릴라 운동과 비교하면, 비폭력 저항운동은 참여 장벽이 훨씬 낮아서 수많은 지지자를 쉽게 동원할 수 있다. 시위행진에 동참하기 위해 단련된 전사가 될 필요는 없다. 학생이든 노인이든, 청년이나 중장년층이든 가릴 것 없이 거의 모든 이들이 참여할 수 있다. 그 결과 잘못된 판단을 한 독재자는 협력 문제를 해결한 군중 수만 명에 포위될 수도 있다. 그리고 군중 규모가 압도적으로 커지면, 정권 붕괴로 이어진다. 실제로 '3.5퍼센트 법칙'이라는 것이 있다. 체노웨스가 고안한 이 법칙은 "인구 중 3.5퍼센트가 전투나 대규모 시위, 또 다른 형태의 집단적 불복종과 같은 가시적인 최대 규모의 시위에 적극적으로 참여했을 때, 어떤 혁명도 실패하지 않았다"라고 설명한다.[8] 일례로 2003년 조지아 국민들은 예두아르트 셰바르드나제(Eduard Shevardnadze) 대통령을 사임시켰다. 국민들 중 일정 수 이상이 거리로 나서면 정부는 어쩔 수 없이 결국 커다란 양보 조치를 수용하거나 무너진다. 정권 반대를 위해 적극적으로 나서는 사람 자체도 많을뿐더러 시위대를 지지하는 국민은 훨씬 더 많기 때문이다.[9] 그렇기는 하지만 1945년부터 2014년까지 저항운동 389건 중에서 3.5퍼센트의 문턱을 넘은 경우는 18건에 불과했다.[10] 이렇듯 비교적 드물게 일어나는 일이지만, 실제로 국민 중 3.5퍼센트가 참여하는 대규모 시위가 발생한다면 정부에 치명적일 수 있다.*

독재자는 대중적인 반대운동이 얼마나 위험할 수 있는지 잘 알고 있으며, 그래서 시위가 발생할 가능성에 집착한다. 독재정권은 국민에 대한 통제, 그리고 정권을 무너뜨릴 수 없다는 대중의 인식에 기반하여 존재하기 때문에 공공연하게 정권에 반대하는 것만으로도 취약성을 보여 주는 신호가 된다. 그래서 독재자들은 시위가 발생하자마자 싹을 자르려 한다. 이를 위한 일반적인 방법은 탄압이다. 정치학에서는 이를 '강압적 대응의 법칙(law of coercive responsiveness)'이라고 한다.[11] 시위대가 행진을 시작하면 구타도 시작된다. 비폭력 반대운동에도 마찬가지로 구타로 대응한다. 연구자들이 비폭력 반대운동을 100건 이상 조사한 결과, 90퍼센트 이상이 폭력적 탄압을 당했다는 사실이 드러났다.[12]

독재자의 입장에서 문제는 정부에 분노한 시위대를 구타하면 더 많은 사람이 거리로 쏟아져 나올 수 있다는 점이다. 비폭력 저항운동은 특히나 더 그렇다. 총격을 가한 사람에게 반격

---

* 체노웨스가 지적한 대로 1962년에 브루나이에서 발생한 반란과 2011년에서 2014년 사이에 바레인에서 일어난 시위는 주목할 만한 예외 사례다. 두 경우 모두 인구 3.5퍼센트 이상이 적극적으로 시위에 참여했지만 실패했다.

으로 총을 쏘는 것과 비무장 시위대를 향해 선제적으로 총을 쏘는 것은 완전히 다른 문제다.

2022년 2월 러시아는 우크라이나에 대한 불법적인 대규모 공습을 시작했다. 러시아 정부와 우크라이나 국민은 이전부터 갈등을 겪고 있었다. 2013년 말 우크라이나 정부는 서구 국가들과의 긴밀한 경제 통합을 이룰 수 있는 유럽연합(EU) 가입 협정에 서명할 계획이었다. 그런데 2013년 11월 21일, 빅토르 야누코비치(Viktor Yanukovych) 우크라이나 대통령이 마지막 순간에 돌연 180도로 바뀐 입장을 발표했다. 유럽연합과의 협정을 중단하고 대신 러시아와 더 긴밀하게 경제협력을 해 나갈 것이라는 내용이었다.

그러자 즉시 키이우(Kyiv) 중앙광장인 독립광장으로 시위대가 쏟아져 나오기 시작했다. 우크라이나의 혹독한 겨울 날씨조차 시위대의 기세를 꺾을 수 없다는 사실이 분명해지자 정부는 보안군을 투입했다. 11월 30일 밤에 경찰은 시위대를 따뜻한 집으로 돌려보내고 통제선을 재정비하는 대신 평화로운 시위대를 진압봉으로 공격했다. 목격자들이 진술한 바에 따르면, 땅에 쓰러진 시위대도 안전하지 않았다. 우크라이나 보안군은 시위대에 대한 폭력을 멈추지 않았다.[13]

여성들을 포함하여 무장하지 않은 학생들에게 폭력을 행사하자 사람들은 분노했다. 다음 날 38세인 의사 파블로 투마노프(Pavlo Tumanov)는 "우크라이나와 유럽연합 국기 색깔로 된

리본을 손에 묶고" 광장으로 나갔다. 투마노프는 "나는 어제 잔인하게 구타당한 학생들을 지지하려고 나왔습니다"라고 말했다.[14] 투마노프만 그런 것이 아니었다. 관망하던 많은 이들이 어중간한 태도를 버리고 정부를 반대하는 편에 섰다. 정부의 폭력적 탄압에 대한 역효과가 분명하게 나타나면서 국민들 수만 명이 거리로 나섰다.

그러나 정부는 교훈을 얻지 못했다. 야누코비치 정부는 탄압을 멈추지 않았고, 시위대는 자극을 받아서 더 과격해졌다. 일부 시위대는 폭동을 일으키고, 총기를 사용하고, 화염병을 던졌다. 탄압이 심해지면 더 많은 시위대가 조직되었고, 그러면 다시 탄압이 더 심해지는 시소 현상이 몇 달 동안 지속되었고, 이듬해 2월 말 시위대와 정부 사이의 전투가 끝날 때까지 당국은 통제권을 회복하지 못했다.

2014년 2월 20일, 야누코비치 정부는 마지막 몸부림으로 시위대를 향해 실탄을 발사했다. 수십 명이 목숨을 잃었고, 그중 다수는 특수경찰 소속 저격수에 의해 사망했다.[15] 사망자와 부상자가 발생했지만 시위대는 물러서지 않았다. 다음 날 시민들이 광장에서 피를 닦고 바리케이드를 보강하는 동안 야누코비치 대통령은 독일과 폴란드 외무장관이 참석한 가운데 야당과의 협정에 서명했다.[16]

하지만 종잇조각 하나로 야누코비치를 구하기에는 너무 늦은 상황이었고, 야누코비치 자신도 그 사실을 알고 있었다. 경찰 저격수가 시위대를 조준한 지 불과 24시간 만에 야누코비치는 러시아로 도피할 수밖에 없었다.

안타깝게도 사망자가 발생했지만 시위대는 정부를 무너뜨리는 데는 성공했다. 대중의 저항에 직면한 키이우의 야심만만한 독재자는 물리적 폭력을 사용함으로써 사람들의 분노를 부채질했고 상황을 악화시켰다.

탄압과 급진화의 시소게임은 흔하게 나타나는 문제이기 때문에 독재자는 애초에 사람들이 거리로 나오지 못하게 하려고 노력한다. 아무도 거리에 나오지 않으면 독재자가 폭력으로 보복할 필요가 없기 때문이다. 그리고 폭력을 사용할 필요가 없으면 권력을 잃을 위험도 없다.

독재정권은 대다수 국민에게 피해를 주는 방식으로 명확하게 체제가 구축되어 있기 때문에 사람들의 저항을 막는 일은 매우 어려운 문제이다. 독재정권하에서는 항상 불행한 사람들이 넘쳐 난다.

사람들을 행복하게 만드는 확실한 방법은 스스로 더 많은 영향력을 행사할 수 있도록 하는 것이지만, 그것은 독재자와 엘리트의 이해에 반하기 때문에 매력적인 선택지가 될 수 없다. 대신 독재자는 정당성을 얻을 수 있는 다른 방법에 초점을 맞출 것이다.

모든 정부는 '투입(input)' 대 '산출(output)'이라는 두 가지 형태로 정당성을 평가받는다. '투입' 정당성은 민주적 절차를 의미하는 것으로, 권위주의 정권은 언제나 투입 테스트에서 떨어진다. 하지만 국가의 번영이나 국민들이 원하는 다른 긍정적인 결과를 내놓을 수 있는지를 의미하는 '산출' 정당성은 일부 독재자들도 달성할 수 있는 영역이다. 모든 권위주의 정권은 각자 자신만의 산출 정당성을 가지고 있다. 각 정권의 주장에 따르면, 미얀마 군부정권 지도자들은 무정부상태를 끝냈다. 걸프만의 절대군주들은 척박한 사막을 현대 기술이라는 기적을 이용하여 변모시켰다. 르완다 독재자 카가메(Kagame) 대통령은 수백만 명을 빈곤에서 구제했다. 하지만 정권과의 거래를 통한 묵인이 아닌 진정한 지지를 얻으려면 정부는 이야기가 필요하다. 즉, 정부는 국민이 스스로보다 더 큰 무언가를 지지할 정서적 이유를 제시해 줘야 한다. 각 정권이 주장하는 더 높은 이상의 형태와 규모는 다양하다. 일 두체(Il Duce, 이탈리아 파시스트 당수 무솔리니의 칭호)는 이탈리아 국민의 건강이라는 집단적 이상에 개인을 종속시켰다. 왕과 왕비는 신의 선택을 받아 신민을 통치한다. 아야톨라(Ayatollah, 이슬람 시아파의 고위 성직자)는 지상에서 알라의 뜻을 수호한다. 공산주의 독재정권은 노동자의 해방을 위해 노동자를 억압한다.

    국민이 독재자의 통치를 용인하거나 더 나아가 지지하도록 설득하는 데 도움이 되는 한 가지 방법은 독재정권이 다른 이들로부터 지지를 받는다는 환상을 심어 주는 것이다. 왜 비민주주의국가에서 아무런 의미도 없는 것이 분명한 선거에 수백만 달러를 쓰는지 궁금한가? 선거에서 '승리'하면 그 나라 국민과 다른 국가에 정권이 대중적 지지를 받고 있음을 보여 줄 수 있기 때문이다.

명백한 거짓말로 국민을 설득하는 고전적인 방법은 국민이 깨어 있는 모든 순간에 선전을 퍼붓는 것이다. 신문을 읽을 때마다 정권이 읽었으면 하는 내용을 읽게 하고, 텔레비전을 켤 때마다 정권이 보았으면 하는 내용을 보게 한다. 라디오를 들을 때도 마찬가지다. 독재자에 대한 개인숭배보다 더 강렬한 선전은 없다.

하지만 이런 정당화 시도가 강력한 선전 수단을 통해 강화되면 그 효과가 커질 수는 있지만 모든 사람을 설득할 수는 없다. 그래서 노련한 권위주의자들은 남아 있는 반대 세력과 싸우는 대신 적어도 반대 세력 일부의 이해관계가 정권의 지속적인 생존과 일치하도록 만든다.

정권 생존과 국민의 이해관계를 일치시키는 지속가능한 방법은 '포섭(co-optation)'이다. 모스크바 크렘린궁전에서 북쪽으로 약 300미터 걸어가면, 러시아 하원이 있는 커다란 대칭형 건물 앞에 다다른다. 자유민주주의국가라면 이 건물은 야당 의원으로 가득 차 있을 것이다. 선동적인 정치인들은 연단에 서서 정부에 압력을 행사하고, 기자들은 로비에서 텔레비전 인터뷰를 진행하면서 정부가 최근에 진행한 이런저런 정책이 실패했다고 공격할 것이다.

푸틴이 집권한 이후 러시아에서도 이 모든 일이 일어났지만, 그 무엇도 실제는 아니었다. 그저 위장이고 환상일 뿐이었다. 유권자들은 야당 후보자에게 표를 던지지만, 이 모두는 사실상 정부에 의해 통제된다. 언론인들은 정권을 비난할 수 있지만, 사실상 독재정권과 다름없는 '관리된 민주주의(managed democracy)'를 감시하는 음지의 인물들이 정해 놓은 틀 안에서만 가능하다. 만일 이런 연극 같은 상황이 존재하지 않는다면, 기자와 선동가는 진짜로 정권을 반대할지도 모른다. 하지만 정권에 반대하는 것처럼 연극을 할 수 있기 때문에 현 질서에서 높은 지위와 연봉을 유지할 수 있는 기자와 정치인들은 정권을 보존해야 하는 강력한 동기를 가지고 있다. 이처럼 포섭이 제대로 작동하면 유혈 사태 없이도 잠재적 적들을 지지자로 만들 수 있다.

물론 국민 대다수가 불만이 가득한 상태에서도 독재자가 국민들이 조직화하기 어렵게 만들 수 있는 구조적인 요소도 존재한다. 지도자의 이익에 부합하는 가장 효과적인 방법은 많은 사람들이 행동에 나서도록 자극할 계기가 있더라도 서로 협력할 수 없도록 국가 차원에서 모든 방법을 동원하는 것이다. 다시 말해 정치적 반대 의견을 접할 수 있는 창구를 완전히 차단하는 것이다. 예를 들어 언론과 표현의 자유는 물론이고 어떤 형태라도 독재정권의 통제를 벗어난 모든 정치조직을 허용하지 않으며, 아주 사소한 위반행위까지도 적발할 수 있도록 가능한 한 많은 이들이 서로를 감시하게 하고, 최고지도자에게 감히 반기를 드는 사람은 전부, 필요하다면 여러 세대에 걸쳐 가혹하게 처벌하는 것이다. 북한이 바로 이렇게 운영되는 국가인데, 그래서 김정은은 평양에서 시위가 벌어질 일을 절대 걱정하지 않는다.[17] 북한 주민들이 분노할 이유는 차고 넘치지만 할 수 있는 일은 별로 없다. 배고파서, 아니면 같은 생각을 하는 사람들을 만날 공간이 없어서 그럴 수 있다. 설령 사람들 일부가 거리로 나와 시위를 하는 데 성공했다 하더라도, 다른 지역 사람들은 그런 일이 있었는지조차 모르기 때문에 시위가 확산할 가능성은 거의 없다. 어떻게 그럴 수 있을까? 텔레비전을 봐도 정부의 선전을 보는 것과 다름없고, 소셜미디어를 활용한 조직화는 불가능하다. 외국 미디어를 접할 수 있는 북한 주민들도 소수 있지만, 남한 예능 프로그램과 같은 정치와 관련이 없는 프로그램을 공유하는 것만으로도 처형될 수 있다고 알려져 있다.[18]

권위주의적 통치자라고 해서 모두가 김정은처럼 편히 잘 수 있는 것은 아니다. 많은 독재자들이 집착하는 한 가지는 '색깔혁명(Colour Revolution)'의 가능성이다. 색깔혁명이란 원래 소련이 붕괴하면서 유라시아에서 일어난 민중 봉기를 일컫는 말로, 2003년 조지아의 장미혁명, 2004년 우크라이나의 오렌지혁명, 2005년 키르기스스탄의 튤립혁명을 들 수 있다. 러시아 정부와 같은 시각을 가진 동유럽 국가의 정권은 이런 저항운동은 인기 없는 정부로 인해 저절로 나타나는 징후가 아니라, 미국이나 다른 민주주의 적대국들이 선동하고 자금을 지원하는 조직적 운동이라고 생각한다. 해외로부터 추동된 불안정성의 위협에 직면하자, 크렘린궁은 러시아 시민사회를 통제하기 위해 움직였다.

2008년 12월 4일, 러시아에서 가장 오래되고 유명한 인권단체인 메모리얼(Memorial)의 모스크바 직원들은 충격에 빠졌다. 그날 아침 복면을 쓴 남성 일곱 명이 사무실에 들이닥쳤다. 곤봉으로 무장한 남성들은 모든 직원을 억류한 채 전화선을 끊었다. 그 이후 7시간 동안 메모리얼의 변호사는 접근을 거부당했고, 남성들은 사무실을 수색했다. 컴퓨터 하드드라이브를 포함해 20년 전 소련의 탄압 상황을 기록한 문서들도 압수했다.[19]

이 급습으로 엄청난 국제적 논란이 일었지만, 이는 이후 푸틴 정권이 벌인 기나긴 작전의 시작이었을 뿐이다. 2012년에 푸틴이 외국대리인법(foreign agents law)에 서명하면서 이와 같은 공격은 더욱 확대되었다. 외국대리인법은 러시아에서 비정부기구를 운영하려는 시도에 대한 정면 공격이었다. 이 법은 "정치활동에 참여하고 외국의 자금을 받는 단체는 그 자금이 실제 정치활동에 사용되지 않더라도 외국 대리인으로 등록해야 한다"라고 규정하고 있다.[20] 미국 내 비정부기구인 프리덤하우스(Freedom House)는 이런 상황을 다음과 같이 요약했다.

"일단 '비정치적인' 단체가 정부 정책을 비판하면, 그 역시 정치적인 활동으로 간주될 수 있다."[21] 이는 거의 모든 활동이 정치적으로 해석될 수 있다는 의미로, 누구도 예외가 될 수 없었으며, 후속 규정 역시 엄격했다. 무엇보다 '외국 대리인'은 자신과 거래하는 모든 이에게 자신이 '외국 대리인'임을 알려야 했다.

정권이 더 이상 국내 기부자들에게 그런 단체에 자금을 지원해서는 안 된다고 명백히 밝힌 상황과 맞물려서 외국대리인법은 단체를 운영하기 더욱 어렵게 만들었다. 게다가 국민들을 자극하여 인권 단체(또는 외국의 적으로부터 자금을 받는 반역자)에 대한 반대를 조장함으로써 또 다른 목적을 달성했다. 많은 이들이 분노하면 그중 일부는 소셜미디어에 상스러운 댓글을 다는 데서 그치지 않고 해당 단체의 문에 가짜 피를 던지고, 직원들을 괴롭힐 수도 있다. 그 결과 단체와 관련된 이들의 삶은 지옥이 되지만, 협박한 당사자가 정권은 아니기 때문에 정권은 그럴싸하게 부인할 수 있었다.

결정적인 일격은 2021년에 가해졌다. 머리가 두 개 달린 황금 독수리가 그려진 러시아 국장(國章) 아래로 가운을 입고 선 알라 나자로바(Alla Nazarova) 대법관은 메모리얼의 폐쇄를 명령했다. 나자로바 대법관은 메모리얼이 외국대리인법을 "반복적으로" 그리고 "심각하게" 위반했다고 말했다.[22] 이런 식으로 크렘린궁은 법체계를 이용해 정권에 비판적인 비정부기구의 활동을 제한한 다음 아예 없애 버렸다. 하지만 더 중요한 사실은 이런 탄압이 합법성이라는 얄팍한 외피를 쓰고 자행되면서 대중의 저항을 쉽게 피할 수 있게 되었다는 것이다.

대중적인 반발 위험이 비교적 적으면서 대규모 시위 가능성을 줄이는 데 도움이 되는 또 다른 방법은 감시다. 누가 자신을 무너뜨리려고 하는지, 그들이 어떤 생각을 하고 누구를 만나고 무엇을 계획하는지를 정권이 정확히 안다면, 전복을 꾀하는 자들이 심각한 반대를 제기하기 전에 게임에서 몰아낼 수 있다.

냉전 시기에는 감시 작업을 수행하기가 아주 어려웠다. 요원들이 감시 대상자의 집 밖에서 잠복하고 미행하고 전화를 도청하고 편지를 열어 봐야 했지만, 그렇게 한다고 그가 만나는 사람을 모두 파악할 수 있는 것도 아니었다. 그래서 바르샤바조약기구(Warsaw Pact, 미국 중심의 북대서양조약기구에 대항하기 위해 소련이 동유럽 위성국들과 함께 1955년 창설한 공동방위기구로 1991년 해체되었다) 국가들은 방대한 비밀 기관을 운영했다. 소련에는 대략 시민 600명당 정규직 비밀경찰 한 명이 있었다. 동독의 악명높은 비밀경찰 슈타지(Stasi)는 대략적으로 시민 180명당 경찰 한 명이 있었던 것으로 추정된다.[23] 기록 대부분에 따르면, 슈타지는 역사상 가장 규모가 큰 감시 조직이었다. 그 이후로는 사람들에 대한 정보를 얻는 일이 점점 더 쉬워졌다. 기술이 권위주의적 통치를 가능하게 만드는 방식에 대해 나와 이야기를 나눴던 한 인권 연구원은 누가 누구와 대화를 나누는지 알아내는 것은 공개된 소셜미디어의 데이터를 스크랩하는 일만큼 쉽다고 말했다. 한때 요원들 수십 명이 했던 작업을 이제는 엔지니어 한 명이 할 수 있으며, 그 엔지니어는 한꺼번에 수십 명을 대상으로 같은 작업을 할 수도 있다.

이상하게 들릴지도 모르지만, 거리로 나온 사람들의 수를 줄이려면 사람들보다는 거리에 초점을 맞추는 게 더 나을 수도 있다. 권위주의 정권을 뒤흔들었던 거대한 시위를 생각해 보자. 그 시위의 공통점은 무엇인가? 카이로의 타흐리르광장(Tahrir Square), 이스탄불의 탁심광장(Taksim Square), 키이우의 독립광장처럼 정권에 대항하는 사람들에게는 함께 모일 장소가 필요하다. 민주주의국가에서도 사람들은 자신의 힘을 보여 주기 위해 상징적인 장소에 모이는 경향이 있다. 대표적으로 브란덴부르크문 앞에 있는 파리저플라츠(Pariser Platz), 시티오브웨스트민스터(City of Westminster)의 트래펄가광장, 파리의 샹젤리제와 개선문이 있다.

버마와 비교해 보자. 저널리스트 매트 포드(Matt Ford)가 지적했듯이, 버마의 군사정부는 2007년에 시위로 흔들렸지만 수도에서는 시위가 벌어지지 않았다.[24]

이유가 무엇일까? 적어도 부분적으로는 장군들이 수도를 자연적으로 발전한 해안 도시 양곤(Yangon)에서 '지도상의 절대권력(dictatorship by cartography)'이라고 묘사되는 계획도시 네피도(Naypyidaw)로 이전했기 때문이다.[25] 네피도에서는 몇 가지 이유로 시위를 벌이기 어렵다. 우선 네피도에는 정부와 관련 없는 사람은 거의 살지 않는다. 네피도에 잠재적 반체제인사들이 더 많다고 하더라도 그들이 어디에서 시위를 벌일 수 있었을지는 확실하지 않다. 포드가 《애틀랜틱(The Atlantic)》에 썼듯이, "넓은 대로가 공직자들이 사는 특별 지정 지역의 경계를 이루고 있으며, 다루기 힘든 주민이든 아니든 누구도 모일 만한 광장이나 중심지 역시 없다. 심지어 대통령궁 주변은 해자로 둘러싸여 있다".[26]

네피도는 시위대에는 불리하지만 장군들의 보안군에는 성가신 주민들의 방해를 받지 않고 마음껏 돌아다닐 수 있는 구조다. 2021년 버마에서 쿠데타가 일어났을 때, 우연히 군 호송 차량 앞에서 춤을 추던 한 피트니스 강사의 영상이 입소문을 타면서 화제가 되었던 적이 있다. 그곳이 바로 네피도였다.

정권에 대한 반대운동 중 일부는 지도자가 없어도 유지된다. 또한 일부 반대운동은 지도자를 뛰어넘어 진화하면서 점점 더 강력해진다. 하지만 독재자가 국민들이 함께 뭉치고 조직화하는 것을 어렵게 만드는 독재정권에서는 두 가지 모두 달성하기 어렵다. 이런 환경에서 반대 세력에는 저명한 개인이 진정한 변화를 가져올 최선의 희망이 되기도 한다. 하지만 그런 개인은 독재자가 악용할 수 있는 약점이 되기도 하는데, 그 한 사람만 제거하면 전체 판을 뒤집을 수 있기 때문이다.

이런 표적 탄압은 협박이나 괴롭힘, 구금, 투옥, 강제 추방,

심지어 신체적 공격에 이르기까지 여러 형태를 띠며, 그중 가장 극단적인 형태는 살인이다. 잘 알려진 활동가를 표적으로 삼으면 독재자가 감당해야 할 대가도 커지기 때문에 정권에 위협이 되지만 최악의 상황에서 자신을 보호해 줄 대중적 인지도가 높지 않은 반체제인사나 야당 인사는 특히 더 위험해진다.

독재자의 관점에서 볼 때, 표적 탄압으로 얻을 수 있는 이점은 두 가지다. 첫째, 반발 위험은 있지만, 대부분은 더 많은 사람들을 표적으로 삼을 때 생기는 반발보다 그 위험이 적다. 둘째, 표적 탄압은 대중들을 저지할 수 있는 대표적인 인물을 본보기로 만드는 직접적인 방법으로, 한 사람을 목표로 삼아서 다수를 침묵하게 만들 수 있다.

이런 식의 표적 탄압은 언제나 있었지만, 지난 20년 사이에 많이 바뀌었다. 과거에는 해외로 도피하면 (완벽하지는 않더라도) 상당한 보호를 받을 수 있었다. 머나먼 해외에서 반대 세력을 찾아내서 살해할 수 있지만, 비용이 많이 들고 실행에 옮기기도 힘들었다.

21세기에 독재자는 해외에 있는 정적을 비교적 쉽게 추적할 수 있다. 국경을 뛰어넘어서 자신의 적을 찾아내 탄압하는 행위는 더 이상 예외적인 사건이 아닌 일반적인 일이 되었다. 2018년에 이스탄불에서 발생한 사우디 반체제인사 자말 카슈끄지(Jamal Khashoggi) 암살 사건은 빙산의 일각에 불과하다. 친구나 멀리 떨어진 지역을 방문하기 위한 장거리 여행도 쉬워졌지만, 독재자의 암살단이 반체제인사를 추적하여 살해하는 것은 더 쉬워졌다.

독재자가 해외에 있는 반체제인사를 추적하는 데 암살단을 보낼 필요조차 없는 경우도 많다. 동료 권위주의적 지도자가 그 일을 대신 해 주기 때문이다. 이에 관한 최근 연구에 따르면, "해외에서 자신의 적을 탄압하는 행위는 대부분 망명국 당국자를 포섭하거나 그들의 협조를 받아 이루어진다".[27] 때로는 한 정권이 국경 내에서 다른 국가의 반체제인사를 처리하는 대가로 그 정권에도 같은 일을 요구하는 식으로 명시적인 거래의 형태를 띠기도 한다.[28] 또 다른 경우에는 독재자가 요청할 필요조차 없을 때도 있다.

하지만 이 모든 탄압에도 불구하고, 사람들이 여전히 저항한다고 가정해 보자. 구타도 저격수도 해결책이 아니라면, 다른 어떤 방법이 있을까? 몰락을 피하기 위해 독재자는 정확히 무엇을 할 수 있을까? 대답은 암울하다. 독재자는 끝을 봐야 한다. 총기 사용을 포함해 가혹한 탄압을 시작했다면, 끝까지 갈 준비를 해야 한다. 그렇지 않으면 의도한 바를 달성하지 못한 채 시위는 더 확대되고, 상황은 점점 더 악화되는 악순환에 빠질 위험이 있다.

안타깝게도 일부 독재자들은 '끝장을 보는' 방법을 택하는 데 주저함이 없다. 무력을 사용할 때 반발을 피하는 가장 효과적인 방법은 동원 효과에 비해 참여 장벽이 비약적으로 높아질 정도로 잔혹해지는 것이다. 간단하게 말해서 자신이 죽을지도 모른다고 생각될 만큼 탄압이 거세지면 사람들은 시위에 참여하지 않는다. 죽음의 위험이 커질수록 대중 시위에 참여해서 얻을 수 있는 이익은 흔적도 없이 사라진다.

여러 독재정권이 이미 이런 전략을 추구했다. 1989년 6월 3일, 지아라는 중국 여성은 베이징 중심부의 장안가(長安街)에서 불타는 버스를 내려다보고 있었다.[29] 대학살의 현장을 더 자세히 보려고 가로등 기둥 받침대에 올라선 지아의 심장이 빠르게 뛰었다. 어떤 지도자도 조직하거나 명령하지 않았으나, 중국 수도의 주민들은 인민해방군의 진격을 막기 위해 거리에서 찾을 수 있는 건 무엇이든 가져왔다. 그날 저녁, 지아는 몇몇 남성들이 우유 수레를 끌고 거리로 나오는 것을 보았다. 그들은 병을 깨뜨려서 다가오는 군용 차량의 타이어를 펑크 낼 수 있다고 생각했다.

하지만 중국군의 압도적인 힘 앞에서 그들에게 승산은 없었다. 군인들은 전진하면서 평화로운 시위대에게 무차별적으로 발포했다. 지아는 가로등 기둥에서 뛰어 내려와 도망쳤다. 얼마 지나지 않아 한 남성이 지아에게 군대를 피해 수십 명이 숨어 있는 골목으로 들어오라고 손짓했다. 지아는 그곳에 숨어서 탱크 여러 대가 줄을 지어 우르릉거리며 지나가는 것을 지켜보았다. 그 순간 지아는 학생들에게 무슨 일이 생길지 궁금해졌다. "군인들이 우리에게 그랬던 것처럼 학생들도 쏠까?"[30]

그랬다. 군대는 사방에서 도시로 쏟아져 들어왔다. 장갑차가 바리케이드를 부수었고, 극도로 잔혹한 폭력이 몇 시간 동안 계속됐다. 학생들과 다른 시위대, 무고한 행인들이 구타당하고 총에 맞았다. 일부는 심지어 59식 주 전투용 탱크에 깔려 죽기도 했다.[31]

당시 스물여덟 살이던 루징화는 탱크가 밀고 들어오던 순간 광장에 있었다. "총알이 씽 하고 날아가더니 사람들이 총에 맞는 소리가 들렸습니다. 한 사람이 내 옆으로 쓰러졌고, 그다음 또 다른 사람이 쓰러졌습니다. 나는 그곳에서 벗어나려고 달리고 또 달렸어요. 사람들이 구급차를 부르며 도와달라고 울부짖었습니다." 루징화가 덧붙였다. "그다음에는 또 다른 사람이 죽었을 겁니다."[32]

다음 날 아침 광경은 끔찍했다. 장안가에는 "비명이 가득했다".[33] 죽은 시위대의 시신은 친구들에 의해 옮겨졌다. 부상자 중 일부는 자전거나 인력거에 실려 갔다. 자전거나 인력거에 실린 사람들이 군중을 피해서 옆으로 지나가자, 몇몇은 울음을 터뜨렸다.

처음에 중국은 군인 23명을 포함하여 총 241명이 사망했다고 보고했다. 하지만 당시 베이징에 있던 여러 외국인 목격자에 따르면, 실제 사망자 수는 훨씬 많아서 약 2600~2700명에 이를 것이라고 했다.[34] 하지만 그것으로 끝이 아니었다. 군인들이 워낙 많은 시위대에 총을 쏴서 부상자를 치료할 혈액이 부족할 정도였다.[35]

하지만 이조차도 충분하지 않았다. 시위가 중국 전역 181개 도시로 퍼져 나갔다.[36] 중국공산당에 결정적인 순간이었다. 중국 정권은 전력을 다해 시위대를 탄압했다. 그들은 이 끔찍한 상황을 끝까지 지켜볼 생각이었을까?

전국에서 잔인한 탄압이 자행되면서, 답은 분명해졌다. 미국 정부 관계자들에 따르면, 쓰촨성 수도인 청두에서만 "최소 중상자 100명"이 광장 밖으로 실려 나갔다.[37] 한 도시에 있는 광장 하나에서 발생한 중상자들이었다. 전국 곳곳에서 시위가 진압되었으므로, 얼마나 많은 이들이 자국 정부에 의해 사망했는지는 알 수 없다.

암울한 사실은 끝장을 보기 위한 탄압이 효과가 있었다는 점이다. 정부가 계엄령을 선포한 지 약 3주 후인 6월 9일, 덩샤오핑 중앙군사위원회 주석은 베이징에서 군사령관들에게 연설했다. 이 연설에서 덩샤오핑은 "공산당 전복과 사회주의 체제 붕괴"를 목표로 한 반란을 진압한 인민해방군에 감사를 표했다.[38] 당시 수백만 명이 확실히 정권을 반대했다. 하지만 정권은 살아남았고, 지금도 계속 중국을 통치하고 있다. 무자비한 탄압이 효과를 발휘할 수도 있으나, 그러려면 잔혹한 행위를 동원해 여지를 주지 않고 밀어붙여야 한다.

시위가 진압된 후, 정권은 자신에 도전할 생각을 품을지도 모르는 사람들에게 더욱 냉혹한 메시지를 보냈다. 반면 무고한 민간인을 쏜 군인들은 표창을 받고 승진했다. 두 명은 연이어

국방부 장관이 되었고, 한 명은 이후에 중국공산당에서 막강한 권력을 자랑하는 정치국 상무위원회에 들어갔다. 중국 정부의 이런 신호를 잘못 이해할 여지는 없었다. 우리에게 도전하면 죽여 버릴 것이다. 그런 다음 우리는 치명적인 총격을 가한 사람을 찾아내서 훈장을 수여하고 영웅이라 부를 것이다. 선택은 당신 몫이다. 생존에 대한 실존적인 위협을 감지한 중국 정권은 수십 년 후 우크라이나 정부처럼 반쪽짜리 조치에 그치지 않았다. 경찰이 아니라 군인이 필요했다. 심지어 총으로도 충분하지 않았으며, 탱크가 있어야 했다.

하지만 대중의 불만에 직면했을 때 압도적인 무력을 사용하는 충격과 공포 전략이 권력을 유지하는 최고의 방법이라면, 왜 모든 독재자가 탱크를 거리에 내보내지 않는 것일까? 간단하게 답하면, 그럴 수 없기 때문이다.

자세한 답은 훨씬 가까운 데서 찾을 수 있다. 2023년에 나는 64세가 된 지그베르트 셰프케를 만나러 라이프치히로 향했다. 내가 도착하자 셰프케는 누구나 아침에 일어난 순간부터 저녁에 잠자리에 드는 순간까지 모든 일을 세세하게 기억하는 날이 일생에서 5~6일은 있다고 말했다. 셰프케에게는 1989년 10월 9일이 바로 그런 날이었다.

셰프케는 반체제인사가 된 지 오래였고, 동독 정권은 갖은 방법을 동원해 그를 탄압했다. 무시무시한 슈타지로부터 '사탄'이라는 암호명으로 불렸던 셰프케는 끊임없이 감시당했다. 긴

시간 심문을 받는 일도 잦았다. 정치범을 위한 철야 기도회에 참석한 다음 날, 셰프케는 다니던 국영기업에서 해고되었다는 통보를 받았다. 하지만 해고 통보는 그를 주저앉히기는커녕 급진화하게 만들었고, 셰프케는 전업 혁명가가 되었다.[39]

1949년부터 동독을 통치했던 사회주의통일당(Socialist Unity Party)은 1989년 가을 무렵에 이미 몇 달 동안 대중적 불만으로 골머리를 앓고 있었다. 그때 라이프치히에서 대규모 시위가 계획되었고 당국은 경계 태세에 돌입했다. 결전의 날을 앞두고 정권은 필사적으로 시민들의 참여를 막으려 했다. 무엇보다 정권은 국민이 명령을 무시하면 톈안먼 사태가 재현될 수 있다고 위협했다. 시위가 계획된 날, 셰프케는 베를린에서 눈을 떴다. 셰프케가 당장 해결해야 할 문제는 자신의 일거수일투족을 감시하는 슈타지 요원들이었다. 셰프케는 간신히 눈에 띄지 않고 건물 옥상으로 올라간 후 트램을 탄 다음 빌린 차로 갈아타는 데 성공했다. 라이프치히에 도착한 셰프케와 친구 아람(Aram)은 시위를 촬영할 장소를 물색했다. 도시 전체에 보안군이 깔려 있어서 쉬운 일이 아니었다.

절실했던 셰프케와 아람은 결국 그 지역 목사에게 교회 종탑에 촬영 장비를 설치해도 되는지 물었다. 10초 정도 침묵이 흘렀다. 목사는 마침내 "물론이죠, 그렇게 하세요"라고 답했다.[40] 두 사람은 안도의 한숨을 쉬면서 종탑으로 올라갔다. 종탑 바닥은 온통 새들의 배설물로 뒤덮여 있었지만, 전망은 완벽했다.

동독이 붕괴하면서 수많은 문서가 '유실되는' 바람에 그날 라이프치히에 정권의 보안군이 얼마나 있었는지는 알 수 없지만, 역사학자 메리 엘리스 서로티(Mary Elise Sarotte)가 찾아낸 자료를 통해 라이프치히 시민들이 두려워해야 했던 군대의 무시무시한 모습을 볼 수 있다. "군인 1500명이 있었던 것으로 보인다. 정확한 수를 파악하기 어렵지만 슈타지 요원과 직원이 투입되었고, 경찰 3000명 이상이 근무 중이었을 것이다."[41]

도심 북쪽에는 병력 수송용 장갑차 10대가 시동을 건 채 대기하고 있었다.[42] 모든 장갑차에는 3킬로미터 떨어진 비행기를 격추할 수 있을 정도로 강력한 실탄이 장착되어 있었다. 정권은 준비되어 있었다.

독일인 수만 명이 사회주의통일당에 반대하며 평화롭게 행진을 시작했을 때, 정권은 결정을 내렸다. 발포를 명령했을까?

마지막 결전을 앞둔 아침에 지역당 고위 간부 세 명이 유명한 지휘자, 신학 교수, 카바레 예술가와 힘을 합쳐서 양측에 비폭력을 호소했다. 호소문은 행진을 앞두고 교회에 모여 있던 시위대뿐만 아니라, 보안군에게도, 그리고 지역 라디오에서도 낭독되었다. 호소문에는 "평화로운 대화가 가능하도록 신중하게 처신할 것을 촉구합니다"라고 쓰여 있었다.[43] 이들의 개입은 정권이 분열되었다는 신호라는 점에서 아주 중요했다. 지배 엘리트 내부에서 반대 세력을 폭력으로 진압하자는 요구가 통일되어 있지 않았다.

마찬가지로 보안군 내에서도 파열의 징후가 나타났다. 당 소속 지역 의용군의 사기가 너무 떨어져서 예비군 중 상당수가 나타나지 않았다.[44] 소집에 응한 이들 중에서도 다수가 명령에 의문을 가졌다. 베를린은 이미 시위대의 전진을 허용하지 않겠다고 밝힌 상태였다. 하지만 군중 속에 여성과 아이가 있으면 어떻게 할 것인가? 무고한 사람들이 총에 맞고 쓰러져 거리에 피가 흐른다면, 누가 책임질 것인가? 시위대가 하루 종일 보안군과 이야기를 나누면서 군인과 경찰 들은 자신들이 죽이려고 했던 대상들에 공감하게 되었다.[45]

이런 역학 관계를 보면 독재자가 민간인을 탄압할 때는 보통 외부에서 군대를 들여와 '성공' 가능성을 극대화하려는 이유를 알 수 있다. 아무리 정권의 충실한 지지자라도 이웃이나 친구, 가족을 죽여야 하는 상황을 예상하지는 못하기 때문이다. 탄압하는 이들이 탄압받는 희생자와 정서적으로 친밀할수록 상황은 점점 더 불확실해진다. 그렇다면 군인들에게도 같은 일이 일어나지 않으리라고 어떻게 확신할 수 있을까? 군인들은 수만 명을 마주하고 있어서 정확히 누가 자신의 총구 앞에 서 있을지 알 수 없었다.

심지어 중국의 인민해방군조차 톈안먼광장에서 시위를 진압할 때 불복종 문제와 씨름했기에, 정권 기획자들은 이 문제에 대해 잘 알고 있었다. 따라서 그 도시 주민들과 가장 접촉이 많았던 현지 부대는 작전 수행에 문제를 일으킬 수 있는 최전선보다는 의도적으로 최후의 방어선에 배치되었다.[46]

이런 상황에서 정권의 주요 관심사 중 하나는 비무장 시위대에 발포를 명령했을 때 실제로 명령이 수행될 것인가였다. 독재자는 잔혹한 진압을 명령하고 싶겠지만, 누군가는 총을 쏴야 한다. 총을 든 이들이 총구 앞에 서 있는 이들에게 공감한다면, 상황은 걷잡을 수 없이 나빠지고 통제를 벗어나 파국으로 치달을 것이다. 실제로 이렇게 되면 대중의 저항이 성공할 수 있다. 정권의 취약함이 드러날 수도 있고, 스스로 자행한 탄압의 무게에 스스로 무너질 위험도 있다.

상황은 초읽기에 들어가고 있었다. 시위대는 라이프치히 중앙역 근처의 급커브길인 이스턴노트로 다가오고 있었고, 보안군이 그처럼 많은 인파를 상대하면서 승기를 잡으려면 발포해야 하는 상황이었다. 서로티는 자신의 책 『붕괴(The Collapse)』에서 이후에 일어난 일을 자세히 설명한다. 치명적인 물리력을 대규모로 사용하지 않고서는 행진을 막을 수 없다는 사실이 분명해지자, 지역당 리더로서 시위 진압의 실행 책임자였던 헬무트 하켄베르크(Helmut Hackenberg)는 베를린으로 전화를 걸어 에곤 크렌츠(Egon Krenz)에게 어떻게 해야 할지를 물었다. 에곤 크렌츠는 정치국의 저명한 위원이었다. 무엇보다 크렌츠는 집권 사회주의통일당 지도자인 에리히 호네커(Erich Honecker)를 대체할 유력한 주자로 여겨지고 있었다.

하켄베르크가 간신히 크렌츠와 전화 통화에 성공하여 시위대가 너무 많아서 개입하지 않는 것이 최선이라고 말했을 때, 크렌츠는 너무 큰 충격을 받아서 제대로 답변조차 하지 못했다. 마침내 크렌츠가 입을 열고, 다른 사람과 먼저 이야기를 해야 하니 곧 다시 전화하겠다고 말했다.[47]

그 후로 더 이상 연락이 오지 않았다. 하켄베르크가 답변을 기다리는 동안 지역 경찰서장은 대규모 시위대에 맞설 수 있도록 라이프치히 외부에서 더 많은 부대를 소집하기 시작했다.[48] 시위대가 커브길에 점점 더 가까워졌지만, 크렌츠에게 전화는 오지 않았다. 하켄베르크는 혼자서 여러 선택지를 놓고 저울질을 하고 있었다. 어떤 선택지도 좋은 방법은 아니었고, 더이상 시간도 없었다. 지금이 아니면 모든 것이 끝난다 지금 쏠 것인가 아니면 약점을 드러낼 것이가.

6시 30분쯤에 하켄베르크는 부대에 물러나서 방어 태세를 유지하라고 명령했다. 그날 밤 그곳에 있던 많은 이들에 따르면, 하켄베르크의 명령은 아슬아슬한 순간에 내려졌다. 이후에 한 젊은 경찰관은 당시 이미 시위대를 공격하라는 명령을 받은 상황이었고, 후퇴하라는 명령을 다시 받았을 때 시위대는 불과 30미터 떨어진 곳에 있었다고 증언했다.[49]

정권이 대량 학살에 합의하지 못하면서 라이프치히 시위대는 그날 승리를 거둘 수 있었다. 정권의 생존이라는 관점에서 보면, 그날 밤 발포 명령이 내려졌다면 아마도 그 끝은 정권의 파멸이었을 것이다. 하지만 발포하지 말라는 결정 역시 마찬가지로 파국을 초래했다.

지그베르트 셰프케는 종탑 높은 곳에서 영광스러운 시위의 모든 장면을 담았다. 하루 뒤에 셰프케는 거실에서 초조하게 텔레비전을 보고 있었다. 기다리고 또 기다린 끝에, 마침내 방송이 나오고 있었다. 베를린을 거쳐 밀반출된 그의 영상이 서독에서 방영되고 있었다. 서독의 방송 신호는 동독 대부분 지역에 닿을 정도로 강했기 때문에, 동독 주민 수만 명 역시 거실에서 그 영상을 볼 수 있었다.

그다음 주에 라이프치히에서는 또다시 행진이 있었고, 다른 도시에서도 시위는 빠르게 확산되었다. 호네커가 즉각적으로 쫓겨난 후 에곤 크렌츠가 지휘하는 새로운 정치국은 참담한 상황에서 벗어나려 노력했지만, 역사의 바퀴는 이미 너무 빠르게 돌아가고 있었다. 11월, 전 세계는 동독 주민들이 베를린장벽 위에 올라 공산주의 독재정권의 종식을 축하하는 모습을 지켜보았다.

특히 많이 인용되는 정치학자 스티븐 레비츠키(Steven Levitsky)와 루칸 A. 웨이(Lucan A. Way)의 논문에서 제시된 연계성과 영향력 개념에서 볼 수 있듯이, 라이프치히 시위대가 성공한 데에는 국제 사회의 역할도 있었다.[50] 북아메리카와 유럽의 자유민주주의국가들은 국제 민주주의를 촉진하는 데 관심을 두는 가장 강력한 정치적 행위자들이며, 그중에서 가장 중요한 국가는 미국이다. 미국 정부는 전 세계에서 보편적인 가치를 발전시킨다고 주장하지만, 대상 국가에 따라 미국의 관심과 능력은 큰 차이를 보인다. 중국 지도자들이 1989년에 탱크를 동원해 시위를 잔인하게 진압했을 때, 중국은 미국과 특별히 긴밀한 관계에 있지 않았고(연계성), 백악관이 베이징에 큰 영향력을 행사하지도 않았다(영향력). 따라서 중국 지도부는 시위대를 죽여도 국제적으로 별다른 응징은 없으리라고 예상했다. 아니, 어떤 응징이 있었더라도 큰 차이는 없었을 것이다. 결과적으로 중국 지도자들은 적어도 국제 사회의 반응에 있어서만큼은 '강경하게 나가도' 무사할 수 있다는 확신을 갖게 되었다.

하지만 어떤 정권은 시위대를 진압할 것인지 결정해야 하는 순간 아주 다른 상황에 직면한다. 이런 정권들은 만약 중국 정부처럼 행동할 경우 정권의 존립을 위험에 빠뜨릴 수 있는 국가들과 매우 긴밀히 연결되어 있거나 그 국가들에 크게 의존하고 있다. 대중이 분노할수록, 민주주의국가 유권자들은 자국 정부가 영향력을 미치는 독재자를 처벌하도록 압박할 가능성도 커진다. 그리고 이제 그 가능성은 더 증가했다.

하지만 분명한 사실은 대중을 상대할 때 국제적인 환경이 항상 제약으로 작용하지는 않으며, 유리하게 작용할 수도 있다는 것이다. 독재자가 자국민으로부터 자신을 보호하도록 도와줄 우호적인 외국 독재자를 찾을 수 있다면, 두 가지 문제를 한

꺼번에 해결할 수 있다. 우선 대중들에 승리할 가능성이 훨씬 더 커졌음을 알게 되었으므로 독재자의 권력을 유지하려는 지배 엘리트의 응집력이 향상된다. 다음으로 표적으로 삼는 시위대와 아무런 관계가 없는 외국군은 발포 명령을 거부할 가능성이 매우 낮다. 이 두 가지 요인을 종합하면, 상황은 상당히 달라질 수 있다.

하지만 이 모두를 안다고 해도, 독재자가 '강경하게 대응할' 수 없고 자신을 보호해 줄 외국 독재자도 없다면 어떻게 대응해야 할까? '좋은' 선택을 할 수 있는 시간은 이미 오래전에 지나갔으므로 우선 기도를 해야 한다. 그런 다음 마지막 카드를 던진다. 자신에게 중요하지 않은 것을 양보하거나 거짓으로 양보하는 척하며 반대 세력을 분열시키려고 시도할 수 있다. 만약 이 방법이 효과가 있다면 사망자는 줄어들 것이고, 그로써 국제적으로 치러야 할 대가와 독재정권이 해체될 확률도 줄일 수 있다. 이상하게 들리겠지만, 양보를 제안하는 것은 시위대가 독재자를 무너뜨리기 전에 시위대를 꺾을 수 있는 가장 좋은 방법일 때가 많다.

적이 코앞까지 다가온 상황이라면 이 작전은 다음과 같은 방식으로 진행될 수 있다. 독재자는 국민들에게 비난을 받는 정부 관계자를 해고하고 인기 없는 장관을 해임한 다음, 대대적인 개헌을 약속한다. 이런 식으로 정권은 정말 중요한 것을 포기하지 않으면서도 국민을 서로 대립하게 할 수 있다. 어떤 이들은 마지못해 정부를 믿을 것이고, 다른 이들은 시위를 계속할 것이다. 시위대가 관리할 만한 규모로 줄어들면 시위에 나선 이들은 구타와 고문을 받을 수도 있고 날아오는 실탄을 맞을 수 있다. 정부를 믿은 이들이 속았고 양보 조치가 의미 있는 변화로 이어지지 않는다는 사실이 분명해질 때쯤이면, 정권은 시위대를 진압할 만큼 충분한 힘을 회복할 수 있다.[51]

독재자가 자국민에 발포할지를 결정해야 하는 상황에 이르렀다면, 분명히 이미 여러 차례 실수를 저질렀을 가능성이 높다. 영리한 독재자는 거리로 나온 자국민을 죽일 경우 아무리 응집력이 강한 정권이라도 무너질 위험이 있다는 사실을 알고 있기 때문에 손해뿐인 결정을 내려야 하는 순간이 오기 훨씬 전에 개입한다. 그런 잔혹한 행위는 정권을 당장 무너뜨리지 않더라도, 너무나 잔악무도해서 반대 세력에 조직화의 빌미로 영원히 활용될 수 있다. 중국공산당이 그날 공산당의 명령하에 실제로 벌인 일은 물론이고 톈안먼 대학살 날짜만 언급해도 그런 반체제인사들을 그렇게 두려워하는 이유가 여기에 있다. 그날의 사건은 흔들릴 수 없는 분명한 사실이며, 영원히 당의 오점으로 남을 것이다.

대중 봉기는 거의 모든 독재자에게 계속되는 위협이다. 거리에서 봉기가 일어나면 무시할 수만은 없다. 독재자는 조치를 취해야 하지만, 총을 쏠 사람이 충분하지 않으면 총은 쓸모가 없으므로 대개는 발포 명령을 내릴 수 없다. 독재자 대부분이 이런 상황에서 총을 사용하려고 하는 바로 그 순간 권력을 잃곤 한다. 영리한 독재자는 이런 일이 발생할 위험을 줄일 수 있지만, 완전히 없앨 수는 없다. 그리고 독재자의 통치로 오래 고통받아 온 국민이 대통령 궁을 장악하는 시나리오를 피했다 한들, 위험에서 완전히 벗어난 것은 아니다. 아무리 강력한 통치자라도 대비할 수 없는 상황이 있기 마련이다. 총알을 피할 수 있는 사람은 아무도 없다.

7장
다른 선택지는 없다

HOW TYRANTS FALL

MARCEL DIRSUS

7장
다른 선택지는 없다

나를 죽이려 모의하는 사람들이 많다는 사실을 알고 있고, 그것은 이해하기 어려운 일은 아니다. 결국 우리도 전임자를 음모로 몰아내고 권력을 잡지 않았나?[1]

사담 후세인

암살은 오래전부터 존재했다. '암살'이라는 단어는 십자군이 11세기에 현대 이란의 산악지역에서 활동하던 니자리파(Nizaris, 이슬람 분파 중 하나)에 관한 이야기를 고국으로 들여오면서 영어에 등장했다. 현지의 적과 전투를 벌일 만한 군사력이 부족했던 니자리파는 적을 사냥하여 살해했다. 실제든 상상이든 전해지는 이야기에 따르면, 니자리파는 출정 전에 해시시(인도의 대마초를 이용해 만든 환각제)를 흡입했고, 시간이 지나면서 하시시(ḥashī shī, 해시시를 흡입하는 사람)가 '어쌔신(assassin, 암살자)'으로 변형되었다.[2]

독재자를 죽이는 '독재자 살해(tyrannicide)'를 둘러싼 논쟁은 그 관행만큼이나 오래되었다. 적에게 해를 입히겠다는 의도를 인정하는 공개적인 싸움은 명예롭다고 여겨질 수 있다. 하지만 누군가를 암살하는 행위는 그 대상이 잔혹한 지도자일지라도 많은 이들을 오싹하게 만든다. 아마도 정면으로 맞서 싸우는 행위는 용감해 보이지만, 숨어서 누군가를 공격하고 죽이는 일은 비겁하거나 심지어 배신 행위로 보이기 때문일 것이다.

시대가 변하면서 독재자 살해에 대한 견해도 바뀌었다. 고대 그리스 일부 지역에서는 독재자 살해를 기념했다. 기원전 514년, 하르모디우스와 아리스토게이톤이 축제에서 그 지역 독재자 히피아스를 살해하려 했고, 아테네인들은 그들을 기리며 동상을 세웠다. 살해 시도에서 실패한 후 처형된 하르모디우스와 아리스토기톤은 자신들을 기린 노래를 즐길 수 없었지만, 남겨진 후손들은 특권을 누렸다. 그들의 가족은 음식을 공짜로 받고 세금도 면제되었다. 심지어 극장에서 맨 앞줄에 앉을 수도 있었다. 그들의 이름이 더럽혀지지 않도록 노예는 그들의 이름을 따서 이름을 지을 수 없었다.[3] 하르모디우스와 아리스토게이톤은 공동체 전체의 이익을 위해 잔인한 지도자를 죽이려 했고, 그것만으로도 그들은 영웅이었다.

고대 그리스에서 독재자 살해를 정당화했던 방식에는 여러 가지가 있었다. 모든 시민이 법에 따라 동등한 지위를 가졌다고 여겨지는 상황에서 독재자는 시민들 간의 유대를 파괴할 것이므로 독재자 살해는 대체로 용인되었다.[4] 그리스 철학자 아리스토텔레스는 독재자 살해를 정당성을 인정할 수 있을 뿐만 아니라 살인을 행한 자에게 커다란 명예를 부여할 수 있는 행위라고 주장했다.[5] 플라톤은 독재정을 "영혼이 그릇된 상태"로 간주했다. 그리스인들의 관점은 로마인들의 사고방식으로 이어졌다.[6]

중세 시대에 왕과 왕비는 신성한 권리를 부여받은 이들로 간주되었기 때문에 독재자 살해를 정당화하기란 훨씬 더 어려워졌다. 왕과 왕비가 세상을 통치하는 이유는 신민들이 지지하기 때문이 아니라 신이 그들을 선택했기 때문이었다. 이것이 사실이라고 생각한다면, 신과 나란히 있는 군주를 죽이는 행동이 어떻게 정당화될 수 있겠는가?

이는 쉬운 논쟁이 아니었지만, 시도한 사람들이 있었다. 한 가지 해결책은 왕이 신과 충돌했다면 신이 선택한 왕을 죽이는 행위가 정당화될 수 있다고 주장하는 것이었다. 예를 들어, 기독교 사상가 아우구스티누스는 일반적으로 독재자 살해를 정당화하는 이전 논의에 이의를 제기했지만, 독재자가 신에 대한 숭배를 위반한 경우는 예외로 두었다.[7] 이 경우 신이 선택한 왕은 더 이상 신과 나란한 위치에 있지 않으며, 따라서 그의 죽음을 정당화하기 쉬워진다.

12세기에 샤르트르(Chartres)의 주교였던 솔즈베리의 존(John of Salisbury)은 왕과 독재자를 조심스럽게 구별했다. 존의 관점에서 왕은 국민의 안녕을 위해 일한다. 반면에 독재자는 신민을 사적인 욕망을 위한 노예로 만든다.[8] 군주는 신에 의해 임명되지만, 신민 역시 "신에 대한 책임으로서 정치체의 안녕을 위해 행동"해야 한다고 보았다.[9] 또한 "악은 언제나 주님에 의해 심판받지만, 때로는 주님 자신의 칼로, 때로는 인간의 칼을 빌어 불경한 자를 벌하신다"라고 말했다.[10] 그러므로 신의 칼이 되어 독재자를 죽였다면, 그것은 죄가 아니라 신의 인도[11]에 따른 것이자 의무[12]라는 것이 존의 생각이었다. 이런 신학적 논쟁은 이제 세계 많은 부분에서 의미가 축소되었으나, 이런 사상가들이 답하고자 했던 질문은 여전히 남아 있다. 독재자를 죽이는 행위는 정당화될 수 있는가? 심지어 바람직한가?

　여러 가지 요소가 독재자 살해 문제를 복잡하게 만든다. 첫째, '독재자'는 두 가지를 의미한다. 하나는 가장 일반적인 의미로, 공동체의 집합적 이익이 아니라 개인적 이득을 위해 권력을 사용하는 지도자다. 다른 하나는 더 널리 통용되는 의미로, 잔인하게 통치하기 때문이 아니라 권력을 가질 권리가 없음에도 권력을 차지하는 이들이 있다. 이를 '찬탈자 독재자(usurper-tyrant)'라고 한다.[13] 이런 구분이 순전히 학술적인 것은 아닌데, 정의에 따라 독재자 살해가 완전히 다른 의미가 될 수 있기 때문이다. 오늘날 독재자 살해는 잔인한 지도자를 죽인다는 의미로 사용되고 있지만, 과거에 그랬던 것처럼 잔인한 지도자가 권력을 휘둘러 잠재적 찬탈자, 즉 잠재적 독재자로 보이는 도전자를 살해하는 행위를 의미할 수도 있다.

잔인한 지도자를 암살하는 것이 도덕적으로 허용된다면, 또 다른 몇 가지 어려운 문제가 제기된다. 독재자이기 때문에 독재자를 죽이는 이들과 사적인 이익을 위해 독재자를 죽이는 이들을 어떻게 구분할 수 있을까? 사적 이익을 위해 독재자를 죽이는 것이 아니라면, 독재자 살해와 테러리즘은 어떻게 구분할 수 있을까? 테러리스트가 폭력을 사용하는 이유는 폭력을 통해 목적을 달성할 수 있을 뿐만 아니라 직접적 관련이 없는 이들에게도 공포심을 심어 줄 수 있기 때문이다. 독재자 살해도 마찬가지일까? 상황에 따라 다르다. 독재자 살해는 다른 이들에게 비슷한 행동이 용납되지 않는다는 신호를 보내는 일일 수 있다. 반면 순전히 국가 헌법 질서를 다시 세우기 위해 독재자 한 명을 제거하는 일일 수도 있다.

역사적으로 암살은 드물지 않았다. 한 연구에 따르면, 1875년 이래로 국가 지도자에 대한 암살 시도는 298건 있었다. 그중에서 성공한 것은 5분의 1 미만이다.[14] 독재자를 대상으로 한 경우만 살펴본 또 다른 연구에 따르면, 1946년에서 2010년 사이에 독재자 33명이 암살당했고 다른 암살 시도 103건은 실패했다.[15]

독재자에게 수수께끼는 국민 대부분이 그를 경멸한다면,

어떻게 살해당하는 걸 피할 수 있을까 하는 것이다.

21세기에 흔하게 발생하는 두 가지 암살 유형은 복잡하고 고도로 조직된 공격과 외로운 늑대의 단독 공격이다.

2021년 7월 7일, 아이티(Haiti) 대통령과 그의 아내, 아이들은 포르토프랭스(Port-au-Prince) 교외의 나지막한 언덕에 위치한 개인 저택에서 잠을 자고 있었다.[16] 하지만 한순간 총성이 울리며 평온함은 곧 공황 상태로 바뀌었다. 대통령과 그 가족을 공격한 이들은 길거리에서 우연히 마주친 강도가 아니라 대통령 가족을 노린 무장 괴한이었다. 저택 외부에서 대통령을 경호하고 있어야 할 경호원 수십 명은 보이지 않았다. 그런데 당시 경호원은 어디에 있었으며, 왜 자신들이 할 일을 하지 않았을까? 생존에 위협을 느낀 영부인은 아이들에게 달려가 숨으라고 말했다. 조브넬 모이즈(Jovenel Moïse) 대통령은 절박한 심정으로 누구든 와서 도와줄 사람을 찾으려 했다. 결국 대통령은 아내에게 바닥에 누워 있으라며 이렇게 말했다. "거기가 안전할 거야."[17] 영부인이 마지막으로 들은 남편의 말이었다. 잠시 후 암살단은 총알 12발을 쏴서 모이즈 대통령을 처형했다.[18]

법원의 문서에 따르면, 전체 작전은 이중 속임수를 바탕으로 이뤄졌다.* 모이즈 대통령을 살해한 콜롬비아 용병들은 처

---

* 이 사건은 아직 조사 중이며, 계속해서 새로운 정보가 나오고 있다. 따라서 확실하지 않은 부분이 있을 수 있다.

음에 그를 살해하기 위해서가 아니라 경호하기 위해 아이티에 가는 것으로 알고 있었다. 그러다 작전 전날 필요한 무기와 장비를 지급받으면서 모이즈 대통령을 살해하기 위한 'CIA 작전'에 투입된다는 말을 들었다.[19] 대통령 저택에 도착해 경호원과 대치하게 된 용병들은 미국 정부의 또 다른 기관인 마약단속국(Drug Enforcement Agency, DEA) 소속인 척하며 "DEA 작전이다. 모두 엎드려!"라고 소리쳤다.[20] 경호원 중 사망자가 한 명도 없는 것으로 보아 경호원 다수가 그 명령을 따랐던 것으로 보인다.

제대로 작동하는 정보기관을 둔 영리한 지도자는 자신의 생명을 위협하는 복잡한 공격을 예방할 수 있다. 대통령에 대한 공격은 너무 많은 이들이 관련되어 있기 때문에 현실적으로 작전이 실행되기 전에 정보기관이 공격 시도를 알아낼 가능성이 있다. 무기를 가로챌 수도 있고, 대통령 관저를 요새화할 수도 있다. 실제로 시간이 지나면서 각 국가는 암살에 대한 대처 능력이 향상되어 암살 가능성은 전반적으로 하락했다. 1910년대에 매년 지도자들이 암살당할 확률은 100분의 1 정도였다. 현재 이 수치는 0.3퍼센트 미만으로 떨어졌다.[21]

낮은 수치이기는 하지만, 무시할 수는 없다. 그 이유는 복잡한 작전이나 여러 인원이 필요하지 않은 단순한 암살 시도를 막기가 극도로 어려워졌기 때문인데, 특히 그 시도가 정권 내부에서 비롯되지 않을 때는 더욱 그렇다. 많은 국가에서는 비교적 쉽게 무기를 구입할 수 있다. 따라서 열정만 있다면 적절한 시간에 적절한 장소에 있는 것만으로도 암살을 시도할 수 있다. 이런 공격은 상당한 정치권력을 손에 쥔 통치자라 해도 막기가 매우 어렵다.

독재자가 암살당할 확률은 그의 리더십을 위협하는 다른 요인으로부터 얼마나 성공적으로 보호받고 있는지와 관련있다. 독특한 점은 독재자가 다른 위협에 더 잘 대처할수록 암살이 매력적인 선택지가 된다는 사실이다. 이는 정권에 소속된 사람들 역시 마찬가지다. 암살이 매력적인 또 다른 이유는 쿠데타나 반란과 다르게 대규모로 조직을 움직일 필요가 없기 때문이다. 독재자가 모든 권력을 손아귀에 쥐고 있어서 통치에 대한 다른 위협 가능성이 줄어들수록 경쟁자는 암살을 유일한 선택지로 받아들일 수밖에 없다.

엘리트들이 독재자와 견줘서 상대적으로 권력이 강하다면, 이들은 체제 내에서 자신들의 권력을 유지하는 상태에서 지도자를 바꾸려고 할 수 있다. 독재자가 더 강력해지면 엘리트들에게는 체제를 그대로 유지한 채로 지도자를 교체할 기회가 더 이상 없을 수도 있다.[22] 대신 엘리트들은 전체 체제를 해체하려고 노력해야 한다. 어느 순간 독재자가 더 많은 권력을 손에 쥐면 그조차도 불가능해질 수 있다. 그렇게 되면 암살이 유일한 해결책이 될 것이다.[23]

대통령 궁에서 볼 때 문제는 암살에는 단 한 명만 있으면 된다는 점이다. 그리고 안타깝게도, 적절한 때에 적절한 장소에 있을 사람은 많다. 잠재적 암살자 후보는 총이나 칼을 들고 다닐 수 있는 사람 수만큼이나 많다. 그래서 암살은 모든 독재자 주위에 만연한 위협이 된다.

안타까운 상황이다. 하지만 독재자에게는 몇 가지 선택지가 있다.

민주화(또는 다른 위협으로부터 독재자에 대한 보호를 약화하는 것)는 대부분 독재자에게 매력적이지 않기 때문에 다른 해결책을 찾아야 한다. 독재자가 선택하는 좀 더 흔한 전략 중 하나는 경호원을 이용하여 자신을 보호하는 것이다. 여기서 경호원은 민주주의 체제의 경호원과 거의 같은 기능을 수행한다. 암살자가 숨어 있는지 확인하기 위해 장소를 정찰하고, 공격이 발생했을 때 대피할 경로를 알아내고, 필요하다면 대통령을 위해 총알을 맞는다. 하지만 독재자의 경우에는 평범한 대통령이 아닌 종신 대통령이므로, 경호원들에게는 몇 가지 추가적인 자질이 필요하다.

흔히 사용되는 방법은 일반 대중의 공격은 물론이고 정권 내부에서 비롯되는 공격에서도 독재자를 보호할 수 있는 엘리트 전사 부대를 소집하는 것이다. 이런 접근 방식에서 문제는 엘리트 전사들이 지도자에 맞서서 쿠데타를 지원하는 등 스스로 쉽게 정치적 행위자가 될 수 있다는 점이다. 고대 로마에서는 통치자를 보호해야 하는 근위대가 통치자를 전복하는 데 도움을 주는 경우가 많았으며, 가장 악명높은 사례는 아마도 서기 41년에 축제 도중 친위대에 암살당한 칼리굴라 황제일 것이다.

결국 근위대는 칼리굴라의 후계자 중 한 명에 의해 해체되었다. 이처럼 개별 경호원이 배신자가 될 가능성은 현대 통치자에게도 끊임없는 위협이다. 그래서 일부 지도자는 외국인 경호원을 채용하여 그들에게 의지할 수밖에 없다. 그런 경호원은 외국인인 탓에 국내 정치에 관한 관심이 높지 않거나 정부를 운영하는 데 필요한 정당성을 갖추지 못해서 쿠데타에 연루될 위험이 낮다고 여겨진다.

오늘날 외국인 경호원 '서비스'에 대한 수요 덕분에 러시아 정부는 특히 아프리카 독재자들을 위한 보험 판매원 역할을 하고 있다. 중앙아프리카공화국에서는 독재자가 암살로부터 스스로를 보호하기 위해 자신과 밀접한 관계에 있는 러시아 준군사조직 바그너(Wagner)를 이용한다. 러시아 준군사조직은 2020년 선거운동 기간 동안 포스탱아르캉주 투아데라(Faustin-Archange Touadéra) 중앙아프리카공화국 대통령을 경호했다. 내부에서 비롯되는 위협으로부터 통치자를 보호하는 대가로 용병은 해당 국가에서 광산채굴권과 수익성 높은 사업 기회를 얻는다. 결과적으로 러시아 정부는 아프리카에서 돈을 버는 것뿐만 아니라 유엔에서 러시아의 이익에 따라 투표해줄 아프리카 국가를 확보하는 등 정치적 목적을 달성하기 위한 발판을 마련한 셈이다. 준군사조직이 세 가지 기능을 수행할 수 있다는 측면에서 중앙아프리카공화국 투아데라 대통령을 비롯하여 그와 비슷한 지도자들에게 이런 거래는 아주 매력적이다. 우선 그들은 쿠데타의 위험 없이 대통령을 보호하며, 더 나아가 대통령에게 맞서려고 모의를 꾸밀지도 모를 다른 이들에게 적극적인 억지력으로 작용한다. 마지막으로 반군과 같은 국내 다른 적을 상대할 때도 활용할 수 있다. 이 '경호원들'은 독재정권이 자신의 군대에 쿠데타 방지책을 적용했을 때 잃게 되는 효율성을 최소한 어느 정도는 갖췄다는 점에서 특히 매력적이다. 투아데라 대통령의 특별 보좌관에게 블라디미르 푸틴 정부에 맞선 바그너의 반란을 어떻게 생각하는지 물었을 때, 그는 다음과 같이 답했다. "러시아는 우리에게 바그너를 보냈고 나머지는 우리가 상관할 바가 아닙니다. …… 더 이상 바그너가 아니라 베토벤이나 모차르트를 보내도 상관없습니다. 우리는 그들을 받아들일 것입니다."[24]

하지만 정권이 바그너(또는 다른 '작곡가')를 아무리 좋아하더라도 대가를 지불해야 한다. 투아데라 대통령은 광산에서 나오는 수익뿐만 아니라 자율성도 잃고 있다. 외국인 전사들이 정권의 안보 기구에 더 깊이 자리 잡으면서 그 나라의 경제와 정치에 미치는 영향력도 커지기 때문이다. 중앙아프리카공화국에서 바그너의 지배력이 지나치게 커지면서 일부 분석가들은 이를 두고 '국가 포획(state capture)'이라고 부르기 시작했다.²⁵ 이 전사들이 궁극적으로 충성하는 대상은 그들이 보호하는 정권이 아니라 모스크바이므로 이들이 직접적인 쿠데타 위험으로 작용하지는 않지만, 그렇다고 완전히 믿을 수 있는 존재도 아니다. 푸틴 정권이 투아데라 대통령보다 더 나은 조건을 제시하는 지도자를 찾는다면 중앙아프리카공화국의 독재자는 권력을 오래 유지하지 못할 것이다.

이런 이유로 많은 독재자들이 자신에게 특별한 충성심을 가졌다고 생각되는 전사들을 선호한다. 하지만 이미 살펴보았듯이, 모든 독재자는 주변인 중 진정으로 충직한 사람은 누구이고, 충성을 가장하는 이는 누구인지 알 수 없는 독재자의 딜레마에 직면한다. 이런 구조적 제약을 고려할 때, 부하의 충성심에 의존하는 일은 언제나 도박이다.

로랑 카빌라(Laurent Kabila)가 콩고민주공화국을 장악하려고 모부투 세세 세코(Mobutu Sese Seko)에 맞서 반란을 일으켰을 때, 그는 카도고(kadogo, 스와힐리어로 '어린이 병사'라는 뜻으로, 콩고민주공화국 내전 당시에 처음 사용되기 시작했다)라는 소년병을 광범위하게 활용했다.²⁶ 카빌라는 카도고를 신뢰했다. 한 외국인 사업가와 이야기를 나눌 때, 카빌라는 이렇게 말했다. "그 아이들은 절대로 나에게 맞서지 않을 것입니다. 시작부터 나와 함께한 아이들이거든요." 또한 그는 이렇게 덧붙였다. "그 아이들은 내 자식입니다." 하지만 어느 날 카빌라가 곧 있을 정상회담에 대해 보좌관과 논의하고 있을 때, 그가

말한 '자식' 중 한 명이 들어와서 권총을 꺼내서는 그를 향해 총을 네 발이나 발사했다.[27]

여기에 독재자에게 진정으로 좋은 선택지는 없다. 독재자가 외국인 전사를 선택하면 다른 정부에 휘둘리게 된다. 독재정권에서는 누구의 충성심도 장담할 수 없으므로, 같은 국민을 선택하면 쿠데타에 더 취약해진다.

독재자와 다른 이들 사이에 경호원을 배치하는 대신 공간이나 담장, 감시탑을 이용해 독재자를 고립시키는 방법도 있다. 암살 시도는 대부분 연설이나 집회, 행진과 같은 공개 석상에 이루어지거나 자동차나 헬기, 비행기를 타고 이동할 때 일어나므로 독재자를 고립시키는 것은 효과적인 방법일 수 있다.[28] 공개 석상에 거의 등장하지 않고 거의 모든 시간을 안전을 위해 특별히 지어진 외딴 요새에서 보낸다면, 독재자가 살해될 가능성은 줄어든다.

민주적 지도자들이 스스로 고립되기란 극도로 어렵다. (공정한) 선거에서 승리하려면 선거운동을 해야 하고, 사람들 앞에 모습을 드러내야 한다. 그러지 않을 수가 없다. 게다가 대다수 민주적 지도자는 사람들을 만나서 그들의 관심사에 귀 기울이는 일을 진정으로 즐긴다. 그런 일이 싫다면 직업을 잘못 선택한 것이다. 하지만 민주적 지도자들에게 그토록 즐거운 일이 그를 보호하는 임무를 맡은 이들을 힘들게 만든다.

독재자는 진짜 유권자를 만나러 나갈 필요가 없으므로, 이

부분에서는 독재자가 유리하다. 독재자는 민주적 지도자보다 더 고립될 수 있으며, 일부는 이를 극단까지 밀어붙여서 자신에 대한 두려움으로 나라 전체를 고립시키기도 한다.

내륙에 위치하고 있으며 산과 사막으로 인해 접근이 어려운 파라과이는 칠레나 브라질, 우루과이보다 항상 더 고립되어 있었다.[29] 그러나 1814년에 호세 가스파르 로드리게스 데 프란시아(José Gaspar Rodríguez de Francia)가 파라과이의 '종신 독재자'가 되면서 상황은 극단으로 치달았다. 식민지 군대나 주변 거대 국가가 파라과이의 독립에 방해가 될 수 있다는 피해망상과 두려움에 사로잡힌 프란시아는 파라과이를 은둔의 왕국으로 만들었다. 이웃 국가와의 무역이 줄어들고 외국인은 거의 입국할 수 없었다. 외국인이 프란시아가 통치하는 파라과이에 들어오면 곧 위험에 빠질 수 있었다. 유명한 프랑스 식물학자 에메 봉플랑(Aimé Bonpland)이 파라나강 근처에 정착하여 마테차 나무를 재배했을 때, 처음에는 모든 일이 순조롭게 진행되는 것 같았다. 봉플랑의 인맥과 현지 노동자의 노동력과 지혜가 합쳐져 성공을 이루어 낸 것이다.[30] 그러던 어느 날 아침, 밤을 틈타 은밀히 강을 건너온 파라과이 군사 수백 명이 동틀 무렵 봉플랑의 거주지를 습격했다. 19명이 죽고 수십 명이 잡혔다.[31] 파라과이 독재자에게 봉플랑은 두 가지 측면에서 문제였다. 첫째, 봉플랑은 마테차를 재배함으로써 수익성이 높은 무역에서 엘 수프레모(El Supremo, '최고지도자' 또는 '권위자'

라는 의미로 프란시아는 자신을 이렇게 부르도록 강요했다)의 자리를 위협했다. 둘째, 이 프랑스 식물 전문가는 정권을 약화하려고 외세와 협력할지도 모르는 신뢰할 수 없는 인물이었다.[32] 이 식물학자가 자신을 죽이려 할 수도 있다고 생각한 프란시아는 이런 위협을 무력화하기 위해 봉플랑을 인질로 삼았다.

이와 같은 대우를 받은 외국인이 봉플랑만은 아니었다. 스위스인 의사 요한 루돌프 렝거(Johann Rudolf Rengger) 역시 인질로 잡혔다. 렝거는 최고지도자를 만났을 당시 상황을 설명하는 글에서 "독재자가 앞으로 나오라는 신호를 줄 때까지 그와 여섯 걸음 이상 거리를 둬야 했다"라고 썼다. 심지어 앞으로 나갈 때조차 "세 걸음 거리에서 멈춰야 했다"라고 덧붙였다. 프란시아는 살해당할지도 모른다는 걱정에 지나치게 사로잡혀서, 그를 만나는 사람들은 무기를 소지하지 않았음을 확인할 수 있도록 손을 편 채 팔을 풀고 프란시아를 향해 서야 했다. 실제로 독재정권 내 관리나 공무원조차도 칼을 들고 있으면 프란시아에게 접근할 수 없었다. 그리고 만일에 대비해 프란시아는 어디를 가든 손이 닿는 곳에 무기가 있는지 항상 확인했다.[33]

현대 사회에서는 프란시아가 그랬던 것처럼 나라 전체를 은둔 왕국으로 만들기 어렵지만, 프란시아가 선택한 방법의 핵심은 여전히 유효하다. 민주적 지도자와 달리 독재자는 스스로 고립시킬 수 있다. 나라 전체를 고립시킬 수 없다면 적어도 통치하는 사람들로부터 자신을 고립시킬 수는 있다.

2022년 겨울, 블라디미르 푸틴 러시아 대통령은 고립되었을 뿐만 아니라 러시아 국민의 실제 생활과도 단절되어 있었다. 정권의 미래가 불투명한 상황이었다. 우크라이나가 러시아가 일으킨 침략 전쟁에 용감히 맞서면서 러시아 군대는 점차 병력이 소진되고 있었다. 자원하는 병사가 거의 없어서 러시아 젊은이들은 강제 징집되기도 했다. 이 병사들이 마주한 환경은 참혹했다. 아들과 아버지, 남편 들이 끌려가 우크라이나의 차갑고 혹독한 진흙탕에서 죽어 갔고, 수많은 가족에게 과거에 번드르르하게 만들어진 선전 쇼에서나 보았던 전쟁은 현실로 다가왔다. 징집된 병사 중 일부는 배급받은 장비가 너무 부실해서 가족들이 구급상자를 사 줘야 했다. 그리고 적의 포탄이나 대전차 미사일을 피해서 과감하게 후퇴하는 병사들은 학살로부터 탈출하려는 병사들을 사살하기 위해 모스크바[또는 그로즈니(Grozny, 러시아 체첸공화국의 수도)]에서 배치한 소위 '독전대(barrier troops)'를 마주해야 했다.[34]

리페츠크(Lipetsk, 모스크바 서남쪽에 위치한 도시) 서부 지역에 사는 한 러시아 청년의 이모는 조카가 동원된 지 8일 만에 우크라이나의 최전선으로 보내졌다고 말했다. 그곳에는 심지어 지휘관도 없었다. 그는 "그곳 병사들은 박격포에 맞았어요"라고 말했다. "왜 고작 일주일 훈련을 받은 병사들이 숲속에 던져져 죽도록 방치되었을까요?" 그는 그 이유를 알고 싶었다.[35]

2022년 11월 25일, 푸틴은 모스크바 서쪽에 자리한 호화 저택에서 텔레비전 카메라를 앞에 두고 크림색 의자에 앉아 있었다. 푸틴은 우크라이나에서 전투 중인 아들을 둔 어머니 17명과 이야기를 나눴다. 푸틴은 "여러분이 나와[원문 그대로임] 그리고 국가 지도자들이 고통을 함께 겪고 있다는 사실을 알아주기를 바랍니다"라고 말했다. 그리고 계속해서 "우리는 아들, 아이의 죽음을 무엇도 대신할 수 없음을 이해합니다"라고도 덧붙였다.[36] 마치 푸틴이 용감하게 대중의 불만을 정면으로 마주하는 것처럼 보였다. 하지만 사실상 모든 장면은 연출된 것이었다. 이 자리에 참석한 어머니들은 모두 정권이 직접 선발한 이들이었다. 한 명은 전직 정부 관료였고, 다른 한 명은 체첸공화국 출신 고위급 장교의 어머니였으며, 다른 몇 명은 국가 지원을 받는 전쟁 찬성 비정부기구에서 활동하는 사람들이었다.[37]

한술 더 떠서 푸틴은 전쟁이 실제보다 더 많은 대중의 지지를 받는 것처럼 보이게 할 목적만으로 그런 만남을 조작한 것이 아니었다. 푸틴은 여성들에게 (더 중요하게는 집에 있는 시청자들에게) 자신이 조작한 내용만을 믿으라고 말했다. 그는 "분명히 삶은 텔레비전이나 스크린, 심지어 인터넷에 나오는 것보다 훨씬 복잡하고 다양합니다. 그러니 거기에 나오는 무엇도 믿을 수 없습니다. 온갖 종류의 가짜와 속임수, 거짓말이 난무합니다"라고 말했다.[38] 당연한 일이지만, 그렇게 선발된 여성 중 한 명이 일어나서 푸틴을 공격할 확률은 극히 낮았다. 하지만 푸틴이 그 만남을 조작하지 않고 실제 병사들의 어머니들을 만났다면, 그중 한 명이 사랑하는 자기 아이를 바흐무트(Bakhmut, 우크라이나 전쟁 최대 격전지)로 보내 죽음으로 내몬 사람을 죽이려 했을까? 그랬을지도 모르지만, 푸틴은 민주적 지도자들과 달리 진짜 국민과 만나는 일을 피할 수 있으므로 이 질문에 대한 답을 알 필요는 전혀 없을 것이다.

독재자가 추구할 수 있는 또 다른 길은 극도의 탄압과 결부된 강력한 개인숭배다. 이를 통해서 "지도자 암살을 계획하거나 실행하는 것은 고사하고, 생각조차 할 수 없는" 분위기를 만들 수 있다.[39] 역사에는 자신을 말 그대로 국민의 마음을 읽는 신과 같은 존재로 믿게 만든 독재자들이 있다. 교실의 포스터, 광고판, 모든 사람이 들고 다녀야 하는 작은 책에 나오는 인물이 인간이 아니라 신이라면, 그에게 도전하는 일은 미친 짓일 것이다.

신이라면 자신에 대한 암살 시도가 일어나기도 전에 이미 그 사실을 알고 있을 것이다. 설령 총에 맞더라도 반드시 살아날 것이다. 평범한 이들의 시각에서는 다소 이상해 보이지만, 그 나라 사람들에게는 최소한 어느 정도는 말이 된다. 그들은 독재자가 태양을 따라 회전하는 거대한 황금 동상을 세우거나, 멀리 떨어진 외진 곳에 갑자기 허공에서 튀어나온 것처럼 완전한 도시를 창조하는 모습을 목격했다. 또한 학교에서나 텔레비전 쇼, 라디오에서 최고지도자가 모든 것을 지켜보며 듣고 있다는 말을 들었다. 이들이 그것을 믿지 말아야 할 이유가 있을까?

1960년대에 평범한 아이티인이 대통령을 만난다면, 아마도 검은 모자에 검은 안경을 쓰고 검은 정장을 입은 남성을 보았을 것이다. 손은 거의 보이지 않고 높은 톤으로 천천히 말을 하는 그가 마치 다른 세계에서 온 것처럼 보이는 것은 우연이 아니었다. 의학을 전공해서 '파파독(Papa Doc)'으로 알려진 프랑수아 뒤발리에(François Duvalier)는 의도적으로 부두교에서 죽음을 관장하는 신, 바롱 사메디(Baron Samedi)를 모델로 삼아 자신의 이미지를 만들었다.

아이티인들 수백만 명이 부두교와 밀접하게 연관되어 있다는 사실을 알고 있던 뒤발리에는 그런 상황을 자신에게 유리하게 이용했다. 한때 뒤발리에는 경쟁자의 '영혼'과 이야기하고 싶다는 이유로 부하들에게 그의 머리를 잘라서 가져오라는 명령을 내렸다고 알려졌다.[40] 그는 자신을 평범한 인간은 닿을 수 없는 전지전능한 존재로 묘사했다. 그리고는 "나의 적은 나를 잡을 수 없다. 나는 이미 영적인 존재다"라고 말하곤 했다.[41]

자신이 신과 같은 존재라는 사실을 받아들이게 만들기 위해 뒤발리에는 자신의 전지전능한 이미지를 끊임없이 국민에게 주입했다. 심지어 파파독 버전의 주기도문을 도입하기까지 했는데, 그 내용은 다음과 같다. "국립 궁전에 살아계신 우리 독이시여, 현재에도 미래에도 당신의 이름을 거룩하게 하시며, 포르토프랭스와 지방에서 당신의 뜻이 이루어지게 하소서."[42]

그것만으로 사람들을 순종하게 하지 못했다면, 파파독에게는 자신만의 부기맨(bogeymen, 미국 가정에서 어린아이들을 겁주거나 놀릴 때 언급하는 벽장 속 귀신)도 있었다. 어두운 제복과 선글라스를 착용한 통통 마쿠트(Tontons Macoute, 1959년 창설된 뒤발리에의 친위부대)는 정부 지시를 따르지 않는 아이티인들을 죽이거나 고문했다. 그들이 의도한 대로 일부 적들은 뒤발리에가 자신들이 어디서 무엇을 하는지 알고 있다고 믿게 되었다.[43] 뒤발리에는 13년 넘게 권력을 유지하다 자연사했다.[44]

하지만 독재자가 자국민에게 살해당하지 않도록 잘 방어한다고 해도, 그가 걱정해야 하는 유일한 대상이 국민들만은 아니다.

1990년 9월, 미국 공군 참모총장 마이클 J. 두건(Michael J. Dugan)은 《워싱턴포스트(Washington Post)》의 릭 앳킨슨(Rick Atkinson) 기자와 인터뷰를 했다. 사담 후세인이 통치하던 이라크가 이웃 국가인 쿠웨이트를 침공하여 점령한 지 얼마 되지 않았을 때라 긴장이 고조되던 시기였다. 걸프전이 곧 시작될 것 같았다. 인터뷰에서 두건은 미국이 사담 후세인과 그의 개인 경호원이나 애인 등 측근을 표적으로 삼을 것임을 시사했다. 두건은 사담 후세인이 "모든 것을 좌우하기" 때문에 "만약 우리가 폭력을 선택한다면, 후세인이 초점이 되어야 합니라"라고 말했다. 계속된 인터뷰에서 그는 정치적 제약에 신경 쓰지 않아도 될 것이라 말했다.[45] 나중에 알게 되었지만, 두건은 틀렸다. 인터뷰 직후에 딕 체니 부통령은 두건을 경질했다.

두건의 경질은 "미국 정부에 고용되거나 정부를 대신하여 활동하는 사람은 암살이나 암살 모의에 관여해서는 안 된다"[46]라고 명시한 1976년의 행정명령에 따라 이루어졌다. 이 행정명령은 미국 정보기관이 외국 지도자를 암살하려는 여러 모의에 연루되었다는 사실이 드러난 후 제럴드 포드 대통령에 의해 발동되었다. 그중에서 가장 주목할 만한 사건은 도미니카공화국에서 라파엘 트루히요(Rafael Trujillo) 대통령을 살해하려는 반체제인사들에게 무기를 공급한 일과 수년간 지속된 피델 카스트로 암살 시도였다. 잘 알려지지 않은 사례로는 CIA 요원들이 자이르에서 콩고의 민족주의자 파트리스 루뭄바(Patrice Lumumba)를 암살하는 임무를 맡았던 사건이 있다.[47]

이 문제에 관한 위원회 보고서는 암살은 "미국의 원칙과 국제질서 및 도덕성과 양립할 수 없다"라고 주장했다.[48] 하지만 보고서는 이런 내용이 전쟁 시기가 아닐 때만 적용된다고 적시함으로써 빠져나갈 구멍을 만들었다. 즉 미국과 전쟁 중인 나라라면 그 국가 지도자를 암살해도 용인된다는 뜻이었다.

미국이 외국 국가원수의 암살을 허용하는 유일한 나라는 아니다. 미국이 향후 표적 암살을 시도하는 나라 중 하나인 조선민주주의인민공화국, 즉 북한도 암살의 역사가 있다.

1968년 초, 27세인 김신조는 산속에 있었다. 한반도의 산속이 지독하게 추운 1월이었다. 평양에서 남파된 김신조와 그 동료들은 남한 대통령을 암살하기 위해 서울로 향하고 있었다. 실수인지 우연인지는 알 수 없지만, 김신조는 마을 사람들에게 발각되었다. 김신조는 그들을 죽여서 매장하는 것이 자신이 해야 할 일임을 알고 있었다. 김신조에게는 임무가 있었고, 마을 사람들을 죽이지 않으면 모든 계획이 위태로워질 것이 분명했다. 하지만 땅은 단단하게 얼어 있었고, 마을 사람들을 파묻으려면 영원히 그 마을에 있어야 할 판이었다.

고민 끝에 김신조는 마을 사람들에게 누구를 만났는지 아무에게도 말하지 말라고 협박을 한 뒤 마을을 떠났다. 마을 사람들은 즉시 경찰에 연락했고, 경찰은 군에 알렸다. 남한군은 김신조와 다른 간첩들을 찾기 위해 수색에 나섰다. 모든 역경을 뚫고 김신조 일당은 박정희 대통령을 암살하기 위해 청와대를 향해 계속 나아갔고, 마침내 청와대 100미터 안쪽까지 접근했다. 비록 이들의 공격은 실패했지만, 북한 암살단을 찾아서 처리하는 데 일주일이 넘는 시간이 걸렸고 군인 수백 명이 투입되었다. 심지어 그 와중에 김신조 일당 중 한 명은 가까스로 국경을 넘어서 북한으로 살아 돌아갔다. 우연히 발각되었으나, 암살자들은 거의 목표를 달성할 뻔했으며 남한 정권을 아주 당황하게 만들었다.[49]

3개월 후, 서해에 있는 실미도라는 작은 섬에서 김신조의 암살 시도에 대한 남한 정부의 대응이 준비되고 있었다. "길거리에서 자주 싸움을 벌이는 부류"의 남자들 31명이 남한 보안군에 의해 훈련받고 있었다.[50] 교관 중 한 명이 말했듯이, 그들이 배워야 할 가장 중요한 교훈은 살려면 죽여야 한다는 것이었다.[51] 그들의 임무는 비무장지대를 넘어 북한으로 침투해 김일성을 살해하는 것이었다. 청와대 습격을 되갚아 줄 시간이었고, 남자들은 김일성의 목을 벨 계획이었다.[52]

실미도 생활은 혹독했다. 684부대라고 알려진 이들은 고립된 채로 고된 훈련과 바다뿐만 아니라 상관들과도 싸워야 했다. 섬에서 몇 달을 보낸 후부터는 월급도 끊겼다. 배급받는 식량도 형편없었다. 무엇보다 외부와의 연락이 엄격하게 금지되었다. 1968년 6월에 부대원 중 두 명이 탈출을 시도하다가 구타로 사망했다. 또 다른 대원은 해상 생존 훈련 중에 사망했다.[53]

1971년 8월 초, 실미도의 교관 중 한 명이었던 양동수는 정기 보급을 위해 섬에서 나가려 준비 중이었다. 그때 총소리가 들렸다. 어리둥절했던 그는 북한 특수부대가 공격하는 것이라고 생각했다. 무슨 일이 벌어졌는지 파악하기도 전에 그는 목에 총을 맞았다. 하지만 총을 쏜 것은 적이 아니라 그의 부하들이었다. 양동수는 "정신을 차리고 보니 목에서 피가 흐르고 있었고, 여기저기서 교관들이 훈련병들에게 살해당했거나 도망치고 있었으며, 훈련병들은 확인 사살을 하며 교관들의 죽음을 확인하고 있었다"라고 말했다.[54] 그는 피를 철철 흘리며 해변으로 기어갔다. 그는 신에게 훈련병들이 자신을 발견하지 못하게 해 달라고 기도했다.

양동수로서는 다행스럽게도 훈련병들에게는 더 큰 계획이 있었다. 낙하산 부대 복장을 하고 섬을 빠져나온 암살단원들은 버스를 탈취해 카빈총과 수류탄으로 무장하고 서울로 향했다.[55] 그들은 김일성을 죽이러 평양으로 가는 대신에 자신들이 겪은 고통의 원흉인 남한 독재자 박정희를 죽이러 청와대로 향하고 있었다.[56] 수도에서 훈련병들은 자신들을 막기 위해 급하게 모여든 남한 보안군과 교전을 벌였다.[57] 화력이 열세에 몰리고 탈출할 가능성도 보이지 않자, 일부 훈련병들은 수류탄으로 자폭했다.[58] 봉기에 참여했던 처음 24명 중에서 단 4명이 살아남았지만, 이들도 1972년에 처형되었다.[59]

그런데 684부대는 왜 무너져 버린 걸까? 의심할 여지 없이 서해의 가혹한 환경이 한몫했겠지만, 당시 군사 독재정권이었던 남한 정부가 애초에 암살단의 존재를 아무도 모르게 하려고 부대원들을 살해하려 했다는 추측도 있다. 하지만 한 교관의 말에 따르면, 암살단이 그런 행동을 한 진짜 이유는 희망이 없었기 때문이었다.[60] 당시에 공산주의 체제인 북한과 자본주의 체제인 남한 간의 관계가 예상치 못하게 개선되면서, 평양에 대한 공격이 취소되었다. 그러자 암살단원들은 실미도에서 결코 나갈 수 없게 되었다고 생각했다. 한 관찰자의 말에 따르면, 훈련병들은 점차 자신들을 "무기형을 선고받은 죄수"처럼 여기게 되었다.[61]

이런 경험에도, 북한 지도부 '참수'는 여전히 남한의 전략 중 하나다. 2015년에 전직 한국군 장군 한 명은 "핵보유 다음으로 우리가 가질 수 있는 최고의 억지력은 김정은이 목숨을 잃을까 두려워하게 만드는 것"이라고 말했다.[62] 이 목적을 위해 남한은 이중 전략을 추구한다. 만일 북한과의 충돌이 격화되면, 남한군은 북한 지도부를 겨냥한 정밀 타격 미사일을 일제히 발사할 것이다. 더불어 핵무기 발사를 명령하기 전에 김정은을 찾아서 사살하기 위해 특수군 부대가 파견될 것이다.[63]

『김정은과 핵폭탄(Kim Jong Un and the Bomb)』의 저자이자 핵무기 전문가 앙킷 판다(Ankit Panda)는 이런 전략의 배후 논리를 다음과 같이 설명한다.

북한은 핵전력과 군사력이 한 사람의 통제하에 있는 개인 권력형 독재 정권으로, 제한적 충돌 과정에서 군사적 또는 경제적으로 중요한 목표물에 타격을 입히겠다는 위협으로는 북한의 핵 확대를 단념시킬 수 없을 것이다. 따라서 지도부를 직접적으로 타격하겠다는 위협을 통해 억지해야 한다.[64]

다시 말해서, 김정은은 북한이 파괴되는 데 큰 관심이 없으므로, 남한은 김정은이 신경 쓸 만한 다른 무언가를 찾아야 한다. 그것은 바로 김정은 자신의 목숨이다.

이 전략이 논리적으로 타당하기는 하지만, 매우 위험하고 잘못될 가능성도 크다. 예를 들어, 다음과 같은 시나리오를 상상해 보자. 남한과 북한 사이에 긴장이 고조된다.[65] 김정은의 정확한 소재를 파악하지 못한 남한의 미사일은 우연히 독재자의 수많은 은신처 중 한 곳과 가까이 있는 군수창고를 겨냥하고 있다. 김정은은 그곳에 웅크린 채 숨어 있고, 군사시설에 대한 공격을 자신의 생명에 대한 공격으로 오인한다. 이런 시나리오라면, 김정은에게는 살해당하기 전에 핵무기를 사용할 엄청난 동기가 생긴다.

그 외에도 남한의 전략은 독재자가 핵무기 사용 승인 조건을 바꿀 수 있는 명분을 제공하고, 그 결과 엄청난 구조적 위기를 초래한다. 남한의 전략은 핵무기가 발사되기 전에 김정은이 살해되면 북한 핵무기의 위협을 피할 수 있다는 생각에 기초하고 있다. 민주주의국가에서는 이런 문제에 대한 쉬운 해결책이 있다. 만약 평상시에 핵무기 발사권을 가진 미국 대통령이 사망하면, 그 권한은 자동으로 부통령에게 넘어간다.[66] 이런 지휘구조 모델을 '권력이양(devolution)'이라고 부르며, 민주주의국가에서는 이 모델이 잘 작동한다.

하지만 독재자에게 권력이양은 매력적인 모델이 아니다. 승계 체계를 확립하면 자신을 대신할 권력 중심을 만들 수 있기 때문이다.[67] 그리고 대다수 독재자에게 가장 주요한 위협은 외부보다는 내부에 있으므로, 북한의 독재자 역시 다른 조처를 했다. 2022년에 북한 정권은 다음과 같이 선언했다.

적대 세력의 공격으로 국가의 핵전력에 대한 지휘 및 통제 체계가 위험해지면, 도발의 기점과 지휘부를 포함한 적대 세력을 파괴하기 위해서 사전에 결정된 작전 계획에 따라 자동적이고 즉각적으로 핵공격을 개시한다.[68]

외국의 암살 위협에 맞서 김정은은 핵무기 자동조종조치를 들고 나왔으며, 이 자동조종조치는 온갖 종류의 위험을 초래했다.[69] 예를 들어 김정은이 살아 있으나 연락이 닿지 않아서 자동조종조치가 오작동하면 어떻게 될까? 장교들이 공황 상태에 빠져 김정은이 죽었다고 생각한다면 어떻게 될까? 어느 쪽이든 원하지 않아도 핵전쟁이 쉽게 발발할 수 있다. 도덕과 법의 문제는 차치하고, 이것이 바로 외국 세력이 독재자를 암살하겠다고 위협할 때 생기는 문제다. '참수'가 현실적 위협이 되는 순간, 모든 형태의 충돌이 독재자의 실존을 둘러싼 문제를 건드리는 위험을 무릅써야 한다. 그리고 그렇게 되는 순간, 위험성이 매우 높아져서 전면전이 발생할 가능성이 급격히 증가한다. 이런 상황은 특히 독재자가 재래식 전력은 물론이고 대량살상무기까지 보유하고 있을 때 우리 모두에게 크나큰 문제로 다가온다.

암살 위협은 독재자들이 아득한 옛날부터 해결해야 하는 문제였지만, 최근 그 성격과 심각성이 변하고 있다.

현지 시각으로 오후 5시 41분, 니콜라스 마두로(Nicolás

Maduro) 베네수엘라 대통령이 무대에 서서 연설하다가 갑자기 말을 멈추고 고개를 들었다. 마두로는 하늘에 있는 무언가가 이상해 보여서 긴장했다.[70] 그렇지만 마두로는 그 자리를 지켰고, 2분 후에는 경제회복에 관해 이야기하고 있었다. 마두로는 경제회복의 때가 왔다고 말했다. 그의 앞에서 군인 수천 명이 카라카스(Caracas, 베네수엘라의 수도)에서 가장 넓은 대로인 아베니다볼리바르(Avenida Bolívar)를 따라 행진하고 있었다.

그때 갑자기 머리 위에서 커다란 폭발음이 들렸다. 눈 깜짝할 사이에 드론에 장착된 폭발물이 터지면서 시커먼 구름 모양의 운동에너지가 비행체 위아래로 퍼져 나갔다. 무슨 일이 일어난 건지 혼란스러웠던 마두로는 연설을 중단했고 방송도 중단되었다. 잠시 후 경호원들이 달려가 그의 앞을 막아섰다. 첫 번째 폭발이 있은 지 14초 만에 또 다른 드론이 가청거리 내에서 추락해 폭발했다.

첫 번째 폭발이 혼란을 일으켰다면, 이번 폭발로 사람들은 극심한 공황 상태에 빠졌다. 아베니다볼리바르를 행진하던 제복 입은 남녀는 적이 누구든 그로부터 마두로를 보호하는 대신에 목숨을 걸고 도망치고 있었다.

마두로는 무사했지만, 이런 공격 방식은 모든 독재자에게 비상경보가 될 만했다. 베네수엘라 대통령이 아마존을 통해서 구입할 수 있는 상업용 드론을 이용한 공격으로 죽을 뻔했다. 이런 드론이 빠르게 확산하면서, 비국가 행위자들이 독재자를 살해할 계획을 세울 때 직면하는 커다란 문제 중 하나가 해결되었다. 바로 독이나 칼, 총을 이용하여 살해할 경우 표적에 물리적으로 근접해야 하는 문제다.[71] 물리적 근접의 필요성 때문에 그런 공격은 독재자와 공격자 모두에게 극도로 위험하다.

총을 쏜 지 몇 초 만에 독재자가 죽거나 죽어 갈 수 있지만, 공격자 역시 죽거나 최소한 감옥으로 가고 있을 것이다. 유명한 암살자들을 떠올려 보라. 에이브러햄 링컨(Abraham Lincoln) 미국 대통령을 살해한 존 윌크스 부스(John Wilkes Booth)는 총에 맞았다. 사라예보에서 프란츠 페르디난트(Franz Ferdinand) 대공을 암살한 가브릴로 프린체프(Gavrilo Princep)는 감옥에서 끔찍한 죽음을 맞았다. 하지만 현대식 드론을 사용하면, 이런 위험을 감수할 필요가 없다. 공격자들은 수 킬로미터 떨어진 곳에서 공격을 시작할 완벽한 기회를 기다리면 된다. 공격자들은 무사히 도망칠 수도 있다. 공포를 바탕으로 생명을 유지하는 독재자들에게는 끔찍한 전망이다.

암살은 일종의 와일드카드와 같다. 독재자들은 엘리트를 관리하고, 총을 든 사람들을 약화하고, 대중을 상대하는 한편, 정권을 '참수'하려는 외세를 단념시키는 등 권력을 유지하기 위해 '적합한' 모든 일을 할 수 있다. 하지만 어떤 지도자도 모든 것을 통제할 수 없으며, 바로 정확히 여기서 독재자 살해에 관한 문제가 생긴다. 복잡한 암살 시도는 종종 막을 수 있지만, 외로운 늑대는 막기 어렵다. 독재자가 암살 위협에 얼마나 잘

대응할 수 있는지는 대중들이 가진 권력의 정도에 따라 달라진다. 권력이 막강할수록 더 매력적인 표적이 되지만, 독재자가 쥔 권력은 스스로 더 잘 보호할 수 있음을 의미하기도 한다.

하지만 일이 잘못되어 지도자가 죽었다고 가정해 보자. 새로운 날이 밝아 온다. 독재자가 사라지면, 그다음은 어떤 일이 일어날까? 상황이 나아질까, 아니면 나빠질까? 다음 장에서 알아보기로 하자.

8장
말이 씨가 된다

MARCEL DIRSUS

HOW TYRANTS FALL

8장
말이 시가 된다

> 나보다 조금 더 나쁜 독재자들이 있다. 아닌가? 나는 이미 덜 악한 사람이다.[1]
>
> 알렉산드르 루카셴코(Alexander Lukashenko, 벨라루스 대통령)

권력을 잡은 지 거의 반세기가 지난 후에 한 독재자가 몰락했다. 많은 이들에게 불멸의 존재처럼 보였으나, 그의 통치와 삶은 마침내 끝났다. 급하게 준비된 장례식에는 정권의 깃발이 사방에 휘날리고, 참석자 절반이 그의 충동적이고 잔인한 성정을 경멸하지만, 최선을 다해 아닌 척한다.

고문당하고 학대당했던 독재자의 적들이 바깥의 거리에서, 그리고 텔레비전 화면 앞에서 기뻐했다. 그냥 소문이 아니었다. 수십 년 동안 지속되어 온 악몽이 끝났다.

하지만 정말 그럴까? 이 질문에 대한 대답이 '그렇다'일 때도 있다. 나쁜 꿈은 끝나고 독재자가 더 이상 나라를 좌지우지하지 않게 되면, 민주주의를 향한 첫발을 내디딜 가능성이 열린다. 하지만 거의 대부분 대답은 '아니다'이다. 독재자가 해외로 추방되거나 몰락하여 감옥에 갇히거나 죽음을 맞는다고 해도 상황은 변함이 없거나 더 나빠지는 경우가 많다. 대부분 새로운 독재자가 자리를 대신하기 때문이다. 1950년에서 2021년까지 독재자가 몰락한 사례 중에서 단 20퍼센트만이 민주주의로 이어졌다.[2]

최악의 경우 독재자의 몰락은 또 다른 독재자로 이어지지 않고 폭력적인 충돌과 혼돈을 낳는다. 한 나라가 겪는 고통의 근원이 독재자 한 명에게 있다면 권좌에서 그를 제거한 후에는 바람직한 방향으로 한 걸음 나아가야 하지 않을까?

하지만 반드시 그렇게 되는 것은 아니다. 사람들을 산 채로 끓는 물에 집어넣는 정권으로 악명을 떨친 우즈베키스탄의 독재자 이슬람 카리모프는 "사람이 없으면 문제도 없다"라는 말을 즐겨 했다고 알려져 있다.[3] 하지만 독재 승계에 관해서는 종종 그 반대가 사실이다. 후계자라고 할 만한 사람이 없으면, 문제가 발생한다. 현실에서는 '사람이 없지' 않고, 오히려 그 한 사람이 되려고 많은 사람이 쟁투를 벌이기 때문이다.

민주적 지도자가 임기 중에 사망하거나 선거에서 패배하면, 누구나 그다음에 어떤 일이 일어날지 알고 있다. 두 경우 모두 정해진 절차가 있으며, 그것을 관리하기 위한 규칙과 제도가 존재한다. 밀실에서 거래를 통해 즉각적인 후계자가 선정될 수도 있지만, 그 새로운 지도자는 조만간 투표를 통해 유권자들을 마주해야 한다. 많은 유권자들 또는 적어도 중요한 유권자를 설득하는 데 성공하면 그 후계자는 민주적 제도에 따라 다음 선거까지 정해진 기간 동안 권력을 유지할 수 있다.

대통령 임기가 최장 8년까지 가능한 미국 사례처럼 한 사람이 집권할 수 있는 기간에 제한이 있는 정치체제에서는 규칙이 훨씬 더 엄중하고, 잦은 정권교체는 그저 관행이 아니라 법적 요건이다. 개인 권력형 독재체제에서는 이 중 어떤 것도 존재하지 않는다. 서류상으로 독재자가 자리에서 내려올 때 중요하게 생각되는 일부 규칙이 존재할 수는 있지만, 실제 그런 일이 발생하면 규칙 따위는 전혀 중요하지 않다.

권력이 허락하는 한 독재자는 전적으로 자기만을 중심으로 돌아가는 체제를 만들려고 한다. 예를 들어 효율적인 공무원 조직이나 독립적인 사법체계와 같이 제대로 기능하는 제도는 그저 방해물일 뿐이다. 또 다른 권력 주체들이 존재한다면, 독재자들 그들 사이에서 벌어지는 분쟁에 심판자로 개입하려고 한다.[4] 독재자는 각기 다른 집단이 공존할 수 있는 타협을 끌어내는 대신 승자와 패자를 가르고 탄압을 통해 자신의 판단을 강요한다. 그렇다고 해서 경쟁하는 권력 주체 간의 이해관계가 사라지지는 않지만, 음모와 계략이 총격으로 이어지는 것을 막는 안전장치가 생긴 셈이다.

독재자가 몰락할 것 같은 조짐이 보이면, 그 안전장치가 제거되고 긴장이 폭발하며 모두가 자신의 이해를 앞세우며 음모를 꾸미기 시작한다. 무대 뒤에서 벌어지던 갈등은 대통령 궁 또는 거리의 싸움으로 바뀐다.

그리고 독재자가 몰락하는 순간 환희는 비극으로 돌변하고, 승리의 함성은 금세 도움을 요청하는 외침이 된다.

2019년 봄, 사람들이 하르툼(Khartoum, 수단의 수도) 거리에서 춤을 추고 있었다.[5] 여성들은 노래하고, 민간인들은 제복을 입은 사람들과 함께 탱크에 올라타서 상황이 나아질 거라는 약속과 자유를 축하했다. 빵값 문제로 시작된 평화로운 봉기가 우여곡절 끝에 30년 넘게 나일강의 독재를 이끌었던 오마르 알바시르(Omar al-Bashir)의 통치를 끝낸 승리의 순간이었다.

평화로운 시위대가 알바시르 정부를 휘청이게 만들기는 했지만, 그를 몰락시킨 것은 바로 군부였다. 이제 권력을 장악한 군부가 그 권력을 쉽게 포기할 리는 없었다.

수단의 미래에 희망을 건 젊은이들은 수단 군사본부 바로 옆 하르툼 중심에 있는 부리로드(Buri Road)에서 농성을 시작했다. 시위대는 몇 주 내내 종일 그곳에서 농성을 이어 갔고, 심지어 텐트를 치기도 했다. 농성은 진지했지만 유쾌했다. 시위대는 노래하고 춤추고 악기를 연주했다. 때로는 군인들도 합류했다. 한번은 카키색 옷을 입은 한 남성이 색소폰을 연주하는 모습을 볼 수도 있었다.

하지만 6월 3일, 전기가 끊기고 시위대 캠프는 어둠에 휩싸였다. 무장한 남자들이 픽업트럭을 타고 도착하면서 불길한 소문이 퍼지기 시작했고, 곧이어 폭력이 시작됐다. 극심한 혼란 속에서 부리로드 인근 주민들조차 무슨 일이 벌어지고 있는지 알아채기 어려웠지만, BBC의 오픈소스 정보조사원들이 그날의 사건을 재구성했다.[6] 픽업트럭을 타고 도착한 남자들은 신속대응군(Rapid Support Forces, RSF) 소속이었다. 모하메드 함단 다갈로(Mohamed Hamdan Dagalo)를 총사령관으로 하는 신속대응군은 알바시르가 수단 변방에서 반란을 진압하는 데 투입했던 민병대에서 성장한 부대였다. 알바시르가 몰락한 후 다갈로와 그의 부대는 과도군사위원회(Transitional Military Council, TMC)에 합류했는데, 시위대는 이 위원회에 민간인의 통제를 수용하도록 압박했다.

다갈로의 신속대응군은 비무장 시위대를 향해 진격하며 그들에게 조준하고는 "죽여! 죽여!"라고 외쳤다. 과도군사위원회의 군대는 앞으로 나아가면서 구타와 약탈을 시작했다. 그 과정에서 시위대가 설치한 텐트 중 일부가 소실되었다.[7]

그날 총소리가 들리는 와중에 한 남자가 당시 상황을 생중계하면서 카메라로 땅을 비쳤다. 카메라가 움직이자 땅에 얼굴을 대고 쓰러져 있는 젊은이 시신이 화면에 나타났다. 촬영하던 남자가 "총에 맞은 사람이 있어요"라고 외쳤다. "사람이 죽었어요! 여러분, 그들이 여기서 사람을 죽였어요!" 촬영자가 외치는 동안 파란 셔츠를 입은 또 다른 남자가 그 시신을 끌어내려다가 금세 손을 놓아 버렸다. 카메라맨이 계속 큰 소리로 외쳤지만, 누구도 그에게 관심을 기울이지 않는 듯했다.

다시 촬영이 시작되면서 왜 아무도 관심을 보이지 않았는지 알 수 있었다. 총에 맞은 것은 바닥에 쓰러져 있던 그 젊은이 하나만이 아니었다. 카메라가 비춘 다른 장면에서는 시위대 두 명이 총에 맞은 또 다른 사람을 끌어서 옮기고 있었고, 다른 사람들은 공포에 질려 달아나고 있었다. 도울 수 있는 일이 없다는 사실을 깨달아서인지 아니면 자신도 어느 순간 총에 맞을 수 있다는 두려움 때문인지, 카메라를 든 사람도 뛰기 시작했다. 성큼성큼 걷는 발걸음에 카메라가 흔들렸고, 촬영자는 "그들이 우리를 죽이고 있어요, 여러분!"이라고 외치면서 달렸다.

목숨을 걸고 도망치는 시위대를 향해 보안군은 계속 총을 쐈다. 일부 '운이 좋은' 시위대들은 병원에 도착할 수 있었고, 그곳에서 의사와 간호사들은 총상을 입거나 채찍질을 당하거나 쇠파이프와 총검으로 구타당해서 심각한 부상을 당한 이들을 목격했다.[8] 부상자를 치료하던 의사마저도 총에 맞았다.[9] 안타깝게도 공포는 거기서 끝나지 않았다. 백나일강과 청나일강이 만나는 곳으로 유명한 한 도시에서는 나중에 강에서 시위대 시신이 수습되었는데, 그중에는 발에 콘크리트 벽돌이 묶여 있던 시신도 있었다.[10]

설상가상으로 수단의 상황은 점점 더 악화되었다. 군부가 민간인과 권력을 공유하기로 합의한 짧은 기간이 지나고, 2021년 10월 25일 군부가 국가를 완전히 장악하면서 민주주의를 향한 희망은 산산이 부서졌다.[11]

그때조차도 군부는 국가를 안정시키지 못했다. 군복을 입은 이들은 서로 싸웠고, 국가는 점점 더 참혹한 상태로 빠져들었다. 2023년 봄, 수단 집권위원회를 책임지는 장군과 그의 부하 장군 사이에 갈등이 생기면서 시위대가 알바시르 독재 종식을 기념하며 춤을 추던 수도 한복판에서 각각의 장군을 따르는 군대가 서로 충돌했고, 사태는 심각해졌다.[12] 이번에는 소규모 총격전으로 끝나지 않았다. 다갈로가 이끄는 신속대응군과 정규군은 로켓발사기와 포를 동원해 서로를 공격했다. 심지어 하르툼에도 공습을 퍼붓기 시작했다. 신속대응군을 지휘하는 다갈로와 정규군 최고사령관 압둘팟타흐 알부르한(Abdel Fattah al-Burhan) 사이에서 공공연하게 시작된 전쟁은 나라 전체를 무너뜨렸다. 민간인 수천 명이 살해되고 500만 명 이상이 피난을 떠났을 것으로 추정된다.[13]

독재정권은 그냥 저절로 무너지는 것이 아니라 불에 타서 사라지면서 모든 사람과 모든 것을 태워 버리곤 한다. 잿더미에서 되살아나는 불사조처럼 국가도 이론적으로는 혼돈 속에서 다시 태어날 수 있지만, 혼돈이 더 극심한 혼돈을 낳는 경우가 많다. 독재자는 종말을 맞았을지 몰라도 독재는 그렇지 않은 것이다. 독재는 직선형으로 전환되는 것이 아니라 반복되며 순환한다. 그래서 한 독재자가 뒷문으로 걸어 나가고 다른 독재자가 정문으로 걸어 들어오는 그사이 짧은 순간에만 중단될 뿐, 지속되는 독재체제에서 살고 있는 나라가 많다. 이런 독재 승계 문제 중에서 많은 부분이 현직 독재자의 이해관계로 인해 발생한다.

자기 뜻대로 할 수 있게 된 독재자는 후계자를 지정하거나 자신이 사라진 후 후계자를 선정하는 유의미한 절차를 정하는 데 거의 관심을 두지 않는다. 앞에서 살펴본 것처럼, 독재자의 생존은 다른 이들에게 자신의 힘을 인식시킬 수 있는지에 따라 달라진다. 후계자를 지정하면, 독재자는 자신의 자리를 차지함으로써 큰 이익을 얻을 수 있는 누군가에게 권력을 부여하는 동시에 자신의 권력을 약화할 위험에 빠진다.

잘못될 경우 승계 계획은 독재자 등에 칼을 꽂고 싶어 하는 적에게 살인 무기를 쥐여 주는 꼴이 된다. 따라서 승계 계획이 자신의 몰락을 재촉할 것이라고 생각하는 독재자는 승계 계획을 세우지 않으려 저항하는 경우가 많다. 자신이 더 이상 권좌에 있지 않은 상황에서는 나라가 불타서 망하든 말든 모두 부차적인 문제일 뿐이다.

독재자가 권력을 잃으면, 정권의 일원이면서도 지금껏 소외되었던 사람들이 높은 자리를 차지할 수 있는 기회를 얻는다. 자신이 직접 정권을 잡고 싶어할 수도 있을 것이다. 이런 도전자들은 변화를 원하지만, 어디까지나 자신의 이익에 도움이 되는 한에서만 변하기를 바란다. 즉, 이들은 민주주의를 원하지 않으며, 국민에 권력을 넘길 생각도 없다. 또한 체제 자체를 반대하지 않으며, 그저 체제 내에서 자신의 지위를 보호하려 한다. 반면에 이미 정권에서 권력의 정점을 차지하고 있는 엘리트들이 있다. 이전 통치자들이 베푼 특혜를 누렸던 이 사람들은 권력과 돈에 대한 지배력을 유지할 수 있도록 자신들의 지위를 지키려 한다. 그들이 생각하는 우선순위는 체제를 바꾸는 것이 아니라, 정권 붕괴를 막아서 정권 안에서 계속 특권을 누리는 것이다.

독재자가 자리에서 내려오면, 대중의 이해는 정권 내 수구파나 신규 세력의 이해와 정면으로 충돌한다. 대중은 권력과 돈이 정권 안에서가 아니라 정권에서 시민에게로 재분배되기를 원한다. 가장 좋은 방법은 민주화인데, 민주화된 국가일수록 승리 연합의 규모도 확대되기 때문이다. 그리고 권력을 유지하는 데 더 많은 사람이 필요할수록, 더 많은 자원이 그 사람들을 행복하게 하는 데 투입되어야 한다.[14]

타협점을 찾는 것은 불가능할 뿐만 아니라 위험성도 높다. 그런 상황에서 폭력을 사용하여 우위를 점할 수 있다고 생각하는 집단이 있다면, 당연히 폭력을 쓰고 싶은 유혹에 빠질 것이다. 그리고 즉시 밀실 내의 갈등이 실제 총격전으로 바뀌고 만다. 그렇게 되면 폭력의 사용에서 경쟁 우위를 확보할 수 없는 대중은 대개 자기 몫을 빼앗긴 채 밀려난다.

수단에서도 이와 같은 독재 승계로 인한 문제 때문에 정권 이양이 무산되었다. 많은 이들이 오마르 알바시르의 퇴진을 바랐다. 시위대도, 군부 장성들도, 신속대응군 지휘관들도, 모두가 알바시르의 퇴진을 원했다. 그들이 합의하지 못한 것은 알바시르 퇴진 이후의 문제에 관한 것이었다. 시위대는 민주화를 원했다. 군부 세력들은 군복을 입은 사람이 책임자가 되기를 원했으나, 그가 누구여야 하는지를 두고는 군부 내에서도 합의에 이르지 못했다.

일반적으로 한 개인에게 권력이 집중된 정권일수록, 독재자의 몰락은 더 많은 분열을 일으킨다.[15] 체제가 지도자 한 명을 중심으로 돌아가면, 그가 사라지는 순간 전체 국가시스템이 쉽게 중단될 수 있다.

이런 특징은 승계 메커니즘이 갖춰진 일당 독재정권과 대조된다. 일당 독재체제 역시 지도자가 권력을 유지하는 데 초점을 맞추지만, 지도자 궐위 시에 정권을 안정시킬 기관이 지도자 외에도 여럿 존재한다. 많은 경우 이렇게 정당을 기반으로 한 체제는 새로운 지도자를 선출해야 할 때 발생하는 불가피한 분쟁을 처리하는 메커니즘을 가지고 있다.

효과적인 승계 규칙이 마련되어 있는지는 대체로 궁정 엘리트와 현직 지도자 간의 권력 구도에 따라 달라진다. 독재자나 왕, 술탄은 후계자를 지명하는 데 큰 열의를 보이지 않지만,

궁정 엘리트들은 관심이 많다. 엘리트들은 독재체제가 지속되는 한 개별 독재자가 누구인지는 신경 쓰지 않는다. 자신이 누리는 권력은 독재자 개인이 아니라 정권과의 유착관계에서 나오기 때문이다. 이들에게 악몽 같은 시나리오는 도전자들이 최고지도자 자리를 두고 공개적으로 난투극을 벌이는 상황으로, 그럴 경우 전체 정치 질서 자체를 위협하는 내전이 발생한다. 이들이 이런 상황에 두려움을 느끼는 데에는 이유가 있다.

중세 유럽으로 거슬러 올라가면, 전제적 왕위 승계는 대부분 내전 위험을 증가시켰다.[16] 하지만 그 후로 시간이 흐르면서 절대군주제의 승계 규칙은 점차 더 명문화되고 엄격해졌다. 1000년경에 유럽에서 왕위는 형제가 계승하는 것이 지극히 정상적인 일이었다.[17] '부계 연장자 상속(agnatic seniority)'으로 알려진 이 시스템은 시간이 왕에게 불리하게 작용한다는 점에서 독재자에게는 끔찍한 규칙이었다. 일반적으로 왕과 형제들 간의 나이 차는 크지 않았고, 자신이 차기 왕위 계승자라는 사실을 알고 있는 왕의 동생은 군주가 죽어서 자신이 뒤를 잇는 문제에 큰 관심을 보였다. 왕의 입장에서는 이런 계승법은 분명 최선책은 아니었다.

왕에게 더 나은 시스템이자 점점 더 많은 군주가 도입한 계승법은 '장자상속(Primogeniture)'이었다. 이 시스템에서는 통치자 사후에 형제가 아닌 장자가 뒤를 이었다.[18] 왕세자와 왕은 대체로 나이 차가 컸고, 따라서 왕세자는 자신이 아버지보다

오래 살 수 있다는 확신을 바탕으로 아버지가 사망할 때까지 변함없이 충성했다.[19]

그렇다면 나이 차를 최대화하기 위해 장남이 아니라 막내에게 왕좌를 물려주면 어떨까? '말자상속(Ultimogeniture)'이라 불리는 이 시스템에는 국가기구를 계속 담당하는 엘리트들과 관련하여 한 가지 큰 결함이 있다. 더 시간을 들여 자신의 권력 기반을 다져 온 장자와 다르게 막내는 왕좌에 올랐을 때 엘리트에게 보상해 줄 수 있다는 보장이 없다는 것이다.[20] 누구를 따돌리고 누구를 왕위에 올릴 것인지를 둘러싼 이 작은 변화는 지도자와 정권의 생존에 거대한 차이를 낳는다. 이런 계승 규칙의 주요 수혜자는 국가가 왕위를 둘러싼 파괴적인 싸움을 피하게 됨으로써 자신의 지위에서 계속 혜택을 누릴 수 있는 궁정 엘리트들이었다. 게다가 계승이 적절하게 이루어지면, 독재자의 재임 기간 역시 늘어날 수 있다.

수 세기에 걸쳐 점차 더 많은 유럽 군주들이 중세 부계 연장자 상속제에서 장자상속제로 전환하면서, 왕위 계승을 처리하는 능력이 아주 크게 향상되었다. 1000년에서 1800년 사이에 유럽의 42개국을 통치한 군주 960명을 연구한 결과, 장자상속 규칙을 시행한 군주는 다른 제도로 후계자를 정한 군주보다 권력을 유지할 가능성이 두 배 이상 높았다는 사실이 밝혀졌다.[21]

왕실 권력자들은 할 수 있는 한 오래도록 정권을 지원함으로써 이득을 얻으려 한다. 왕의 죽음으로 정권이 끝나고 자신들이 누리던 특권도 끝날 수 있다고 생각하면, 이들은 계속 왕을 지지하기보다는 군주에 반대하는 세력을 지지하려 할 것이다. 그러나 궁정 엘리트들이 지명된 후계자의 존재로 인해 (아마도 파괴적인 결과를 가져올) 내란의 가능성이 줄어든다고 생각하면, 현재 군주가 자리를 위협받을 가능성은 줄어든다. 이것은 후계자 역시 마찬가지다. 이제 차기 통치자가 될 사람으로 임명되었으므로, 그에게도 현재 체제를 전복하기보다는 유지해야 할 커다란 동기가 생긴다. 이제 기다리기만 하면 왕위에 오를 수 있다. 후계자를 지명하면 적으로부터 정권을 지킬 사람을 만들어 두는 것과 같아서 실제로 통치자의 치세를 연장할 수 있다.[22]

그래서 비민주주의국가의 통치자들은 명확한 승계 규칙이 통치를 안정시키는 방법이라고 생각한다.[23] 시리아 대통령 하페즈 알아사드(Hafez al-Assad)는 권력을 장남인 바실(Basil)에게 물려줄 계획이었다.[24] 그러나 바실이 교통사고로 사망하자, 바실의 동생 바사르가 후계자로 선택되었다. 이례적인 상황이었다. 바실은 승계를 위해 오랫동안 훈련받았지만, 바사르는 런던의 한 병원에서 안과의 수련을 받고 있었으며, 정치에는 거의 관심이 없다고 알려져 있었다. 그렇지만 시리아 바트당 지도부는 체제를 유지하고 내부의 반목을 피하는 최선책으로 바사르를 인정했다.[25] 바사르는 완벽하지 않지만 그나마 가장 나은 선택지로 여겨졌다. 당시는 하페즈 알아사드가 사망하

기 몇 년 전부터 다른 유력 경쟁자들을 전부 체계적으로 정치판에서 제거했던 상황이기도 했다.[26]

독재자가 몰락한 후 벌어지는 일에 큰 영향을 미치는 또 다른 요소가 있다. 바로 몰락 방식이다. '리더십 퇴장'의 다양한 형태에 따라 그 결과도 크게 다르다.

아르메니아의 벨벳혁명(Velvet Revolution)이 일어난 지 1년 후에 한 기자가 과일 상인에게 상황이 어떻게 변했는지 묻자, 상인은 혁명이 모든 것을 바꿀 것으로 기대하는 사람은 바보뿐이라고 대답했다. 양파와 사과, 토마토가 가득 담긴 골판지 상자 앞에 앉아 있던 이 백발 여인은 "혁명은 텅 빈 새집을 얻는 것과 비슷합니다. 여전히 고치고 가구를 채워야 하죠"라고 덧붙였다.[27] 그 말이 맞았다. 평화로운 봉기는 더 나은 무언가를 만들어 낼 기회지만, 모든 문제를 한꺼번에 해결해 주지는 않는다. 교사들에게 다음 세대를 교육할 자료를 주지도 않고, 오래전에 사라진 공장을 되살려 놓지도 못하며, 빵이나 우유 가격을 떨어뜨려 주지도 않는다.[28] 사실 니콜 파시냔(Nikol Pashinyan)이 2018년에 이전 정부를 무너뜨린 후에도 아르메니아인들의 삶은 여전히 힘들었다. 어떤 이는 상황이 더 나빠졌다고 느끼기도 했다. 하지만 수년간 지속된 예레반(Yerevan)의 권위주의적 통치가 끝난 후 적어도 새로운 시작을 위한 좋은 기회가 생겼다.

일반적으로 비폭력 시위를 통해 독재자를 무너뜨릴 수 있다면, 독재의 사이클을 끊을 가능성이 가장 크다. 에리카 체노웨스와 마리아 스티븐(Maria Stephan)은 『비폭력 시민운동은 왜 성공을 거두나?(Why Civil Resistance Works)』에서 성공한 비폭력 운동의 57퍼센트가 민주주의로 이어졌다는 사실을 밝혀냈다. 폭력을 수반하는 경우에 그 수치는 6퍼센트 미만이었다.[29] 그 이유는 다양한데, 그중 하나가 정당성이다. 수십 년 동안 지속된 뿌리 깊은 권위주의 정권을 비폭력적 수단으로 무너뜨리려면, 많은 국민들이 참여해야 한다. 이제 낡은 정권이 무너졌으니, 국민은 새로운 정권에 다른 방식으로 국가를 운영하라고 명령한다.

이처럼 많은 사람들이 관여하는 경우, 갈등을 평화적으로 해결할 수 있는 방법이 확립되어야 한다. 권력을 잡은 이들은 이러한 선례를 바탕으로 폭력에 의존하지 않고 다른 정치 행위자들과 협상할 수 있게 된다. 이것은 민주주의가 제대로 작동하기 위한 필수적인 부분이며, 비폭력적인 방식으로 권력을 쟁취한 운동 세력들이 정치에서 능숙하게 활동할 수 있는 이유이기도 하다.[30] 이런 능숙함 덕분에 비폭력적 운동 세력들은 폭력에 의존하지 않고 정치활동을 벌이는 기술을 높이 평가하는 시스템에서 계속 활동할 동기를 지닌다. 이 부분이 무력으로 권력을 장악한 집단과 구분되는 지점이다. 이들은 비폭력 집단과는 반대되는 특징을 갖는다. 폭력을 사용하는 데 능숙하지만, 협상에는 서투르다. 폭력이 자신들의 강점인데, 권력을 잡았다고 중단할 이유가 있을까? 아니, 없다. 칼을 거두기보다 계속 휘두르려 할 것이다.

대중을 동원하기 어려운 좀 더 강력한 독재정권에서는 보통 쿠데타가 독재자에게 가장 큰 위협이 된다. 무력으로 권력을 장악한 사람에게는 세 가지 주요 선택지가 있다. 군사 독재정권, 군부의 지지를 받는 통치자, 민주주의가 그것이다. 독재정권에서는 쿠데타 세 번 중 두 번 정도가 전체 정치체제를 붕괴시키고 새로운 체제를 탄생시킨다.[31] 그럴 경우 민주주의나 또 다른 독재정권, 아니면 그 중간 정도의 정치체제가 나타날 수 있다. 흥미롭게도 이 수치는 상당한 변화를 보였다. 냉전 시대에 독재정권에 맞서 벌어진 쿠데타 중 단 14퍼센트만이 민주주의로 귀결되었으나, 냉전 이후 25년 동안 그 수치는 40퍼센트까지 치솟았다.[32]

쿠데타의 또 다른 문제는 쿠데타가 한 번으로 끝나는 경우는 거의 없다는 점이다. 단 한 번이라도 쿠데타가 발생한 나라들은 '쿠데타의 올가미'에 갇히는 경향이 있다. 예를 들어 태국에서는 1981년, 1985년, 1991년, 1992년(2회), 2006년, 2014년에 쿠데타가 시도되었다.[33] 이런 경향은 부분적으로 사회 규범을 통해 설명될 수 있다. 노르웨이 같은 자유민주주의 사회에서 쿠데타는 거의 상상하기 어렵다. 정치에서 권력이 중요하지만 정당성 역시 중요하며, 노르웨이 정부는 정당성을 충분히 갖추고 있다. 노르웨이 국민이 높은 생활 수준을 영위할 수 있도록 한데다가 자유롭고 공정한 선거를 통해 선출되었기 때문이다. 그리고 최근 역사에서 쿠데타가 일어난 적이 없으므로, 노르웨이에서 군인들은 권력을 장악할 가능성을 진지하게 고려하지 않을 것이다. 이와 대조적으로 최근에 쿠데타로 권력을 잡은 군사정권은 정당성을 주장할 권리가 없다.[34] 쿠데타는 소수 무장 세력에 의해 실행되므로, 군사정권이 대중적 정당성을 갖췄는지 판단하기 어렵다. 게다가 최근에 집권한 군사정권에는 오래 유지되어 왔다는 이유로 인정받을 수 있는 장점도 아직은 없다.[35] 이 두 가지 약점이 결합하면 군사정권(과 그 후계자)은 또 다른 쿠데타에 훨씬 더 취약해지고, 그다음 군사정권 역시 또 다른 쿠데타에 취약해진다. 쿠데타의 올가미에서 빠져나오기란 쉽지 않다.

그럼에도 불구하고 특정 유형의 독재자에 대한 일부 쿠데타는 그다지 나쁘지 않을 수도 있다는 주장도 있다.[36] 쿠데타는 세상에서 가장 악독한 독재자를 제거하는 데 성공할 수 있는 몇 안 되는 방법 중 하나다. 쿠데타가 일어난 후 민주주의가 번영할 가능성은 높지 않지만, 다른 선택지가 많지 않은 상황이 있다. 게다가 민주주의로 이행하지 않더라도 특정한 독재자를 제거하는 일 자체로 바람직한 상황도 있지 않을까? 그런 시나리오는 어렵지 않게 상상할 수 있다.

벤저민 디즈레일리(Benjamin Disraeli)는 "암살로 세계 역사가 바뀐 적은 한 번도 없다"라고 주장했다.[37] (예를 들어 제1차세계대전 발발처럼) 일화적 증거를 제외하더라도, 디즈레일리가 틀렸음을 보여 주는 확실한 증거들이 있다. 실제로 독재자를 죽이는 일은 바람직한 결과를 가져올 수 있다. 암살이 제도와 전쟁에 미치는 영향에 관한 연구에서, 경제학자 벤저민 존스(Benjamin Jones)와 벤저민 올켄(Benjamin Olken)은 비민주적 지도자를 살해하면 해당 국가의 민주화 가능성이 증가할 수 있음을 밝혀냈다. 반대로 민주적 지도자를 살해했을 때는 상대적으로 차이가 거의 없었다.³⁸ 직관적으로도 파악할 수 있는 결론이다. 한 개인에게 권력이 집중된 독재정권에서 그 한 사람의 죽음은 성숙한 자유민주주의국가에서보다 훨씬 더 큰 차이를 가져온다.

암살이 독재자 또는 그의 최측근만을 표적으로 삼는 데 반해, 내전은 국가 전체에 영향을 미쳐서 수십만 명, 때로는 수백만 명의 목숨을 앗아가기도 한다. 내전의 파괴력은 독보적이다. 그리고 내전 중에 독재자가 몰락한다고 해서 전쟁(또는 독재체제)이 끝나지 않는 경우도 많다. 일례로 2021년에 차드에서 이드리스 데비가 반군의 손에 죽었지만, 정권은 무너지지 않았고 전쟁도 끝나지 않았다. 심지어 독재자의 성조차 바뀌지 않았다. 37세인 이드리스 데비의 아들이 자리를 물려받았고, 차드에서는 데비 가문의 통치가 계속 이어졌다.

쿠데타와 마찬가지로 내전 역시 계속 반복되는 경향이 있다. 내전 열 건 중 두 건이 5년 이내에 또 다른 내전으로 이어진다.³⁹ 그 결과 독재자가 몰락하고, 새로운 지도자가 등장하고, 파괴는 계속된다. 그 이유는 대부분 갈등의 근본적인 원인이 사라지지 않고 지속되기 때문이다. 국가 주변부에서 가난하고 기회를 얻지 못해 불만을 품은 주민들이 들고 일어섰을 때, 휴전이 합의되었다고 해도 그들의 불만이 바로 사라지지는 않는다.

하지만 새로운 지도자도, 특히 그가 처음에 전쟁을 시작하는 데 가담한 지배 엘리트 중 한 명이라면, 전쟁에서 패배한 지도자가 되지 않으려는 강한 동기가 있으므로 계속 싸우려 할 것이다.⁴⁰ 누구도 패배에 책임을 지고 싶지 않으므로 계속 싸울 수밖에 없다.

새로운 지도자가 반군과 화해하고 싶어 한다 해도, 그렇게 하기란 쉽지 않다. 심지어 독재자 한 명이 죽었음에도 권위주의 정권이 반군과 화해하기 어려운 한 가지 이유는 상대에게 신뢰할 만한 약속을 할 수 없기 때문이다.⁴¹

이를 예증하기 위해서는 아프리카에서 두 번째로 큰 호수인 탕가니카 북쪽 기슭으로 떠나야 한다. 2004년 8월 13일 밤, 콩고민주공화국과 국경을 접하고 있는 부룬디 정착촌인 가툼바(Gatumba) 주민들은 이상한 소리를 들었다.⁴² 습지 건너편 서쪽에서 북소리와 종소리, 휘파람 소리가 들렸다. 소리가 가까워지자, 노랫소리였음을 알 수 있었다. 어둠 속 사람들은 "주께서 우리에게 당신께 가는 길과 당신이 계신 곳을 알려 주실 것이네"라고 노래했다.

다가오는 사람들 중 일부는 군복을 입고 있었다. 대부분이 난민이었던 가툼바 주민들은 몰랐지만, 북을 치는 사람과 노래하는 사람들은 민족해방군(Forces Nationales de Libération, FNL) 소속이었다. 대다수가 성인 남성이었으나, 일부는 들고 있는 무기가 땅에 끌릴 정도로 어린아이들이었다.[43]

민족해방군은 부룬디에서 민주적으로 선출된 최초의 대통령인 멜키오르 은다다예(Melchior Ndadaye)가 암살된 이후 시작된 부룬디내전에서 활동 중인 후투족 반군 집단이었다. 2000년 8월까지 셀 수 없을 정도로 많은 부룬디인이 폭력에 목숨을 잃은 후 부룬디 정부는 부룬디 내 무장 집단 대부분과 평화협정을 체결했으나, 민족해방군은 제외였다. 당시 49세인 아가톤 르와사(Agathon Rwasa)가 지도하던 민족해방군은 싸움을 멈추지 않았다.

그날 밤 가툼바에서 민족해방군 전사들은 총을 쏘기 시작했다. 희생자는 거의 다 투치족으로 분류되는 콩고 출신 인종 집단, 바냐물렝게족(Banyamulenge)이었다. 총성과 화재, 비명이 난무하며 일대 혼란이 벌어졌다. 하지만 폭력이 자행되는 와중에도 공격자들이 "이리 와, 이리 와, 우리가 구해 줄게"라고 외치는 소리를 들은 일부 주민들은 살아남을 수 있다고 생각했다.[44]

하지만 도와주러 오는 사람은 아무도 없었다. 대신 반군은 텐트에 남아 있던 사람들에게 총을 발사했다. 텐트를 떠날 기회가 없었던 많은 이들이 그 안에서 불에 타 죽었다. 《워싱턴포스트》는 한 16세 소녀가 엄마는 머리에 총을 맞아서 죽고, 오빠는 참수당하고, 아빠는 산 채로 불에 타는 모습을 목격했다고 보도했다.[45] 150명 이상이 민족해방군에게 학살당했고, 또 다른 106명은 부상을 입었다. 유엔에 따르면, 희생자는 대부분 여성과 어린이, 아기였고, 이들은 모두 총에 맞거나 불에 타서 죽었다.[46]

내가 가툼바의 대학살에 대해 아가톤 르와사에게 이야기했을 때, 그는 책임을 인정하지 않으면서 그 혐의로 자신이 받은 대우가 부당하다고 말했다. 그는 결백을 주장하면서도 애써 자신이 기독교인이라고 말했다. 그리고 "나는 용서의 힘을 믿습니다"라고 덧붙여 말했다.[47]

르와사의 사례는 내전을 끝내는 것이 왜 그렇게 어려운지를 잘 보여 준다. 2004년에 부룬디 당국은 르와사에게 학살 혐의로 체포영장을 발부했다.[48] 하지만 전범으로 기소된 르와사 같은 사람이 전투를 중단하려면, 군사적으로 결코 승리할 수 없을 뿐만 아니라 무기를 내려놓았을 때 정부가 자신을 쫓지 않는다고 믿어야만 한다. 하지만 그렇게 되기란 쉽지 않다. 크나큰 고통을 초래한 군대를 이끈 반군 지도자를 그냥 놔둔다는 것은 국민들의 분노를 불러올 일이기 때문이다. 20년이 지나도록 르와사는 가툼바 학살 혐의로 단 하루도 투옥되지 않았다. 대신 르와사는 부룬디 국회 부의장을 맡았고, 심지어 대통령 선거에도 출마했다.[49] 그는 결코 축출되지 않았다.

유권자를 자기편으로 만들어야 하는 민주적 지도자는 르와사 같은 사람과 협력하는 데 많은 제약을 받는다. 반면에 독재자는 반군 지도자에게 무엇이든 약속할 수 있다. 반군 지도자가 사면을 원하는가? 당연히 가능하다. 반군을 정규군으로 편입시키고 싶어 하는가? 물론 그럴 수 있다. 독재자는 무엇이든 약속할 수 있다. 하지만 독재자가 한 약속을 믿고 무기를 내려놓는 것은 자살행위나 마찬가지다. 그런 약속은 아무 의미도 없다. 이드리스 데비가 좋은 예가 될 수 있다. 반군 지도자가 협정에 서명하자, 데비는 안전해졌다고 생각해서 망명지에서 돌아왔으나 은자메나의 자택에서 살해되었다.[50] 내전은 단지 극도로 치명적이고 파괴적일 뿐만 아니라, 특히 독재자에게는 끝내기 어려운 전쟁이다.

내전 종식이 어려운 경우 외국이 주도하는 정권교체로 이어진다. 2003년 3월 말, 조지 W. 부시 대통령은 "이것은 광범위한 합동 캠페인의 시작 단계입니다"라고 말했다.[51] 3주 후에 민간인과 미군은 바그다드 알피르도스 광장에 있는 사담 후세인 동상을 끌어내렸다. 그해 말, 티크리트(Tikrit) 인근의 굴에 숨어 있던 사담 후세인이 초췌한 모습으로 발견되었다. 악랄하고 잔인한 독재자가 무너지고, 발견되고, 처형되었다.

그러면 대가는 무엇이었을까? 미군 수천 명과 미군을 지원하던 하청업자들이 목숨을 잃었다. 미국 납세자들은 그 전쟁으로 수십억 달러를 지불해야 했다. 더 중요한 사실은 전쟁과 이어진 반란으로 이라크인 수만 명이 목숨을 잃고 나라 전체가 황폐해졌다는 점이다. 그뿐만 아니라 전쟁으로 인해 지역 전체가 불안정해졌으며 이슬람국가(Islamic State, IS)가 매우 심각한 군사적 위험 요소로 부상했다. 그렇다면 왜 그 작전은 실패했을까? 미국과 이라크 사례에 한정된 문제였을까, 아니면 외국이 주도하는 정권교체는 일반적으로 항상 실패할 가능성이 높은 것일까? 둘 다였다.

외국 군사력으로 정권을 교체할 경우 발생하는 큰 문제 중 하나는 공격자가 구정권의 잔재를 어떻게 처리할지 결정해야 한다는 점이다. 숙청할 것인가? 그럴 경우 그 국가 운영에 대해 알고 있는 사람들을 제거함으로써 그들이 새로운 정부 체제로 이행하는 것을 방해할 빌미를 제공하는 셈이다. 그들을 숙청하지 않을 경우, 독재자를 위해 일했던 사람들의 충성심을 당연시할 수 없으므로 체제 전환 과정이 위험해질 수 있다.

이라크에서 미군은 숙청하는 쪽을 택했다. 2003년 5월 12일에서 2004년 6월 28일까지 폴 브리머(Paul Bremer)는 연합군임시행정처(Coalition Provisional Authority, CPA) 책임자였다.[52] 이라크인들이 선출하지 않았고 어떤 이라크 입법기관도 그에게 권한을 부여하지 않았음에도 그는 거의 이라크 총독과 같은 역할을 했다. 브리머는 취임한 지 4일 만에 CPA 최고행정관으로서 첫 번째 명령을 발표했다. 제1조 2항과 3항에는 바트당 의원 다수와 정부 공직자가 자리에서 물러나야 한다고 명시되어 있었다. 이들 중 일부는 향후 공공부문에 고용도 금지되었다.[53] 같은 달 말에 발표된 두 번째 명령에서 브리머는 이라크 보안군을 공식적으로 해산했다.[54]

처음에는 그가 발표한 명령 두 가지가 모두 좋은 생각처럼 들릴 수 있다. 바트당은 수십 년 동안 이라크에서 자행된 인권 유린에 책임이 있었다. 그렇다면 바트당 측근들은 누구도 권력 근처에는 얼씬도 하지 못하도록 해야 하지 않을까?

이 문제는 훨씬 더 복잡하다. 바트당 제거에 관한 명령은 약 8만 5000명에 달하는 이라크인에게 영향을 미쳤으며, 이들 중 다수는 사담 후세인의 열렬한 지지자라기보다는 단지 일자리를 지키기 위해 바트당에 가입한 사람들이었다. 그들 중에는 교사도 있고, 불을 켜거나 물을 공급하는 데 결정적인 역할을 하는 사람들도 있었다.[55] 당시 바그다드 주재 CIA 지부장은 브리머에게 다음과 같이 경고했다. "해가 질 때쯤이면 당신은 바트당원들 3만 명에서 5만 명 정도를 지하로 몰아넣게 될 것입니다. 그리고 6개월 후에 이 일을 정말 후회하게 될 겁니다."[56]

이라크 보안군의 해산으로 이전에 군사훈련을 받았던 이라크인 수만 명이 실직자로 전락했다. 수입을 잃고 분노만 남은 이들에게는 새로운 상황을 받아들여야 할 이유가 전혀 없었다. 나중에 한 보고서는 "이 두 가지 명령은 점령군이 치안을 유지하고 이라크 정부가 일상적인 기능을 지속할 수 있는 능력을 심각하게 훼손했다"라고 밝혔다.[57]

그리고 정말 그렇게 되었다. 이전에 사담 후세인 정권에서 군인으로 복무했던 이들이 빠르게 무장 저항을 조직하기 시작했고, 2003년 가을 점령군은 심각한 반란을 감당하기 어려워졌다.[58] 2006년 10월에 펜타곤은 미군이 패배하고 있다고 평가했다.[59] 이듬해가 되자 상황은 점점 심각해져서 부시 대통령은 폭력 사태를 막기 위해 병력 3만 명을 추가로 파병하기로 했다.[60]

이런 문제는 일반적인 방식으로는 해결하기 어렵다. 예를 들어 제2차세계대전에서 나치가 패배한 후 일부 연합군은 미국과는 전혀 다른 방식을 택했다. 엘베강 서쪽 점령군은 나치 정권에 관여했던 사람들을 모두 제거하는 대신, 의도적으로 전직 장관과 판사, 행정관들이 계속 근무하게 했다. 나치 잔재가 남아 있는 독일보다는 제 기능을 못 하는 독일을 더욱 걱정했기 때문이다. 이런 조치는 독일 정치권 최고위직에까지 영향을 미쳤다. 1969년 독일 수상은 1933년에 독일노동자당(German Workers' Party)에 입당했던 인물이었다. 탈나치화가 불완전했다는 말로는 부족할 지경이었다.

외국이 주도하는 정권교체를 좀 더 일반적으로 살펴보면 실적이 형편없는데, 그 이유가 단지 전직 엘리트들을 처리하기 어렵기 때문만은 아니다. 2013년에 발표된 한 연구에 따르면, 지난 한 세기 동안 미국이 진행했던 정권교체 작전으로 민주주의가 실현된 경우는 약 11퍼센트로,[61] 열 건 중 한 건에 불과했다. 정권교체에 개입하는 국가들은 종종 민주주의를 우선순위로 언급하지만, 사실은 그렇지 않다.[62] 민주적 지도자들이 권력을 유지하기를 원하며, 타국을 상대로 무력을 사용하는 것은 그들에게 엄청난 위험을 감수해야 하는 일이다. 대부분 지도자에게 국가안보가 위태롭지 않은 한 그런 위험은 감수할 가치가 없다. 민주주의 확산은 전쟁의 부수적 결과이지, 전쟁을 일으킬 충분한 이유는 아니다. 민주주의가 전쟁의 주요 이유도 아닌데, 전쟁으로 민주주의가 탄생할 수 있을까?

케네디 대통령은 이런 역학 관계를 완벽하게 이해하고 있었다. 냉전 시기 워싱턴이 도미니카공화국의 람피스 트루히요를 제거하려 했을 때, 케네디는 다음과 같이 말했다.

선호도 순으로 세 가지 가능성이 있다. 괜찮은 민주정권, 트루히요 정권의 지속, 카스트로 정권이다. 우리는 첫 번째를 목표로 하지만, 세 번째를 피할 수 있다고 확신할 때까지 두 번째를 포기할 수 없다.[63]

민주적 지도자가 방송에서 뉴스 진행자에게 전쟁 개입 목표에 대한 질문을 받는다면, 케네디처럼 말하지는 않을 것이다. 하지만 상황실로 돌아가서는 바로 케네디의 말대로 행동할 것이다.

게다가 민주주의가 국가안보보다 덜 중요한 정도가 아니라 오히려 최종적으로 손해라고 여겨지는 때도 있다.[64] 독재자가 민주적 지도자로 교체된다면, 민주적 지도자는 외세의 명령을 따르기보다는 선거에서 승리하는 데 더 관심을 가질 것이다. 실제로 민주주의 수출국들은 민주정부를 세우기 위해 피와 돈을 쏟아부었으나, 결국 그 정부가 등을 돌려 자신에게 해가 되는 행위를 하는 상황에 놓일 수도 있다.

여기에는 역설이 있다. 외국이 주도하는 정권교체가 지속가능한 민주주의를 세우는 것과 (부분적으로라도) 관계가 있다면, 고려해야 할 두 가지 주요 요소가 있다. 첫째는 성공 가능성인데, 다른 국가들보다 민주주의로 변모할 가능성이 훨씬 크기 때문에 성공 가능성도 큰 차이를 보이는 국가들이 있다. 다른 모든 조건이 똑같다면, 민주적 통치 역사를 지닌 부유한 국가가 국민 투표를 한 번도 경험하지 못한 가난한 개인 권력형 독재정권보다 민주주의로 이행하기 훨씬 쉽다.[65]

고려해야 할 또 다른 요소는 정권을 무너뜨리는 데 필요한 군사적 개입의 복잡성이다. (일본제국처럼) 민주화 가능성이 가장 크면서 국가 제도가 제대로 작동하는 안정적인 국가의 지도자를 물러나게 하는 데에는 비용이 많이 드는데, 안정된 제도를 통해 높은 군사적 효율성을 유지하고 있기 때문이다. 가난한 개인 권력형 독재정권의 최고지도자를 물러나게 하는 일이 더 쉬울 수 있지만, 민주주의 기반이 없으므로 성공 가능성은 더 낮다.[66] 따라서 민주주의 수출국들은 지속가능한 결과가 나올 가능성이 낮은 '쉬운 전쟁'에서 승리하거나, 더 긍정적인 결과가 나올 가능성이 높은 '어려운 전쟁'에서 승리할 수 있다.

어려운 전쟁에서는 사망자가 수만 명이나 발생할 수 있는데, 그럴 만한 가치가 있는 경우는 거의 없다.

그렇다면 이렇게 끔찍한 확률에도 군사력을 통한 정권교체가 그렇게 자주 시도되는 이유는 무엇일까? 부분적으로는 자만심 때문이다. 정치인들은 이번에는 상황이 다르게 돌아갈 것이라 믿는 경향이 있다. 아마 자신은 특별히 똑똑하기 때문에 전임자들을 무릎 꿇린 함정에 빠지지 않는다고 생각할 수 있다.

하지만 다른 대안들 역시 종종 끔찍할 수 있다. 간단히 말해서 군사력을 사용하는 것이 민주주의의 발전을 가져올 확률이 거의 없다는 사실은 누구나 알고 있다. 하지만 해외정보국 책임자가 독재자가 곧 병원과 재래시장에 급조한 폭탄을 투하할 것이라고 말하는 순간, 그 낮은 확률이 정말 의사결정 기준이 될까? 아니면 낮은 확률을 감수하더라도 독재자의 공격 헬기를 이륙 전에 파괴하려 할까? 세상의 모든 데이터를 동원해도 쉽게 결정을 내리기 힘든 문제다.

이 모든 시나리오는 독재자가 무너지는 상황을 가정하고 있지만, 독재자가 잠자리에 들었다가 그대로 깨어나지 않는 선택지도 있다. 그러나 현실에서는 수많은 독재자가 오래 살기 때문에 자주 일어나는 일은 아니다. 카메룬의 폴 비야(Paul Biya)는 90세에도 여전히 권좌에 앉아 있었으며, 바로 옆 나라인 적도기니의 테오도로 오비앙은 81세까지 권력을 쥐고 있었다. 피델 카스트로는 90세에 세상을 떠났고, 로버트 무가베는

95세까지 살다가 싱가포르의 한 병원에서 사망했다.

이상하게도 독재자들이 '단지 잠들었을' 때는 별다른 일이 일어나지 않는다. 독재자 79명이 재임 중에 사망한 이후 그 여파를 분석한 한 보고서에 따르면, 그중 불과 8퍼센트만이 정권 붕괴로 이어졌다.[67] 그리고 민주주의로 이행되는 경우도 거의 없었다. 어떤 이들은 이 숫자가 놀랍다고 생각할지도 모른다. 독재자가 죽었다. 그렇다면 분명히 나라가 다른 방향으로 나아갈 수 있는 가장 좋은 기회가 아닐까? 하지만 그런 일은 대체로 일어나지 않는다.

군인에 대해 이야기하면서 사람들은 종종 "젊은 나이에 사망하는 이들이 많은 직업에서는 노인을 조심하라"고 말한다. 전사들에게 적용되는 이 말은 독재자에게도 적용된다. 재임 중 사망한 독재자들은 일반적으로 통치 기간 내내 그만큼 많은 위협을 이겨 냈다. 독재자가 황금 침대에서 생을 마감할 때 정권이 붕괴할 가능성은 거의 없다. 체제는 견고하고 변화에 대비가 되어 있기 때문이다. 모두가 자신의 위치를 알고 있으며, 특별한 상황에서도 조직은 잘 돌아간다. 그리고 새로운 지도자가 등장한다.

새로운 지도자가 극적인 변화를 원한다고 해도 그런 변화를 추진하는 것은 쉽지 않다. 수구세력의 도움 없이 통치하는 것은 불가능에 가깝기 때문이다. 옛 지도자를 둘러싸고 있던 사람들이 자신에게 아주 유익한 체제를 왜 해체하려 하겠는가? 수구세력들은 당연히 체제를 그대로 유지하려 할 것이고, 따라서 평지풍파를 일으키지 않을 사람을 새로운 지도자로 선택할 것이다. 이런 기대와 달리 새로운 지도자가 다른 시도를 한다면, 아마 그는 오래가지 못할 것이다.

하버드대학교의 한 연구자는 엘리트들이 이미 후계자를 정해 둔 경우에만 지도자가 잠이 든 동안에 사망하는 것이 '허용'된다고 주장했다.[68] 후계자가 정해지지 않았다면, 현직 지도자가 살아 있는 동안에 누군가 후계자가 되기 위해 지도자를 몰아내려 할 것이다. 그런 일이 발생하지 않고 독재자가 평화롭게 죽음을 맞을 수 있었다면, 극적인 변화가 발생하지 않도록 정권 내부자들 사이에 모종의 합의가 있었을 것이다.

여기에서 알 수 있는 것이 한 가지 더 있다. 새로운 지도자가 집권하는 방식을 보면 그에게 기대할 수 있는 정치체제의 유형뿐만 아니라 그 체제가 얼마나 안정적일지도 알 수 있다. 새로운 지도자가 권력을 잡으면 상대적으로 취약한 위치에 놓이는 경우가 많다.[69] 상황은 유동적이고 사람들은 아직 자신의 역할을 모른다. 따라서 새로운 지도자가 약하다고 생각되면 이들은 그 자리에 도전하고 싶은 유혹에 빠질 수 있다. 하지만 일부 '리더십 진입' 방식은 다른 방식에 비해 훨씬 강력한 안정성을 창출한다.[70]

누군가를 암살하는 일은 비교적 쉽고 큰 힘을 들이지 않아도 된다. 반면에 정권교체를 위한 쿠데타나 반란, 대규모 시위를 통해 정치 질서 전체를 해체하는 일은 훨씬 더 높은 수준의 지지가 필요하다. 새로운 지도자가 이런 수단을 통해 집권하면, 모든 이들은 새로운 지도자가 상대적으로 강력하다는 사실을 받아들인다. 그 결과 누구도 패배할 싸움을 시작하지 않을 것이므로, 새로운 지도자는 심각하고 즉각적인 도전에 직면할 가능성이 적다.

독재자가 몰락하고 정권이 붕괴하면, 종종 재앙과 같은 상황이 펼쳐진다. 독재자는 측근에 둘 사람과 제거해야 할 사람을 선택함으로써 권력을 유지하고 음모와 밀실 계략을 꾸미기도 하지만, 독재자가 확고하게 권좌에 있는 동안에는 전면적 충돌은 거의 일어나지 않을 것이다. 하지만 독재자가 고군분투하고 곧 몰락할 것처럼 보는 순간, 상황은 격화된다. 정권 엘리트들은 자신의 이익을 위해 정권을 살리려 할 것이고, 도전자들은 최고 자리에 올라 권력을 강화하고 갈취한 돈을 차지하려 할 것이다. 대중은 정권이 쥐고 있는 자원을 국민 대다수에 돌려주기를 바라지만, 내부 권력자들과 경쟁하기에는 너무 나약하다.

먼지가 가라앉고 유혈 사태가 중단되었을 때, 독재가 끝나지 않고 단지 또 다른 이름으로 바뀌었을 뿐이라면 사람들은 종종 이렇게까지 할 가치가 있었는지 의문을 품게 된다. 독재정권-분쟁-독재정권이라는 순환을 깨기는 어렵지만, 독재자가 '올바른' 방법으로 몰락할 때 가끔 그 순환이 깨지기도 한다.

이제 독재자가 어떻게 몰락하는지 그리고 그들이 몰락할 때 어떤 일이 일어나는지를 알았으니, 독재자가 몰락하도록 해야 할까? 그리고 독재자를 몰락시키려 노력하는 일은 현명한 일일까?

9장
독재자를 무너뜨리는 방법

HOW TYRANTS FALL

MARCEL DIRSUS

9장

독재자를
무너뜨리는 방법

> 역사는 모든 독재정권, 모든 권위주의 형태의 정부가 일시적이라는 사실을 증명한다. 오로지 민주적 체제만이 일시적이지 않다. 단점이 무엇이든 간에 인류는 그보다 우월한 것은 고안하지 못했다.[1]
>
> 블라디미르 푸틴

정치에서 독재자를 무너뜨리는 것만큼 어려운 일은 거의 없지만 그렇다고 모든 시도가 실패할 운명이라는 말은 아니다.

독재자를 무너뜨리는 것이 어렵다는 사실을 고려할 때, 외부 세력은 현실적으로 얼마나 영향을 미칠 수 있을까? 좋든 싫든 외부 세력의 영향력은 대부분 제한적이다. 독재자를 실각시키는 일은 대체로 국민들 몫이며, 그것도 극히 일부 국민의 몫인 경우가 많다. 일반적인 규칙은 다음과 같다. 독재자와 가까울수록 그 사람은 더 큰 영향력을 지닌다. 국방부 장관은 일반적으로 중간급 공무원보다 더 많은 권력을 가지며, 고위 관료의 권력은 보통 외곽 지역의 상점 주인보다 훨씬 클 것이다.

독재자가 권력을 유지하는 데는 대가가 따르듯이, 독재자를 무너뜨리려는 사람들도 어려운 결정을 해야 한다. 재앙 같은 상황을 일으키지 않고 독재자를 무너뜨리려면 독재의 순환을 끊어야 한다.

독재의 순환을 끊는 두 가지 주요한 방법이 있다. 첫 번째는 독재자의 기반을 서서히 잠식해서 약화한 다음 강한 타격 한 번으로 무너지게 하는 것이다. 두 번째 전략은 좀 더 즉각적인데, 독재자를 직접적으로 제거하는 것이다.

독재자를 무너뜨리는 문제에서 모든 국가가 똑같은 수단을 갖추고 있지는 않을 것이다. 미국과 같은 일부 국가는 정치적 압력부터 경제적 강압, 군사력에 이르기까지 원하는 수단을 쉽게 고를 수 없을 정도로 모든 수단을 다 갖추고 있다. 2019년 베네수엘라 선거에서 논란이 일자, 미국은 후안 과이도(Juan Guaidó)를 대통령으로 인정하고 사실상 그 나라를 계속 통치했던 니콜라스 마두로의 권력을 약화하기 위해 움직였다.[2] 1978년 카터 대통령이 니카라과 독재자 소모사가 물러나야 한다는 결정을 내렸을 때, 워싱턴은 국제통화기금(International Monetary Fund, IMF)에 영향력을 행사하여 마나과 정부에 대한 신용 제공을 중단시켰다.[3] 게다가 카터는 소모사 정권에 대한 군사 원조를 중단했을 뿐만 아니라 다른 국가들의 무기 수송도 차단했다.[4] 1960년대 초반에 케네디 대통령은 한 단계 더 나아가 도미니카공화국 수도 해변에 미국 함대를 배치하라고 명령했다. 침공의 위협이 임박해지자, 람피스 트루히요 대통령은 이제 물러날 때라는 소리를 들었고, 위험을 감수하고 싶지 않았던 그는 스스로 자리에서 물러났다.[5] 2003년에 미국은 이라크에서 사담 후세인을 무너뜨렸고, 2011년에는 리비아에서 무함마드 카다피를 축출했다. 이처럼 미국과 같은 나라는 독재자를 축출할 수 있는 수많은 수단을 가지고 있다.

다른 국가들은 특수한 방법만을 사용할 수 있다. 이 국가들의 은행에는 독재자가 축재한 현금이 쌓여 있을 수 있다. 아니면 독재정권의 제트기 유지 장비를 만드는 나라일 수도 있다. 혹은 지리적으로 독재국가와 가까워서 저항 조직을 세우기에 안전한 장소를 찾는 정권의 반대 세력에 유용할 수도 있다.

외부 세력이 좀 더 더디고 교묘한 방법, 즉 조금씩 독재자의 세력을 잠식해 들어가며 폭풍이 몰아칠 때까지 기다리는 방법을 선택한다면, 가장 먼저 할 일은 신중하게 분석하고 계획을 세우는 것이다. 실제로 독재자의 권력을 유지하는 사람은 누구인가? 독재자가 절대로 버릴 수 없는 집단은 누구인가? 무엇이 이들을 월요일 아침에 침대 밖으로 나서게 하는가? 어떻게 하면 이들의 계산법에 영향을 미칠 수 있는가? 권위주의 정권은 매우 불투명하므로, 특히 세계에서 가장 폐쇄적인 국가에 대한 이런 질문에 답하기는 쉽지 않다. 하지만 이런 명백한 어려움에도 불구하도 사람들의 특성은 다른 점보다는 비슷한 점이 많다. 사실 국가마다 문화는 매우 다양하고, 특히 독재정권하에서 수십 년 동안 특정 이데올로기를 주입받아 온 사람들은 아주 다른 이데올로기를 가지고 있다. 그렇다고 해도 핵심적인 지위에 있는 사람들은 권력, 돈, 자신과 가족의 안전, 존경 등을 원한다는 점에서 모두 비슷하다.

일단 이런 분석을 마쳤다면, 외부 세력은 독재자에게 복구할 시간을 주지 않을 만큼 빠른 속도로 독재자의 기반을 훼손하는 것을 목표로 해야 한다. 이를 위해서는 정권의 강점과 약점뿐만 아니라 정권을 무너뜨리려는 도전자에 대한 분석도 필요하다. 그 도전자가 잘하는 것은 무엇이고, 부족한 것은 무엇인가?

이렇게 좀 더 신중한 접근 방식을 취하면 세 가지 이점이 있다. 외부 세력이 직접 독재자를 무너뜨리는 방식이 아니기 때문에 상대적으로 비용이 적게 들 수 있다. 그리고 이런 접근법은 스스로 독재자를 무너뜨리려는 이들은 돕는 것이기 때문에 완전히 실패할 가능성도 훨씬 적다(이론적으로는 외부 세력이 독립 언론을 위한 워크숍을 개최하면 10만 명이 죽을 수도 있지만, 지금까지 그런 일은 일어나지 않았다). 게다가 외부 세력이 신중하게 지원해서 정권 몰락에 도움을 줄 수 있다면, 그 결과는 지속가능할 수도 있다. 앞에서 살펴본 것처럼, 비폭력적 방식으로 민주주의로 이행하는 데 성공한다면 폭력적 이행보다 성공할 가능성이 더 크다.

독재자는 권력을 유지하기 위해 돈, 무기, 사람이 필요하다. 중요한 점은 독재자의 측근들이 앞으로도 계속 이 세 가지를 모두 가질 수 있다고 생각해야 한다는 것이다. 측근들이 그런 믿음을 갖지 못한다면, 그들은 지도자에 대한 지지를 재조정할 것이다. 엉뚱한 말에 돈을 걸 생각은 없기 때문이다. 그럴 경우 독재자의 지위는 취약해지고, 이는 독재자에게 도전하는 새로운 인물이 등장하는 계기가 된다. 외부 세력은 세 가지 모두에 영향을 미칠 수 있다. 외부 세력이 독재자를 무너뜨리는 데 도움이 되고 싶다면, 통치자의 기반을 약화하고, 대안이 될 엘리트의 힘을 강화하며, 대중을 세력화하는 것을 목표로 해야 한다. 독재자의 세력을 약화하는 전술은 몰락 가능성을 높이고, 대중을 세력화하는 전술은 독재의 악순환을 끊을 수 있는 가능성을 높인다.

첫 번째 단계로, 외부 세력은 독재자가 생존을 유지하게 해주는 적극적인 행위를 모두 중단해야 한다. 많은 독재자가 수십억 달러 가치의 군사 장비를 수입하고 있다. 물론 무기 수출이라고 모두 똑같지는 않다. 쿠데타나 대중적인 시위가 바다에서 일어나지는 않으므로 잠수함의 어뢰는 정권의 내부 방어에 사용되지 않을 것이다. 하지만 몇 초 만에 시위대 수십 명을 살상할 수 있는 주 전투용 탱크라면 어떨까? 이야기가 전혀 달라진다. 독재자의 생존을 더 어렵게 만들려면, 독재자가 자국민을 상대로 사용할 수 있는 군수 장비 수출을 중단해야 한다. 세세한 내용은 해당 정권에 따라 다르겠지만, 장갑차와 소형 무기, 헬기를 더 이상 수출해서는 안 된다는 사실은 분명하다.

다음 단계에서는 독재자가 반대 세력을 발견하여 통제하는 일을 더 어렵게 만들어야 한다. 오늘날 이 단계의 핵심은 컴퓨터, 태블릿, 휴대전화에 대한 디지털 감시다. 휴대전화 감시와 관련하여 눈에 띄는 소프트웨어가 하나 있다.

2011년 봄, 페가수스(Pegasus)라는 스파이웨어를 만드는 NSO그룹 임원들이 멕시코시티 외곽에 있는 거대한 군사기지에서 청소용품을 보관하는 방에 앉아 있었다.[6] 이미 보안 경계 구역 내부에 있는 방이었음에도 무장한 경비병들이 문밖에 서 있었다. 이들은 평범한 기술팀이 아니었고, 가능한 한 적은 사람만이 이들의 방문에 관해 알고 있어야 했다. 기다림이 끝나고 경비병이 비켜서자, 프레젠테이션이 시작되었다. 펠리페 칼데론(Felipe Calderón) 멕시코 대통령과 기예르모 갈반 갈반(Guillermo Galván Galván) 국방부 장관이 참석했다. NSO그룹의 최고기술책임자는 참석자들에게 블랙베리폰을 건넸다.

그것은 그냥 일반적인 휴대전화로 보였고 정상적으로 작동했다. 경고 신호도, 반짝이는 불빛도, 에러 메시지도 없었다. 그러나 멕시코 참석자들이 그 휴대전화를 사용하는 순간 휴대전화 속 데이터가 실시간으로 전송되는 모습이 커다란 화면 위에 나타났다. 휴대전화의 정보가 완전히 유출되었음에도 피해자는 아무것도 모를 정도로 완벽한 공격이었다.

해킹이 완료되자, 공격자는 연락처, 문자메시지, 통화 기록, 마이크 등 휴대전화에 있는 거의 모든 자료에 접근할 수 있었다. 그 후 얼마 지나지 않아 NSO그룹은 멕시코를 첫 주요 고객으로 확보했다. 멕시코는 오랫동안 강력한 마약상들을 단속해왔고, 이런 소프트웨어는 마약 카르텔을 단속하기 위한 완벽한 도구였다. 마약범들이 어디에 있는지, 누구와 대화하고 무엇을 계획하는지를 당국에서 알 수 있다면, 훨씬 효과적으로 대응할 수 있을 것이다.

하지만 그 후 2년 동안 점점 더 많은 정부가 NSO그룹의 기술에 관심을 보였는데, 그 이유가 단지 조직적인 범죄에 대응하기 위한 것만은 아니었다. 2013년에 아랍에미리트연합이 이 소프트웨어에 접근할 수 있는 권한을 갖게 되었다. 아랍에미리트 정권에서 이 소프트웨어는 정부를 비판하는 것 말고는 아무 잘못도 저지르지 않은 엔지니어 아흐메드 만수르(Ahmed Mansoor)를 표적으로 광범위하고 강도 높은 작전을 진행하는 데 사용되었다고 알려졌다. 《뉴욕타임스(New York Times)》는 다음과 같이 보도했다.

만수르는 자동차를 도난당했고, 이메일 계정을 해킹당했으며, 위치가 추적되고, 여권이 압수되고, 은행 계좌에서는 14만 달러가 사라졌다. 직

장에서 해고당했으며, 길거리에서 몇 번이나 낯선 이에게 구타당했다.[7]

이런 일들 외에도 만수르는 NSO그룹 소프트웨어의 표적이 되었다고 알려졌다. 끔찍한 일이었다. 만수르의 표현을 빌자면, "당신의 일거수일투족이 전부 감시당한다고 믿게 됩니다. 가족은 공황 상태에 빠지죠. 나는 그런 상태로 살아야 합니다".[8] 결국 만수르는 정권에 의해 투옥되어 사막의 감옥 바닥에서 잠드는 신세가 되었다.[9]

이전에 이 소프트웨어에 관해 들어 본 적이 없었다면 독재정권에서 개발되어 다른 독재정권에 판매되었다고 추측할 수도 있다. 하지만 그렇지 않다. NSO그룹은 이 소프트웨어를 민주주의국가인 이스라엘에서 개발하여 해외에 판매했다. 이것은 큰 사업이기도 했지만, 무엇보다 이스라엘 외교정책의 도구로 사용되었다. 이스라엘 정부가 어느 나라에 소프트웨어를 수출할지를 통제했기 때문에, 이 소프트웨어는 새로운 파트너십을 구축하거나 기존 동맹을 공고히 하는 데 사용되었다. 아랍에미리트의 경우에, 이스라엘 정보 요원들이 두바이에서 하마스 고위급 조직원을 암살한 후에 수출이 허가되었다고 알려졌다. 이 스파이 소프트웨어는 두 나라 사이의 '화해의 상징'이었다.[10]

민주주의국가가 진정으로 독재자의 몰락을 원한다면, 그런 방식으로 평화 제의를 해서는 안 된다.

독재정권이 이런 수단에 접근할 수 없으면 반대 세력에 관한 정보를 수집하기 어려워지고, 그 결과 차별적인 탄압을 하기가 더 어려워진다. 그리고 국민들에 대한 무차별적인 탄압이 자행될 경우 반발 가능성이 심각하게 증가한다. 사람들이 아무 잘못도 없이 처벌받는다면, 통치자를 반대하지 않아야 할 이유가 무엇이겠는가?

다음으로, 현직 지도자가 유권자들을 만족시키기 더 어렵게 만들어야 한다. 이론적으로 이를 위한 한 가지 방법은 제재이다. 권위주의 정권에 대한 제재는 많은 위험을 감수하지 않고서도 '무언가 할 수 있게' 해 주기 때문에 정책입안자들에게 인기 있는 방법이다. 그런 까닭에 제재 건수가 급증했다. 1990년대에는 전 세계 인구 중 50퍼센트 이상이 제재하에서 생활했고, 빌 클린턴 대통령은 미국이 "무턱대고 제재만 하고 싶어" 한다며 불만을 표했다.[11] 그 이후로도 제재 건수는 더 늘어났다. 트럼프 대통령 재임 시절, 행정부는 "근무일마다 평균 거의 4건의 제재를 지정"하기에 이르렀다.[12]

그렇다면 제재는 효과가 있을까? '효과'가 무엇을 의미하는지에 따라 다르다. 제재는 다른 국가에 경제적 압력을 가해서 행동을 변화시키기 위해 실행된다.[13] 독재자가 물러나도록 독려하는 문제에서 실제로 제재가 효과를 거두는 것은 거의 불가능하다. 유럽외교협회(European Council on Foreign Relations) 제재 전문가, 아가트 드마레(Agathe Demarais)는

"독재자에게 물러나라고 요구하는 것은 자신의 사형 집행 영장에 서명하라는 말이나 마찬가지다"라고 말했다.[14] 경제적 강제가 효과가 있다면, 독재자가 아니라 그 측근들이 마음을 바꾸었기 때문일 것이다. 제재는 독재자가 무역이나 국제원조를 통해 얻은 현금을 엘리트들에게 분배할 능력을 축소시킴으로써 효과를 발휘할 수 있다. 하지만 제재 효과는 목표로 하는 정권의 유형에 따라 달라진다. 2010년에 진행된 한 연구에 따르면, 개인 권력형 정권과 군주제 국가는 정권 유지를 위한 자금을 외부에서 들어오는 수입(예를 들어 국제원조)에 의존하기 때문에 상대적으로 제재에 더 취약하다.[15]

이론적으로 경제가 붕괴하면 권력 실세와 대중 모두가 분노하여 권위주의 정권에 문제가 발생할 수 있다. 권력 실세는 덜 부유해지고, 대중은 더 가난해지기 때문이다. 이렇게 불행한 상황을 극복하기 위해 독재자는 국민들을 탄압하는 방법을 사용하고 싶어질 것이다. 하지만 독재자가 국민들을 탄압하려고 해도 수하의 장군들이 그 지시를 끝까지 완수한다는 확실한 보장은 없다. 그들 역시 불만을 품고 있기 때문이다.

개인 권력형 독재정권에 비해 군부독재정권과 일당독재국가는 이런 상황에서 유리하다.[16] 군부정권은 평균적으로 제재로 인한 후폭풍에 대처하기 위해 탄압을 이용하는 것이 더 수월한데, 그 이유는 군대가 탄압에 대한 부담으로 분열될 가능성이 크지 않기 때문이다. 반면에 일당독재국가에는 제대로 기능을 하는 제도가 더 많기 때문에 돈 이외의 다른 방법으로 엘리트들을 끌어들일 수 있다. 그 결과 정치적으로 중요한 이런저런 인물들이 꾸준히 현금 뭉치를 받지 못하는 대신 의회 대표나 거대 공기업 대표로 승진할 수 있다.

제재의 효율성은 지리적 요건과도 관련이 있다. 풍부한 석유 자원을 가진 국가는 경제적 제재에 대해 상당히 유리한 위치에 있다.[17] 귀중한 자원인 석유는 어떻게든 팔리기 때문이다. 일부 국가가 석유 수출국에 제재를 가하면, 다른 국가가 석유를 사기 위해 나설 것이다. 제재를 받는 국가가 가격을 낮춰서 석유를 팔 수도 있지만, 어쨌든 자금은 계속 유입될 것이고, 독재정권은 수도의 저택에 거주하는 측근들에게 그 돈을 분배함으로써 정권에 대한 위협을 모면할 수 있다.

정권을 위협하기 위해 제재를 고려할 수 있는 비민주적 국가 중 다수는 분명히 이런 기준 중 하나에는 부합한다. 그렇다면 제재 효과가 없으니 이런 국가들은 절대 표적으로 삼아서는 안 되는 걸까?

꼭 그렇지는 않다. 예를 들어 경제적 제재는 편안하게 살아서는 안 될 사람들의 삶을 어렵게 만든다는 점에서 산유국을 대상으로 할 때도 타당한 방법일 수 있다. 한 정치경제학자는 최근에 《워싱턴포스트》와의 인터뷰에서 러시아에 대한 제재와 관련된 질문을 받고서 이렇게 말했다. "저는 제재를 정권이 앉아 있는 나무를 흔드는 것이라고 생각합니다. 우리가 정권이 떨어질 정도로 흔들고 있지는 않더라도, 정권에 문제를 일으키고는 있습니다."[18] 제재가 완벽하지는 않지만, 상황에 따라서는 아무것도 하지 않는 것보다 나을 수 있다.

독재자를 긴장하게 만드는 다른 방법도 있다. 그중 하나가 외부 세력에 대한 방어 보장을 중단하는 것이다. 이를 통해 외부 세력이 해당 독재자를 직접적으로 무너뜨릴 가능성이 높아지는 것은 아니지만, 한정된 자원 중에 많은 부분을 군사적 효율성을 높이는 데 투입하게 만들어 내부에서 쿠데타가 발생할 가능성이 높아지게 만들 수 있다. 쿠데타 위험이 증가하면 새로운 문제가 나타나고 곧이어 또 다른 문제들이 연쇄적으로 발생하면서 독재자는 혼란에 빠지고 그 사이에 본인의 잘못으로 실수를 하게 만드는 것이다.

결론적으로 독재자를 약하게 만드는 전략은 외부 지원을 철회하는 것에서 시작된다. 이는 국민들을 탄압하기 더 어렵게 만드는 동시에 독재자가 권력을 유지하는 데 도움이 되는 사람들에게 독재의 이익을 분배하는 능력을 감소시킨다. 이 모든 조치를 통해 독재자는 자신을 대체할 다른 이들에 비해 세력이 약해진다.

외부 세력들은 현직 지도자가 고군분투하는 동안 경쟁자들을 부추겨서 힘을 실어 줌으로써 그에 대한 압박 수위를 높일 수 있다. 요웨리 무세베니(Yoweri Museveni)는 냉전이 여전히 맹위를 떨치던 1986년에 우간다 9대 대통령이 되었다. 21세기에 들어서면서 무세베니가 직면한 가장 큰 정치적 문제는 보비 와인(Bobi Wine)이라는 활동가였다. 음악가에서 대선 후보로 변신한 와인은 우간다의 윤곽이 그려진 빨간색 베레모를 트레이드마크처럼 쓰고 다니며 사람들을 열광하게 만들었다. 2023년 10월 5일, 와인이 엔테베국제공항에 내렸을 때, 지지자들은 특별한 계획을 세웠다.[19] 와인이 2주 동안 해외에 있었기 때문에, 지지자들은 캄팔라(Kampala, 우간다의 수도) 북동쪽으로 50킬로미터 정도 떨어진 그의 집까지 행진해서 갈 생각이었다.

하지만 비행기에서 내린 순간 보비 와인을 맞이한 것은 환영 파티가 아니라 팔을 등 뒤로 비틀어 꺾는 정체불명의 남자들이었다. 와인은 지지자들과 함께하는 행진 대신 차에 실린 채 머리를 걷어차였다. 집에 도착했을 때, 건물 안팎으로 보안 요원 수십 명이이 배치되어 어수선했다. 와인은 한 기자에게 "저는 군인들에게 둘러싸여 있었고, 누구도 나가거나 들어올 수 없었습니다"라고 말했다.[20]

와인은 사실상 구금되었지만, 적어도 살해당하지는 않았다. 그리고 와인과 가까운 한 활동가가 말했듯이, 그건 우연이 아니었다. 그 활동가에 따르면, 정권은 와인을 학대하고 가택에 연금할 수는 있었지만, 죽일 수는 없었다. 독재자가 자신의 정적을 죽이고 싶을 수는 있지만, 그렇다고《뉴욕타임스》나《워싱턴포스트》에 부정적인 헤드라인이 실리기를 원하지는 않는다. 카리스마 넘치는 보비 와인은 엄청난 관심을 끌고 있는데, 인스타그램에서 70만 명, 트위터로 불리던 소셜미디어에서는 200만 명이 넘는 팔로워를 보유하고 있다. 우간다는 세계 언론의 초점이 된 적이 없지만, 보비 와인에게 무슨 일이 생기면 BBC와 CNN을 비롯한 주요 언론사들이 주목할 것이다. 이 모든 것이 우간다 독재자가 야당 지도자를 제거하기 훨씬 어렵게 만들고 있다.

독재자의 대안이 될 수 있는 지도자에 대한 지원이 의료나 망명, 동정적인 언론 인터뷰가 전부는 아니다. 정권 고위급 내부자가 자신의 보스를 버리거나 배신하도록 독려할 수도 있다. 국내에서 자신만의 권력 기반을 다질 수 있도록 뇌물이나 돈을 건넬 수도 있고, 적당한 시점에 그에게 불리한 낯 뜨거운 정보를 보낼 수도 있다.

하지만 독재자의 세력을 약화하고 경쟁자를 강화하는 것만으로는 충분하지 않다. 대부분 독재자에 대한 주된 위협은 거리의 시위대가 아니라 다른 엘리트에게서 비롯되지만, 대중 봉기는 눈 깜짝할 사이에 독재자를 붕괴시킬 수 있으므로 대중이 세력화하는 것이 중요하다. 마찬가지로 중요한 점은 대중은 대안이 되는 엘리트들이 지도자를 압박하는 데 도움을 줄 수 있다는 것이다. 고도로 권위주의적인 정권에서도 대중의 지지(또는 대중의 지지 부족)는 다른 엘리트들에게 현직 지도자가 심각한 몰락의 위험에 처할 수도 있다는 사실을 알려 준다는 점에서 여전히 중요하다.

현직 지도자의 경쟁자들이 정권을 얻는 데 성공하면 국민은 그들에게도 압력을 행사할 수 있다. 이런 방식으로 리더십 변화가 적어도 잠재적으로는 의미 있는 정책 변화를 가져올 수 있다. 그러지 못할 경우 독재자를 제거하면 새로운 독재자가 탄생하고, 독재와 혼란이 다시 독재로 이어지는 악순환이 계속될 위험이 있다.

민주주의를 촉진하기 위해 노력하는 사람들과 그들을 외부에서 지원하는 것에 대해 논의할 때 직면하는 주된 어려움 중 하나는 그들이 딜레마에 직면해 있다는 점이다. 한편으로 그들은 민주주의를 위해 외부에서 지원하는 일에 확고한 신념을 가지고 있다. 그렇지 않고서야 그 일을 할 리가 없다. 그런 일을 하면서 멋진 차를 몰거나 엄청나게 큰 집에 살 수 있다면 모를까. 하지만 다른 한편으로 그들은 외부 지원의 가치를 지나치게 과장하여 말하지 않으려 한다. 그렇게 되면 현지에서 변화를 만들어 낸 사람들의 공을 빼앗을 수도 있기 때문이다. 가장 큰 위험에 직면하는 이들은 바로 현지 활동가들이므로, 그들의 공을 인정하지 않는 것은 문제가 될 수 있다. 게다가 독재자들은 반대에 직면했을 때 그 원인으로 외국의 영향력을 강조하곤 한다. 따라서 해외에서 민주주의를 촉진하려 노력하는 사람들이 자신의 기여를 지나치게 강조하면, 그들이 약화하려는 통치자의 손에서 놀아날 위험이 있다.

그렇지만 매일 이런 일을 하는 사람들과 이야기를 나누면서 배울 수 있는 몇 가지가 있다. 현직 지도자나 정권 엘리트들과의 갈등 속에서 대중의 힘을 강화하기 위해 외부 세력은 네트워크를 만들고, 활동가를 교육하고, 정권의 통제 밖에서 이루어지는 조직화를 지원하고, 망명지에서 세력을 규합할 수 있게 도와주고, 자유롭게 정보를 교환하도록 지원할 수 있다.

반대 세력을 암흑 속에 고립시키기 위해 할 수 있는 모든 일을 다 하는, 전지전능해 보이는 정권에 맞서 투쟁할 때 활동가들은 마치 혼자인 것처럼 느낄 수 있다. 자신과 같은 생각을 하는 사람은 아무도 없고 문제를 해결할 책임도 모두 자신에게 있는 것처럼 느끼는 것이다. 물론 독재자들은 반드시 이런 상황을 만들고자 하는데, 활동가들이 고립될수록 사람들을 조직화하는 것이 더 어려워져서 시위가 시작되는 것을 막을 수 있기 때문이다. 외부 세력은 사람들을 한데 모아 이런 단절을 극복하도록 도움을 줄 수 있다.

때로는 사람들 사이에서 상충하는 이해관계를 조율해야 할 때도 있다. 야히아 자메를 끌어내리는 데 실패한 어설픈 쿠데타 이전에 감비아의 야당들은 너무나 잔인한 정권에 맞서 단결하려고 애썼다. 쿠데타 시도 이후 야당 세력들은 더 이상 예전 방식을 고수할 수 없다는 사실을 깨닫고 외부 비정부기구의 지원을 받아 힘을 합쳤다.[21] 이상적인 시나리오에서는 사람들이 한데 모이면 서로 배울 기회가 생긴다. 어떻게 사람들을 동원할까? 어떻게 전국적인 파업을 조직할 수 있을까? 이런 질문들은 여러 세대에 걸친 활동가들이 이미 생각해 오던 것이기 때문에 쓸데없이 시간을 낭비할 필요가 없다.

독재정권은 각기 다 다르지만, 반대 세력을 조직하려는 사람들에게 실용적인 조언을 해줄 수 있을 정도로는 비슷하다. 외부 행위자들은 국내에서 반정부 단체들을 지지하는 사람들에게 전략과 전술을 가르침으로써 그 단체들을 지원할 수 있다. 21세기에 들어서며 배워야 할 완전히 새로운 분야가 나타났다. 소셜미디어에 적합한 바이럴콘텐츠는 어떻게 만들 수 있을까? 어떤 메신저가 안전하고, 어떤 것은 안전하지 않을까? 이런 질문들은 활동가들이 서로 배울 수 있는 실용적인 교훈이다. 외부 세력은 네트워크와 교육을 활성화함으로써 이런 분야에 도움을 줄 수 있다.

함께 모인 사람들은 개별적인 모임보다 억압하기 어렵다. 따라서 사람들이 쉽게 모이고 쉽게 동원될 수 있다면 대중의 힘은 확대될 것이다. 정권에 비판적인 시민사회단체에 대한 지원이 아직 법으로 금지되지 않은 국가에서는 그런 단체를 지원하는 데 집중해야 한다. 비판적인 단체를 지원하는 것이 법으로 금지된 국가에서 차선책은 정부의 책임을 묻는 데 직접적으로 관여하지는 않으면서 많은 사람들을 함께 통합할 수 있는 단체를 지원하는 것이다. 일부 교회가 그런 역할을 하고 있다면 그런 교회를 지원하고, 그런 단체가 노동조합이라면 노동조합을 지원하고, 장애인 권리 옹호 단체라면 그 단체를 지원해야 한다. 정부의 통제를 받지 않고 통합과 대중 조직화를 가능하게 하는 것은 무엇이든 도움이 될 수 있다.

정권에 대한 반대운동을 강화하는 데에는 정치적 망명을 지원하는 것도 포함된다. 정치적 반대운동은 단지 간판이 되는 지도자들로만 이루어진 것이 아니며, 하나의 공동체를 구성하고 있다. 공동체 내부에는 조직하는 사람, 기금을 모으는 사람, 언론에 메시지를 보내는 사람 등 많은 사람들이 존재한다. 상황이 아주 위험해지면, 단지 한 사람이 아니라 많은 사람들이 강제로 고국을 떠나야 하는 상황이 발생한다. 지난 몇 년 동안 초국가적 탄압이 예외가 아닌 일반적인 상황이 되면서, 많은 민주주의국가들이 난민들을 독재자의 압력에 취약한 나라들로 밀어냈고, 그 결과 반대운동 조직들 중 상당수가 권위주의적 압제자로부터 점점 더 많은 압력을 받게 되었다. 이런 흐름을 바꿔 놓으려면 정치적으로 상당히 어려운 문제들에 맞닥뜨리겠지만, 독재자의 삶을 더 힘들게 하려는 의도만 있다면 도움이 될 것이다.[22]

더불어 정보를 자유롭게 교환하도록 지원해야 한다. 인터넷은 독재자들이 자신의 목적에 맞게 사용하려고 할 만큼 활동가들에게도 여전히 유용하다. 인터넷은 활동가의 메시지를 조직하고 전파할 수 있을 뿐만 아니라, 정권이 휘청거리는 듯한 순간이 오면 사람들을 조직하는 데도 유용하게 사용할 수 있다. 기존 민주주의국가들은 활동가들이 스스로 해내도록 도움을 줄 수 있다. 예를 들어 안전한 메신저 앱 개발을 지원하여 활동가들이 정부 검열을 피할 수 있도록 도울 수 있다.

이런 조치들이 실행되고 독재자가 다스리는 영토의 안정성에 심각한 문제가 제기되면, 외부 세력은 다른 유형의 망명, 즉 독재자의 정적이 아닌 독재자 자신의 망명에 관한 결정을 내려야만 할 것이다. 필리핀의 독재자 페르디난드 마르코스를 언급하며 설명했던 것처럼, 독재자의 망명은 어려운 문제다. 민주주의국가에서 망명지를 제공하지 않으면 독재자는 권력을 유지하기 위해 수단과 방법을 가리지 않을 것이고, 그 결과 무고한 민간인들이 희생될 수 있다. 독재자는 고문 명령을 내릴 수도 있고, 발포 명령을 내릴 수도 있다. 이런 명령이 수행되지 않을 수도 있지만, 수행될 가능성 역시 항상 존재한다. 민주주의국가들이 망명지를 제공하면, 절대 용납할 수 없을 정도로 사악한 사람이 하와이나 코트다쥐르(Côte d'Azur, 프랑스 남동부 지중해 연안 지역)에서 여생을 보낼 수도 있다. 그럴 경우 국제 정의와 책임을 위한 노력도 훼손될 뿐만 아니라 다른 독재자들에게는 고문이나 살인의 자유가 있다는 신호가 될 것이다.

이런 조치들이 하나로 합쳐지면 많은 독재정권을 불안정하게 만들 만큼 잠식해 나갈 수 있다. 하룻밤 사이에 일어날 일은 아니지만, 결국 일어날 일이다. 아주 작은 반대 움직임이라도 나타나는 순간, 독재정권 중 일부는 붕괴할 것이고 대다수는 매우 힘든 상황에 놓이게 될 것이다. 독재자가 실제로 몰락한다면, 독재의 악순환을 끊을 가능성도 충분히 존재한다.

하지만 이런 전략들에도 한계는 있다. 가장 강력하고 가장 큰 피해를 준 독재자들은 대부분 자신의 정권에 대한 공격을 예상하고 대비하고 있기 때문이다. 그 결과 그 나라 안에 외부의 지원을 받으며 유의미한 차이를 만들어 낼 사람이 충분하지 않을지도 모른다. 역사학자 로리 코맥(Rory Cormac)이 지적했듯이, "비밀공작은 반대 세력을 형성하지 못한다".[23] 즉, 가장 강력한 외부 행위자라고 해도 난데없이 하늘에서 함께할 사람이 뚝 떨어지게 만들 수는 없으므로, 이미 활동하고 있는 세력이나 집단만을 지원할 수 있을 뿐이다. 아니면 현 정권의 반대자들을 지원할 수도 있지만, 그들이 현재 집권 세력보다 더 잔혹한 이들일 수도 있다. 혹은 독재정권 자체가 워낙 공고해서 반대 세력을 지원하는 것으로 독재정권을 쉽게 무너뜨리기 어려울 수도 있다. 이런 상황은 정권이 일정 기간 이상 존속되어 국가 기구가 처음보다 더 효율적으로 작동하기 시작했을 때 흔히 발생한다.[24]

이런 환경에서 외부 세력이 달성할 수 있는 최고치는 독재자의 몰락을 가속화하는 것이다. 독재를 종식시키는 것은 거의 불가능하다. 핵심적인 문제는 가장 파괴적인 정권일수록 좋은 결과를 가져오는 방식으로 몰락할 가능성이 거의 없다는 점이다. 그런 정권을 무너뜨리려면 앞에서 설명한 조치들로는 충분하지 않을 수 있다.

이런 상황에서 정책입안자들은 선택의 갈림길에 서게 된다. 한쪽 길을 택하면 다른 수단이 필요하다. 다른 길을 선택하면 차이를 만들 수 있는 순간까지 기다려야 한다.

수단을 바꾼다는 것은 목표를 바꾼다는 뜻이다. 서서히 독재자를 약화하는 대신 직접적으로 제거하는 것이 목표가 된다. 망치는 물러가고 다이너마이트가 등장한다. 독재자를 권좌에서 끌어내리는 데 다이너마이트를 사용하면 효율적이고 효과도 빠르다는 장점이 있다. 그러나 누구나 다이너마이트에 접근할 수 있는 것은 아니다. 다이너마이트를 사용하면 상황이 훨씬 더 악화될 수 있다는 점을 고려하면 다이너마이트에 쉽게 접근할 수 없다는 것은 다행스러운 일이다. 즉, 다이너마이트는 쉽게 독재자를 무너뜨릴 수 있지만, 독재자가 몰락한 후 지속가능한 결과가 나오기는 어려운 수단이다. 게다가 훨씬 많은 비용이 들기도 한다.

이전의 조치들은 폭력을 수반하지 않았던 반면, 이번 조치는 최소한 간접적으로는 폭력을 포함한다. 목표는 엘리트들의 삶을 최대한 비참하게 만드는 동시에 그들에게 도망칠 기회를 주는 것이어야 한다. 현직 지도자를 권력에서 제거하려는 사람을 찾을 수 있다면, 그를 도우라. 해당 국가가 산유국이라면, 송유관이나 정유시설에서 사보타주(항의의 표시로 장비, 운송 시설, 기계 등을 고의로 파괴하는 행위)를 부추기라. 무장 반정부 단체를 파악하여 대혼란을 일으키는 데 필요한 무기를 제공하

라. 장군들에게 쿠데타를 지지한다고 말하라. 암살자에게 안전 가옥이 필요하다면, 제공하라.

이런 방법이 효과가 있을까? 독재자를 무너뜨린다는 의미에서는 그렇겠지만, 말 그대로 바람직한 결과를 만들어 낸다는 의미에서는 그렇지 않다. 이런 방법들은 상당히 파괴적이며 쉽게 전쟁으로 번질 수 있다. 그리고 비밀공작의 장단점을 논의하면서 언급했듯이, 그런 공작에 대한 비밀은 유지되기 쉽지 않다. 누가 안전 가옥이나 무기를 제공했는지는 결국 세상에 드러날 가능성이 크고, 그에 따른 모든 결과는 그런 수단을 제공한 당사자가 감당해야 할 것이다.

다른 이의 손에 다이너마이트를 쥐여 주고 사용하라고 하는 것보다 훨씬 더 위험한 일은 직접 도화선에 불을 붙이는 것이다. 태어난 순간부터 자유를 누려온 독일인으로서 나는 독재자를 무너뜨리는 데 절대 무력을 사용해서는 안 된다고 주장할 생각은 없다.

일본과 독일의 유명한 사례를 차치하더라도, 무력이 효과가 있었던 여러 가지 사례들이 있다. 반카 마네가 감비아에서 쿠데타로 끌어내리려 했던 야히아 자메는 지역 연합군이 독재자의 고향 마을로 진격하면서 결국 무력을 통해 축출되었다. 세네갈, 가나, 나이지리아에서 파병된 이 연합군은 저항이 거의 없는 상태에서 작전을 수행할 수 있었다. 현재 감비아가 완전한 민주주의국가는 아니지만, 군사개입 이후 확실히 훨씬 더 자유로워졌다. 그리고 큰 반대가 없었기에 군사개입 자체에는 비용이 많이 들지 않았다. 하지만 앞에서 살펴보았듯이, 다른 나라가 개입하는 정권교체 작전은 대개 서아프리카경제협력체(Economic Community of West African States)가 감비아에서 실행했던 작전처럼 순조롭게 진행되지 못하고 대체로 실패한다.

실패를 겪지 않기 위해 정책입안자들이 적당한 비용으로 독재정권을 불안정하게 만들 좋은 기회가 생길 때까지 기다리며 준비해 놓는 방법도 있다. 그것이 바로 '모니터링과 준비'라는 접근법이다.

아무리 막강한 독재자라도 위기가 발생하지 못하도록 영원히 막을 수는 없다. 아주 영리한 지도자라면 대중의 불만을 예상하고 경기침체를 둔화시킬 수 있지만, 예상하지 못한 일들은 항상 일어난다. 자발적인 시위가 빠르게 전국적인 봉기로 바뀔 수도 있고, 일부 군대가 돈을 받지 못해서 반란을 일으키거나 정권의 부패 때문에 자연재해의 영향이 악화할 수도 있다. 이런 일이 전혀 일어나지 않더라도 독재자 역시 언젠가는 죽음을 맞을 수밖에 없는 인간이다. 병에 걸릴 수도 있고 잠에서 깨어나지 못할 수도 있다. 기회의 창에 조금이라도 틈이 보이면 외부 세력은 그 창을 활짝 열 준비가 되어 있어야 한다.

그때까지 집권 중인 독재자가 가져올 수 있는 피해를 최소화하기 위해 노력해야 한다. 그 노력은 자국에서 시작된다. 권위주의적 지도자들은 자유민주주의국가 내에서 양복 입은 동맹군을 많이 찾아냈다. 런던이나 뉴욕 같은 도시에는 독재자의 현금을 정치권력으로 전환하기 위해 열심히 활동하고 있는 일군의 회계사, 은행가, 변호사, 전문가 들이 있다. 독재자는 영국(또는 미국 또는 독일 또는 프랑스 등)에 석유를 팔고, 그 돈으로 핵심 산업이나 영향력 있는 정치 분파와 긴밀한 관계를 맺기 위해 투자한다. 독일의 주요 기업인 폭스바겐의 지분 중 10.5퍼센트는 카타르홀딩LLC(Qatar Holding LLC)가 보유하고 있다.[25] 사우드왕가는 구글(Goolge)이나 줌(Zoom), 액티비전블리저드(Activision Blizzard) 같은 미국 기업에 수억 달러에서 수십억 달러를 투자했다고 알려졌다.[26] 순위가 높은 유럽 축구 클럽 중에서 수상쩍은 독재자가 관련되지 않은 클럽은 거의 없다. 적대적인 권위주의적 지도자들은 항만, 통신, 기반 시설을 비롯해 현대 사회에 필수적인 주요 시설들을 마구 사들였다. 이 모든 것이 좋은 일일까? 분명하게 대답하기는 어렵다. 하지만 혐오스러운 정권이 외부 압력으로부터 스스로를 보호하고 영향력을 확보할 수 있는 좋은 방법임은 분명하다. 아직 이런 일을 막을 수 있는 곳에서는 반드시 막아야 하며, 이미 벌어진 경우라면 민주주의국가에서는 이를 되돌려야 한다. 즉, 독재자들이 지렛대로 활용할 수 있는 부분들을 찾아내서 그로 인해 발생할 수 있는 위험을 체계적으로 줄여 나가야 한다.

독재자들이 입힐 수 있는 피해를 최소화하려고 노력하고 있다면, 그다음으로는 아주 시끄러운 사이렌이 필요하다. 관련

정권에 심각한 문제가 생겼을 때를 대비해서 모든 준비를 해두어야 한다. 만만찮은 계획을 입안하는 일도 여기에 포함된다.

지도자가 몰락할 때 나타나는 경고 신호는 무엇일까? 현직 지도자가 몰락하면 차기 지도자는 누구일까? 정권 전체가 붕괴하면 어떤 일이 벌어질 것이며, 어떻게 대응해야 할까? 이후에 전개될 수많은 국면에 대해 미리 계획이 수립되어 있어야 한다. 사이렌이 울리면 모두 각자 위치에서 대응할 태세를 갖춰야 한다.

2014년 연합통신사 기자들이 이와 관련된 아주 신기한 사례를 발견했다. 4년 전 쿠바 아바나대학교에서 언론학을 전공하던 사이미 레예스 카르모나(Saimi Reyes Carmona)라는 학생은 사이미타(Saimita)라는 닉네임으로 순수네오(ZunZuneo)라는 소셜네트워크에 가입했다.[27] 원래는 소규모였던 순수네오(벌새의 쩍쩍거리는 소리를 표현한 속어)는 그 후 몇 달 만에 규모가 급속히 커졌고, 사이미타는 자신도 모르는 사이에 팔로워 수천 명을 갖게 되었다. 자신의 생일을 알리는 글을 올리면 답장이 아주 많이 온다며 사이미타는 신이 나서 남자친구에게 지금까지 본 것 중 가장 멋진 일이라고 자랑했다.[28]

사이미타를 비롯한 순수네오 사용자들 수만 명이 몰랐던 것은 순수네오의 전체 네크워크가 워싱턴의 대형 정부 계약업체와 미국 국무부 산하 국제개발처(United States Agency for International Development)에 의해 고안되고 계획되었다는 것이었다. 이런 사실을 공개적으로 밝힐 수는 없었기 때문에, 이를 계획한 이들은 작전 전체를 전혀 다른 것으로 보이게 만들었다. 이 작전에는 조세회피처에 있는 은행 계좌를 비롯해 도용된 전화번호, 영국과 스페인, 케이맨제도에 설립된 유령회사들이 동원되었다. 내부 메모에 따르면, 미국으로 역추적해 오지 못하게 하려는 의도였다. 이용자들을 속이기 위해 웹사이트에 광고 배너를 허위로 달아서 순수네오가 정치적 영향력을 위한 캠페인이 아니라 일반 기업처럼 보이게 하자는 제안도 있었다.[29]

순수네오의 목적은 이윤을 창출하거나 사용자의 생활 편의를 도모하는 것이 아니라 쿠바 정부에 반대하는 시민들을 조직하여 정권을 약화하는 것이었다. 처음에는 정치적 성격을 띠지 않도록 설계되었다. 사용자들은 콘서트나 생일, 일상의 관심사를 이야기했다. 하지만 위기 순간이 닥치면, 미국 정부는 순수네오 사용자들 모두에게 쿠바 정권에 비판적인 메시지를 뿌릴 수 있었을 것이다. 그뿐만 아니라 같은 사용자들이 서로를 조직하는 데 그 사이트를 이용할 수도 있었을 것이다. 불안정성이 심각해진 순간에는 이런 작은 활동으로 결정적인 차이를 가져올 수 있었을까? 이 프로젝트는 실행되기 전에 실패했기 때문에, 정말 그런 효과가 있었을지는 알 수 없다.

순수네오는 도와야 할 사람들을 속였다는 점에서 여러 골치 아픈 윤리적 문제를 가지고 있었다. 현실적인 측면에서 생각해도 순수네오는 매우 위험한 작전이었다. 이는 적대적인 외국 정부를 흔들기 위해 외국 정보기관을 이용하는 것과는 전혀 다른 문제였다. 이 일은 개발 원조 기관과 그 하청업체들에 의해 수행된 것이었기 때문이다. 물이 부족한 지역에 우물을 건설해 준다고 주장하면서 그들이 단 한 번이라도 이런 종류의 활동에 관여한다면, 전 세계에서 그 기관을 위해 일하는 모든 사람들이 위험에 처하게 된다. 민주당 상원의원 패트릭 레이히(Patrick Leahy)는 "멍청하고, 멍청하고 또 멍청하다"라고 말했을 정도로 "무식한" 작전이었다.[30] 하지만 적어도 창의적이기는 했다.

사이렌이 울리면, 정부는 조치를 취해야 한다. 빨간 불빛이 깜박이면 갑작스러운 리더십 변화 또는 그 위협에 따른 결과에 대처하기 위한 긴급 대책이 가동되어야 한다. 급박한 순간이다. 가장 좋은 시나리오는 고군분투하던 지도자가 더 나은 미래를 위해 물러나는 것이겠지만, 지금까지 살펴본 내용을 고려할 때 그런 일은 일어나지 않을 것 같다. 지도자가 자연사하면 독재자의 '자격을 갖춘', 후계자를 자처하는 여러 인물이 등장하면서 권력 공백 상태가 생길 수도 있다. 봉기가 진압당해서 분투하던 지도자가 간신히 권력을 유지할 수도 있다. 최악의 경우 봉기가 전면적인 내전이 될 수도 있다. 그렇게 되면 동포들은 대피해야 하고, 국민은 피난을 떠나야 하며, 어느 편에 설지 선택해야 한다. 이런 순간이 오면 즉각 실행할 수 있도록 계획이 준비되어 있어야 한다.

하지만 독재자를 무너뜨릴 수 있고 **어떻게** 무너뜨릴지를 안다고 해서 반드시 독재자를 **무너뜨려야만 하는** 것은 아니다.

개입하지 않아야 하는 타당한 이유에는 여러 가지가 있다. 우선, 불확실성이다.

1957년 10월 4일 미국 대륙에서 적절한 시간에 적절한 장소에 있었다면, 밤하늘을 가로지르는 물체가 보였을 것이다. 이는 별똥별이나 다른 자연현상이 아니라 지구 대기권을 벗어나는 데 성공한 인류 최초의 발사체였다. 카자흐소비에트사회주의공화국 우주기지에서 발사된 인공위성 스푸트니크 1호는 비치볼 정도의 크기에 무게는 83킬로그램으로, 조건이 맞으면 육안으로 볼 수 있었을 뿐만 아니라, 머리 위를 지날 때 실제로 '삐' 하는 소리가 들리기도 했다.[31] 미국 정보기관과 아이젠하워 대통령은 이런 일이 있으리라는 사실을 꽤 오래전부터 알고 있었지만, 사람들은 충격받았다.[32] 소련의 위협이 과소 평가된 것은 아닐까? 자유세계보다 소련이 더 발전한 것일까? 우주 경쟁이 한창이던 시기였다.

스푸트니크 1호 발사에 관여했던 소련의 로켓 엔지니어들은 상상하지 못했을 일이지만, 위성은 이제 사회과학자들이 권위주의 정권의 경제력을 더 상세하게 파악하는 데 사용되고 있다.[33] 한반도 야간 위성사진을 보면, 남과 북 사이의 대비가 이보다 더 극명할 수 없다. 민주주의국가인 남한 쪽은 밝게 빛나서 서울과 주변 지역이 거대한 빛의 공처럼 보인다. 반면 비무장지대 건너편으로는 평양을 포함한 몇몇 장소에만 불빛이 보일 뿐이다.

이 자료를 이용하기 위해 경제학자들은 사진을 격자에 맞춰 겹친 후에 사각형마다 빛의 강도를 기록한다. 특정 지역에서 빛이 얼마나 방출되는지를 알면, 경제활동이 얼마나 진행되는지도 파악할 수 있다. 인상적인 데이터 활용법이다. 이는 위성 데이터에만 국한되지 않는다. 내전, 암살, 쿠데타 방지 메커니즘, 시위에 이르기까지, 대규모 데이터세트에 대한 접근 가능성이 크게 증가했다. 분석 기법과 계산 능력 또한 눈부시게 발전하면서 각국 정부와 국제기구는 이런 자료를 최대한 활용하려 노력해 왔다. CIA는 쿠데타에 관한 연구를 후원하고, 유엔은 불안정성을 예측하려 노력하며, 유럽 국가들은 선거와 연계된 폭력에 대한 평가를 보완하기 위해 양적분석을 사용한다. 이 모든 노력으로 독재자가 몰락하는 방식을 더 정확히 이해하게 되었다. 통찰력을 얻기 위한 체계적인 시도 이외에도 오픈 소스 정보 또한 폭발적으로 증가했다. 심지어 폐쇄적인 사회에서도 나오는 이미지와 영상을 쉽게 구할 수 있는 우리는 모든 것을 보고 이해하는 것 같은 느낌을 받기도 한다.

현실에서는 많은 부분이 어둠 속에 남아 있으며, 완벽히 드러났다고 생각되는 것이 사실은 전체 이미지 중 일부일 뿐이다. 경제학자들은 전 세계 많은 국가에서 나오는 경제활동의 기본 지표를 액면 그대로 받아들일 수 없을 때만 대용물로 (부정확한) 위성 데이터를 사용한다. 군부정권, 세습군주제, 일당 독재국가 가릴 것 없이 권위주의 정권은 자유민주주의국가보다 불투명하다. 이런 정권은 대부분 밀실 거래와 비공식적 규칙에 기반하고 있기 때문에, 누가 중요하고 누가 중요하지 않은지, 특정 시점에 상황이 얼마나 안정적인지를 알아내기 어렵다. 권위주의 정권을 이해하는 문제에 관해서는 뒤늦은 깨달음조차 얻기 어렵다.

여기서 독재자를 무너뜨리려는 시도에 반대하는 주요 주장 중 하나가 제기된다. 바로 독재자를 무너뜨린 이후에 무슨 일이 벌어질지 예측하기가 거의 불가능하다는 것이다. 독재자가 몰락하는 것은 드문 사건이고, 따라서 전문가들조차 다음에 일어날 일을 정확히 예측하지 못한다. 독재자의 몰락 이후에 상황이 더 나아질 수도 있지만, 더 나빠질 수도 있다. 이전 장에서 살펴본 거의 모든 내용은 확률을 기반으로 한다. 지속가능한 결과를 가져올 가능성이 더 높은 정권교체 유형이 있을까? 그렇다, 분명 그런 유형은 존재한다. 하지만 역사적으로 그런 정권교체 방식의 성공 확률이 3분의 2 정도로 위험부담이 클 때, 정말 주사위를 던져야 할까? 그래서는 안 된다는 주장에도 분명 일리가 있다.

현실적인 주장은 훨씬 더 설득력 있다. 우선 외국 지도자를 타도하는 데에는 비용이 많이 든다. 물론 그 비용은 외부 세력의 개입 정도에 따라 달라진다. 적대 관계에 있는 권위주의 정권하에서 비폭력적으로 반대운동을 벌이는 이들에게 제한적으로 금전적 지원을 하는 것은 (경제적으로나 정치적으로나) 큰 비용이 들지 않는다. 반면에 외국 지도자를 무너뜨리려고 전쟁을 벌이는 일은 인명과 재산 모두에서 엄청난 비용이 든다.

그다음으로 이해관계가 상충하는 문제가 있다. 현실 세계에서 정치인은 한 국가에 관한 정책을 입안할 때 수천 가지에 달하는 다양한 고려 사항을 조율해야 한다. 그 지역과 상업적 관계는 어떠한가? 그 지역에서 쉽게 대체할 수 없는 중요한 천연자원을 계속 공급받아야 하는가? 군사기지는 어떤가? 일이 잘못되면 군사기지 없이도 버틸 수 있을까? 문서상으로는 대체로 민주주의가 최우선 순위에 오른다. 하지만 실제로 정책적 문제에서 민주주의는 좀 더 구체적인 문제에 밀린다. 그리고 상황이 불확실해지면, '안정성'이 다른 모든 문제보다 우선한다. 이런 안정성이 단지 신기루에 불과한 경우가 많다는 사실은 부차적인 문제다.

다른 고려 사항들도 있다. 그중 하나는 윤리적인가 하는 문제다. 일반적으로는 사람들은 어디에 살든 자신이 통치받는 방식에 대해 유의미한 발언권을 가져야 한다고 생각된다. 일당 독재국가나 절대군주제, 군부정권하에서 살아도 마땅한 사람은 없다. 하지만 다른 나라가 우리를 대신하여 지도자를 선출하기를 바라지 않는 것처럼, 그 사람들 대부분도 우리가 그들의 정치지도자를 선출(또는 제거)하는 것을 원하지 않을 것이다. 자기 나라의 정치인을 제거하고 싶을 수도 있지만, 좋은 결과를 가져온다고 해도 다른 누군가가 그 일을 하는 것은 별개의 문제다.

현실 세계에서 독재자를 무너뜨리는 데에는 또 다른 어려운 도덕적인 문제들이 수반된다. 1990년대에 북한 기근 사태를 살펴보면 분명히 알 수 있다.

국내 식량 상황이 너무나 심각해지자 김정일 정권은 국제 사회에 지원을 요청했다. 이는 도움을 요청하는 국가들로부터 독립적이며, 심지어 그들보다 우월하다는 사상을 기반으로 하고 있는 북한의 국가 이념과 상충하는 것이었다. 게다가 북한 정권은 최소한의 조건으로 원조를 제공해 줄 것을 원했다. 음식, 돈, 의약품을 원했지만 원조단체가 분배 과정을 감시하는 것은 원하지 않았다. 구호 요원들의 이동은 엄격하게 제한되었으며, 한국어를 할 수 있는 직원들이 활동하는 것은 금지하기까지 했다.[34] 때로는 아이들을 포함해서 병원에 입원했던 환자들이 사라지기도 했다.[35]

아주 끔찍한 문제였다. 그런 조건으로 북한 같은 정권에 원조를 해야 했을까?

북한에 원조를 제공하는 것은 어려운 문제였다. 김정일은 핵무기에 공을 들이고 있었고, 북한 주민이 겪는 고통 중 많은 부분이 그의 잘못에서 비롯된 것이었다. 김정일은 경제를 개방하고 인민의 안녕을 자신의 개인적인 권력보다 우선시할 수도 있었다. 하지만 그렇게 하지 않았으며, 북한 정권에 원조를 하면 필연적으로 정권을 강화하는 결과를 낳을 수밖에 없었다.

국민을 먹이지 못하는 것은 명백히 정권 실패의 신호였으나, 원조를 제공한다면 그 신호는 약해질 것이다. 게다가 원조품은 다른 것으로 교환할 수도 있었다. 식량이 평양의 통제하에 놓이면, 팔릴 수도 있었다. 원조품을 팔지 않는다 해도 일반 북한 주민에게 식량을 공급하는 비용이 줄어드는 만큼 군인과 같은 다른 부분에 더 많은 비용을 쓸 수 있으므로 정권에는 여전히 이득이었다.

실제로 일부 원조단체는 결국 철수를 결정하기도 했다. 의료를 지원하는 국제 자선단체인 국경없는의사회는 더 이상 북한에서 활동하지 않겠다고 발표했다. 이 단체는 지원된 식량이 필요한 주민에게 분배되지 않고 군대나 정치적으로 중요한 다른 집단에 전용되고 있다고 판단했다.[36]

국경없는의사회의 철수 결정은 이해할 만한 선택이었다. 하지만 북한 주민 수백만 명이 굶어 죽어 가고 평양은 원조를 요청한 상황에서 민주주의국가들이 북한의 요청을 거절한 채 더 많은 사람이 죽도록 방치할 수 있을까? 물론 그렇게 할 수도 있지만, 이런 전술로 정권을 무너뜨릴 수 있다는 보장은 없다. 결국 북한 정권이 초래한 기근의 효과를 완화하기 위해 수억 달러에 상당하는 원조가 북한에 제공되었다. 때로는 독재자를 무너뜨리는 일보다 더 중요한 일이 있는 법이다.[37]

하지만 이 모든 논쟁과 독재자를 무너뜨리려는 시도에 동반되는 어려움에도 불구하고, 반드시 결정적 전환점은 생긴다. 어느 시점이 되면 동반되는 위험이 아무리 커도 독재자의 횡포를 방치하는 대가가 너무 커진다. 정확한 전환점이 언제인지는 상황에 따라 다르다. 각 전략의 위험도가 모두 다른 만큼, 그 전략을 추진해도 좋을 만한 한계점도 각기 다르다.

어떤 일이 일어나든지, 독재자를 무너뜨리려면 인내가 필요하다. 1972년에 저우언라이 중국 주석은 프랑스혁명의 영향에 관한 질문을 받고서 이렇게 답했다고 알려져 있다. "말하기에는 아직 이릅니다."[38] 훌륭하지만, 잘못된 대답이었다. 그 자리에 있었던 미국 외교관에 따르면, "정정을 요청하기에는 너무 유쾌한 오해였다".[39] 저우언라이는 1789년에 시작된 프랑스혁명이 아니라 1968년 파리에서 발생한 소요에 대해 언급하고 있었다.[40] 이는 잘못된 대답이지만, 한 톨의 진실을 담고 있어서 유명해졌다. 바로 그런 파괴적인 사건 이후에 성공은 어떤 모습인지를 판단하기는 어렵다는 진실이다. 어떤 일은 하루 뒤에는 성공으로 보이지만 10년 뒤에는 실패로 여겨지기도 하고, 100년 후에는 다시 성공으로 보일 수도 있다.

한 채소 상인이 정권에 저항하여 분신한 후 한 달도 되지 않아 독재자 벤 알리가 제다(Jeddah, 사우디아라비아 홍해 연안에 위치한 도시)로 도피했을 때, 전 세계는 희망을 품었다. 다른 나라에서 이행이 빠르게 소멸하거나 역전되는 상황에서, 튀니지는 국제적으로 아랍의 봄이 가져온 성공을 상징하게 되었다. 그러나 몇 년 후 상황은 다시 바뀌었다. 벤 알리가 몰락한 지 10년이 조금 지난 후 정부가 권력을 다시 또 자기 수중으로 집중시키면서 튀니지의 앞날은 어두워졌다. 튀니지 국민의 죽음과 용기는 수포로 돌아가 헛된 것이 될 것 같았다.

하지만 앞으로 상황이 어떻게 변할지 누가 알 수 있을까? 튀니지에 또 다른 독재정권이 들어설 수도 있다. 실제 그럴 가능성도 보인다. 하지만 벤 알리의 축출과 뒤이은 수년간의 자유가 튀니지의 미래에 성공적이고 번영하는 자유민주주의국가로 발전할 주춧돌을 놓았을 가능성 역시 존재한다. 우리가 알 수 있는 것은 튀니지인들이 세계를 놀라게 할 수도 있다는 사실뿐이다. 역사는 직선이 아니다. (저우언라이가 언급한 사건이 아닌) 프랑스혁명 자체도 순탄한 항해가 아니었다. 프랑스는 폭력적인 탄압과 심지어 전쟁까지 경험했다. 공포정치 시대에는 약 1만 7000명이 단두대에서 처형당했다. 이 모든 사건은 시작된 지 10년 만에 쿠데타로 막을 내렸다. 하지만 오늘날 그 시기는 프랑스가 민주주의로 가는 결정적 순간으로 기억된다. 이런 불확실한 조건 속에서 정부 입장에서는 지속적으로 개입하는 것이 당연하지 않겠지만, 그것이 우리가 사는 세계의 현실이다. 독재자에 관해서는 단일한 해답도 없고, 누르면 바로 문제를 해결해 주는 버튼도 없다. 그 대신에 우리는 독재자의 권력을 유지해 주는 제도를 조금씩 부식시키면서 좋은 기회가 왔을 때 한 번에 덮칠 준비를 해야 한다. 하지만 그런 때가 온다고 해도 나쁜 상황이 나아지는 것이 아니라 더욱 나빠질 수도 있다. 우리는 그런 상황을 감수해야 한다.

독재자는 강력하지만, 끊임없이 죽음의 공포에 시달린다. 그리고 그렇게 엄포를 놓고 미친 짓을 하는 것처럼 보여도 그들은 대부분 이성적이다. 그들이 의존하는 정권의 구조를 보면 독재자에게 가장 큰 위협은 궁정 엘리트, 장군, 고문 같은 주위 사람들에게서 비롯된다. 때로는 가족들조차 최고 자리에 오르기 위해 독재자들을 기꺼이 무너뜨리려 한다. 이렇게 적대적인 조건에서 살아남으려면 독재자들은 부와 탄압을 통해 엘리트를 관리해야 한다. 그리고 죽음, 감옥, 망명을 피하려면 무기를 든 사람들을 특별히 주의해야 한다. 폭력을 훈련받고 살인할 준비가 된 이런 사람들은 반드시 관리해야 한다. 독재자를 위협하는 다른 모든 문제는 이 두 집단을 관리하는 데서 비롯된다. 군대를 약화하고 대중을 체계적으로 배제하여 소수에 불과한 실세에게 이득을 주면, 군사적 충돌과 대중적 저항, 양자의 위협은 계속 남는다. 그리고 대중이 봉기하면 독재자는 정권이 붕괴할 정도로 분열될 위험 때문에 섣사리 총을 쏴서 문제를 해결할 수 없다. 또한 암살은 일종의 와일드카드와 비슷해서 대비하기 어렵고 언제든 발생할 가능성이 있다. 그뿐만 아니라 독재자가 다른 위험으로부터 자신을 성공적으로 보호하게 되면, 변화를 일으킬 다른 선택지가 없다는 뜻이므로 암살 가능성은 실제로 더 커진다. 독재자가 죽거나 그냥 물러나면 대체로 혼란이 뒤따른다. 독재자들은 일반적으로 후계자 지명을 원하지 않으므로 비민주적 정부는 대부분 승계 문제를 잘 다루지 못한다.

민주주의는 아직 지구상의 모든 곳에 도달하지 못했고 아마 앞으로도 끝내 도달하지 못할 수도 있지만, 선례는 이미 존재하고 계속해서 확산할 가능성은 충분히 있다. 자신의 영역에서 무한해 보이는 권력을 휘두르는 만화 속 인물 같은 지도자들이 여전히 존재하지만, 이들은 이제 일반적인 존재라기보다는 예외적인 존재가 되었다. 독재자들은 강한 사람처럼 보이지만, 그들은 당연히 두려워하고 있다.

감사의 말

　책을 쓰는 일, 특히 이처럼 복잡한 주제에 관한 책을 쓰는 일은 어렵다.

　탁월한 편집자인 조 지그먼드(Joe Zigmond)가 없었다면 해낼 수 없는 일이었다. 지그먼드의 첫 피드백을 보고 기뻤다고 하면 거짓말이겠지만, 그의 지혜 덕분에 이 책은 상상할 수 없을 만큼 좋아졌다. 그와 함께 일할 수 있어 영광이었고, 그에게 많은 것을 배울 수 있었다. 집필하는 마지막 몇 달 동안 단어들이 마치 돌이킬 수 없는 듯한 무게를 지닌 듯 느껴졌을 때, 로런 하워드(Lauren Howard)의 날카로운 아이디어는 정말 큰 도움이 되었다. 출판 과정 내내 나를 안내해 준 시암 하차우(Siam Hatzaw)에게도 감사한다.

　실무자들이나 활동가들과의 대화는 매우 유익했다. 나를

신뢰해 준 정부 관계자들에게도 감사드린다. 커다란 개인적인 위험을 무릅쓰고 너무도 엄청난 잔인함에 맞서 싸운 모든 분들에게, 여러분은 나머지 모든 이들이 더 나은 세상을 믿을 수 있게 해 주는 영감의 원천이라는 말을 전하고 싶다.

이 책은 독재정권의 경제 상태에서부터 파르티아 제국과 핵무기 확산에 이르기까지 다양한 주제에 관해 이야기를 해 준 많은 권위자의 전문 지식에 큰 도움을 받았다. 알라르트 뒤르스마(Allard Duursma), 커티스 벨(Curtis Bell), 세바 구니츠키(Seva Gunitsky), 크리스틴 하크니스, 조지프 라이트, 다론 아제모을루(Daron Acemoglu), 에리카 프란츠, 니컬러스 밀러(Nicholas Miller), 제이크 네이블(Jake Nabel), 이언 가너(Ian Garner), 알렉산드르 헤라시멘카(Aleksandr Herasimenka), 클레이튼 베소(Clayton Besaw), 아가트 드마레, 안톤 바르바신(Anton Barbashin), 래리 다이아몬드(Larry Diamond)에게 깊이 감사드린다.

귀중한 조언과 격려를 해 준 다음 분들에게도 감사하다. 살바토르 쿠시마노(Salvator Cusimano), 안할레 륄란트(Anchalee Rüland), 위르겐 브란트슈(Jürgen Brandsch), 리비아 폴리시(Livia Puglisi), 카스파어 슐리파크(Caspar Schliephack), 디나 엘리자 크로이츠(Dinah Elisa Kreutz), 리드 스탠디시(Reid Standish), 줄리아 줄버(Julia Zulver), 닉 치즈먼(Nic Cheeseman), 올리버 무디(Oliver Moody), 임레 겔렌

스(Imre Gelens), 잉가 크리스티나 트라우티히(Inga Kristina Trauthig), 로언 해밀맥마흔(Rowan Hamill-McMahon), 필리프 뮐(Philip Mühl), 빅토어 크루츠 아체베스(Victor Cruz Aceves), 미하엘 야코비(Michael Jacobi), 데이브 웨이커리(Dave Wakerley), 그리고 박사과정 지도교수인 크리스천 마틴(Christian Martin), 이 모든 분에게 특별한 감사를 표한다. 데이비드 랜드리(David Landry)와 브라이언 클라스가 없었다면, 이 모든 것이 불가능했을 것이다.

친구와 가족에게는 항상 가장 큰 빚을 지고 있다. 무한한 감사를 전하고 싶다.

주

서문 황금 권총의 역설

1. Oriana Fallaci, *Interview with History*, Liveright, 1976, p. 267.
2. 카다피의 파리 방문에 관해 더 많은 정보를 알고 싶다면, Isabelle Gautier, 'Quand Paris recevait Kadhafi en grande pompe', France Télévisions, 6 April 2015와 David Pujadas, 'Interview du colonel Kadhafi', France 2, 11 December 2007을 보라.
3. 'Gaddafi absolviert das Touristenprogramm', *Welt*, 15 December 2007.
4. Alex Duval Smith, 'Gaddafi Ups Tent, to Relief in Paris', *New Zealand Herald*, 16 December 2007.
5. Helena Bachmann, 'Gaddafi's Oddest Idea: Abolish Switzerland', *Time*, 25 September 2009.
6. Daniel Nasaw and Adam Gabbatt, 'Gaddafi Speaks for More Than an Hour at General Assembly', *Guardian*, 23 September 2009.
7. 'Libya: Abu Salim Prison Massacre Remembered', Human Rights Watch, 27 June 2012.
8. Ulf Laessing, *Understanding Libya Since Gaddafi*, Hurst, 2020, p. 29.
9. 'Inside Gaddafi's Bunker – in Pictures', *Guardian*, 26 August 2011.
10. Alex Thomson, 'Inside Gaddafi's Secret Tunnels', *Channel 4 News*, 30 August 2011, https://www.youtube.com/watch?v=I3Nng9dHFLw
11. Sue Torton, 'Inside a Gaddafi Compound in Tripoli', Al Jazeera English, 21 September 2011, https://www.youtube.com/watch?v=fuAYeZE-b2U
12. 'Libya Protests: Second City Benghazi Hit by Violence', BBC, 16 February 2011, https://www.bbc.com/news/world-africa-12477275
13. Mark Memmott, 'Gadhafi Blames "Rats" and Foreign "Agents"; Says He Will be a "Martyr"', National Public Radio, 22 February 2011, https://www.npr.org/sections/thetwo-way/2011/02/22/133960871/gadhafi-blames-rats-and-foreign-agents-says-he-will-be-a-martyr
14. 'Muammar Gaddafi Remains Defiant', Al Jazeera, 22 February 2011, https://www.youtube.com/watch?v=wElsHiTcz-4

15 'Timeline–Libya's Uprising Against Muammar Gaddafi', Reuters, 31 May 2011, https://www.reuters.com/article/uk-libya-events-idUKTRE74U3NT20110531/
16 Kevin Sullivan, 'A Tough Call on Libya That Still Haunts', *Washington Post*, 3 February 2016.
17 'Libya: UN Backs Action Against Colonel Gaddafi', BBC, 18 March 2011, https://www.bbc.com/news/world-africa-12781009
18 Associated Press, 'Coalition Launches Military Action Against Libya', France 24, 19 March 2011, https://www.france24.com/en/20110319-coalition-takes-military-action-against-libya
19 Kareem Fahim, 'In His Last Days, Gaddafi Wearied of Fugitive's Life', *New York Times*, 22 October 2011.
20 Martin Chulov, 'Gaddafi's Last Moments: "I Saw the Hand Holding the Gun and I Saw it Fire"', *Guardian*, 20 October 2012.
21 위의 글.
22 위의 글.
23 권총에 관한 더 많은 정보를 얻으려면, Gabriel Gatehouse, 'My Search for Gaddafi's Golden Gun', BBC, 3 February 2016을 보라.
24 Fahim, 'In His Last Days'.
25 Barry Malone, 'Gaddafi Body Handed to NTC Loyalists for Burial', Reuters, 25 October 2011.
26 저자의 계산은 Henk Goemans, Kristian Skrede Gleditsch and Giacomo Chiozza, 'Introducing Archigo's: A Dataset of Political Leaders', *Journal of Peace Research* 46, no. 2 (2009), p. 275를 근거로 한다.
27 Barbara Geddes, Joseph Wright and Erica Frantz, 'Autocratic Breakdown and Regime Transitions: A New Data Set', *Perspectives on Politics* 12, no. 2 (2014), p. 321.
28 David Smith, 'Congo TV Talkshow Stormed by Armed Intruders', *Guardian*, 30 December 2011.
29 위의 글.
30 Peter Fabricius, 'DRC's Mukungubila: A "Prophet" Stuck Down in a Nowhere Land, Just Where Kabila Wants Him', *Daily Maverick*, 28 May 2017.

31 Winston Churchill, 'The Lights Are Going Out (We Must Arm), 1938', America's National Churchill Museum, 16 October 1938.
32 Elisabeth Bumiller, 'Was a Tyrant Prefigured by Baby Saddam?', *New York Times*, 15 May 2004.
33 마오쩌둥의 유년기에 관해 더 알고 싶다면, Jung Chang and Jon Halliday, *Mao: The Unknown Story*, Jonathan Cape, 2005〔장융, 존 핼리데이 지음, 오성환, 황의방, 이상근 옮김,『마오: 알려지지 않은 이야기들(상, 하)』, 까치, 2006.〕를 보라.
34 정치학자 Joseph Wright, 저자가 2023년 5월 24일 인터뷰했다.
35 Adam Przeworski, 'Some Problems in the Study of the Transition to Democracy'. Guillermo O'Donnell, Philippe C. Schmitter and Laurence Whitehead (eds), *Transitions from Authoritarian Rule*, vol. III, Johns Hopkins University Press, 1986에 실렸다. Barbara Geddes, Joseph Wright and Erica Frantz, *How Dictatorships Work*, Cambridge University Press, 2018, p. 185에서 인용했다.
36 정권의 다양한 정의에 관한 논의 전체를 알고 싶다면, Geddes, Wright and Frantz, 'Autocratic Breakdown and Regime Transitions', pp. 314–316을 보라.
37 셰프카가 쓴 같은 제목의 책에 관해서는 Siegbert Schefke, *Als die Angst die Seite wechselte*, Transit, 2019를 보라.
38 Marat Gurt, 'Turkmenistan to Move Gold Statue', Reuters, 3 May 2008, https://www.reuters.com/article/us-turkmenistan-statue-idUSL0355546520080503/
39 Justin McCurry, 'North Korea Executes Officials with Anti-Aircraft Gun in New Purge—Report', Guardian, 30 August 2016.
40 Colm O'Regan, 'The Rise of Inflated Job Titles', BBC, 17 July 2012, https://www.bbc.com/news/magazine-18855099
41 Bastian Herre, Esteban Ortiz-Ospina and Max Roser, 'Democracy', Our World in Data, 2013, https://ourworldindata.org/democracy
42 'Growth in United Nations Membership', United Nations, https://www.un.org/en/about-us/growth-in-un-membership#1945
43 Milan W. Svolik, *The Politics of Authoritarian Rule*, Cambridge University Press, 2012, p. 25.

44 Herre, Ortiz-Ospina and Roser, 'Democracy'.
45 Francis Fukuyama, *The End of History and the Last Man*, Free Press, 1992(프랜시스 후쿠야마 지음, 이상훈 옮김, 『역사의 종말: 역사의 종점에 선 최후의 인간』, 한마음사, 1997.)를 보라.
46 예를 들어, Michaela Wrong, *Do Not Disturb*, Fourth Estate, 2021를 보라.
47 John Pomfret and Matt Pottinger, 'Xi Jinping Says He Is Preparing China for War', *Foreign Affairs*, 29 March 2023.
48 Geddes, Wright and Frantz, 'Autocratic Breakdown and Regime Transitions', p. 327.

1장 독재자의 트레드밀

1 Howard W. French, 'A Personal Side to War in Zaire', *New York Times*, 6 April 1997.
2 Richard Engel, 'There is Something I call the Dictator's Treadmill', Twitter (renamed 'X'), 25 October 2019, https://x.com/RichardEngel/status/1187520692738240513?s=20
3 'Median Wealth in the US Congress from 2008 to 2018, by Chamber', Statista, 3 November 2023, https://www.statista.com/statistics/274581/median-wealth-per-member-of-us-congress-by-chamber/
4 'Boris Johnson Earns Nearly £1m in One Month—and Matt Hancock's I'm a Celeb Fee Revealed', Sky News, 27 January 2023, https://news.sky.com/story/boris-johnson-earns-nearly-1m-in-one-month-in-outside-earnings-bringing-his-total-since-2019-to-2-3m-12796180
5 'Country Profile', World Bank, 2023, https://pip.worldbank.org/country-profiles/TKM
6 'The World Bank in Turkmenistan', World Bank, https://www.worldbank.org/en/country/turkmenistan/overview
7 'The Personality Cult of Turkmenbashi', *Guardian*, 21 December 2006을 보라.
8 Robert G. Kaiser, 'Personality Cult Buoys "Father of All Turkmen"', *Washington Post*, 8 July 2002.
9 Gulnoza Saidazimova, 'Turkmenistan: Where is Turkmenbashi's Money?',

Radio Free Europe/Radio Liberty, 19 November 2007.

10 여기에 묘사된 아셸의 이야기는 대부분 Abdujalil Abdurasulov, 'Kazakhstan Unrest: "If You Protest Again, We'll Kill You"', BBC, 21 January 2022, https://www.bbc.com/news/world-asia-60058972를 바탕으로 한다.

11 Andrew Roth, 'Kazakhstan President Nazarbayev Steps Down After 30 Years in Power', *Guardian*, 19 March 2019.

12 Almaz Kumenov, 'Kazakhstan: Street Named After President (Predictably)', eurasianet, 30 November 2017.

13 Guy Faulconbridge, 'West Must Stand Up to Russia in Kazakhstan, Opposition Leader Says', Reuters, 7 January 2022, https://www.reuters.com/world/exclusive-west-must-stand-up-russia-kazakhstan-dissident-former-banker-says-2022-01-07/

14 Joanna Lillis, 'Who Really is Kazakhstan's Leader of the Nation?', eurasianet, 25 October 2019, https://eurasianet.org/who-really-is-kazakhstans-leader-of-the-nation

15 Alexander Gabuev and Temur Umarov, 'Turmoil in Kazkahstan Heralds the End of the Nazarbayev Era', Carnegie Endowment for International Peace, 10 January 2022, https://carnegiemoscow.org/commentary/86163

16 Vyacheslav Abramov and Ilya Lozovsky, 'Oliver Stone Documentary About Kazakhstan's Former Leader Nazarbayev Was Funded by a Nazarbayev Foundation', Organized Crime and Corruption Reporting Project, 10 October 2022, https://www.occrp.org/en/investigations/sidebar/oliver-stone-documentary-about-kazakhstans-former-leader-nazarbayev-was-funded-by-a-nazarbayev-foundation

17 Paolo Sorbello, 'Kazakhstan's Parliament Aims to Take Away Nazarbayev's Privileges', *The Diplomat*, 28 December 2022, https://thediplomat.com/2022/12/kazakhstans-parliament-aims-to-take-away-nazarbayevs-privileges/

18 Abramov and Lozovsky, 'Oliver Stone Documentary'.

19 Anatolij Weisskopf and Roman Goncharenko, 'A New Era for Kazakhstan's Reelected President?', Deutsche Welle, 21 November 2022, https://www.dw.com/en/new-era-for-kazakhstans-reelected-president/a-63822032

20 Tom Burgis, 'Nazarbayev and the Power Struggle Over Kazakhstan's Future', *Financial Times*, 13 January 2022.

21 Barbara Geddes, Joseph Wright and Erica Frantz, 'Autocratic Breakdown and Regime Transitions: A New Data Set', *Perspectives on Politics* 12, no. 2 (2014), p. 321.

22 Cecile Mantovani, 'Swiss Reject Initiative to Ban Factory Farming', Reuters, 25 September 2022, https://www.reuters.com/world/europe/swiss-course-reject-initiative-ban-factory-farming-2022-09-25/

23 Geddes, Wright and Frantz, 'Autocratic Breakdown and Regime Transitions', p. 321.

24 이 시나리오는 Kristen A. Harkness, *When Soldiers Rebel*, Cambridge University Press, 2018, pp. 171-172를 바탕으로 한다.

25 Daniel Treisman, 'Democracy by Mistake: How the Errors of Autocrats Trigger Transitions to Freer Government', *American Political Science Review* 114, no. 3 (2020), 792-810.

26 Agence France-Presse, 'Argentina's Dictatorship Dug its Own Grave in Falklands War', France 24, 30 March 2022, https://www.france24.com/en/live-news/20220330-argentina-s-dictatorship-dug-its-own-grave-in-falklands-war

27 David Rock, *Argentina*, 1516–1987, University of California Press, 1987, p. 378. Treisman, 'Democracy by Mistake'에서 인용했다.

28 'Thatcher Archive Reveals Deep Divisions on the Road to Falklands War', University of Cambridge, 22 March 2013, https://www.cam.ac.uk/research/news/thatcher-archive-reveals-deep-divisions-on-the-road-to-falklands-war

29 'A Short History of the Falklands Conflict', Imperial War Museums, https://www.iwm.org.uk/history/a-short-history-of-the-falklands-conflict

30 Agence France-Presse, 'Argentina's Dictatorship Dug its Own Grave in Falklands War', France 24, 30 March 2022, https://www.france24.com/en/live-news/20220330-argentina-s-dictatorship-dug-its-own-grave-in-falklands-war

31 Abel Escribà-Folch and Daniel Krcmaric, 'Dictators in Exile', *Journal of Politics* 79, no. 2 (2017), p. 560.

32 'Alberto Fujimori Profile: Deeply Divisive Peruvian Leader', BBC, 20 February 2018.
33 Escribà-Folch and Krcmaric, 'Dictators in Exile', p. 562.
34 위의 글, p. 563.
35 'Interview: Former "Newsweek" Correspondent Recalls Life and Death in Ceaușescu's Romania', Radio Free Europe/Radio Liberty, 16 December 2009, https://www.rferl.org/a/Interview_Former_Newsweek_Correspondent_Recalls_Life_And_Death_In_Ceausescus_Romania /1905712.html
36 차우셰스쿠가 부쿠레슈티에서 탈출하는 상황 묘사는 대부분 클라이드 하버먼(Clyde Haberman)의 기사, 'Upheaval in the East: Dictator's Flight; Pilot of Helicopter Describes Ceaușescu's Escape Attempt', *New York Times*, 1 January 1990을 참고했다.
37 Emma Graham-Harrison,' "I'm Still Nervous," Says Soldier Who Shot Nicolae Ceaușescu', *Guardian*, 7 December 2014.
38 위의 글.
39 위의 글.
40 Alan Greenblatt, 'A Dictator's Choice: Cushy Exile or Go Underground', National Public Radio, 26 August 2011, https://www.npr.org/2011/08/26/139952385/a-dictators-choice-cushy-exile-or-go-underground
41 지리적 근접성의 중요성에 관한 논의는 Escribà-Folch and Krcmaric, 'Dictators in Exile', pp. 563–564를 보라.
42 Daniel Krcmaric, 'Should I Stay or Should I Go? Leaders, Exile, and the Dilemmas of International Justice', *American Journal of Political Science* 62, no. 2 (2018), p. 489.
43 위의 글.
44 'Liberia's Taylor Begins Exile in Nigeria', Public Broadcasting Service NewsHour, 13 August 2013, https://www.pbs.org/newshour/politics/africa-july-dec03-nigeria_08-13
45 Xan Rice, 'Liberia's Ex-leader Handed Over for War Crimes Trial', *Guardian*, 30 March 2006.
46 Owen Bowcott, 'War Criminal Charles Taylor to Serve 50-year Sentence in British Prison', *Guardian*, 10 October 2013.

47 Escribà-Folch and Krcmaric, 'Dictators in Exile', p. 561.
48 Ben Brumfield, 'Charles Taylor Sentenced to 50 Years for War Crimes', CNN, 31 May 2012, https://edition.cnn.com/2012/05/30/world/africa/netherlands-taylor-sentencing/index.html
49 Escribà - Folch and Krcmaric, 'Dictators in Exile', p. 564.
50 위의 글.
51 'Q&A: The Case of Hissène Habré Before the Extraordinary African Chambers in Senegal', Human Rights Watch, 3 May 2016, https://www.hrw.org/news/2016/05/03/qa-case-hissene-habre-extraordinary-african-chambers-senegal#3
52 Diego Lopes da Silva et al., 'Trends in World Military Expenditure, 2021', Stockholm International Peace Research Institute, https://www.sipri.org/sites/default/files/2022-04/fs_2204_milex_2021_0.pdf
53 'Taliban Says Doha Office Flag, Banner Raised with "Agreement of Qatar"', Reuters, 23 June 2013, https://www.reuters.com/article/afghanistan-peace-taliban-qatar-idINDEE95M05120130623/
54 'Full Text of Ferdinand "Bongbong" Marcos Jr's Inaugural Address', *Philippine Star*, 30 June 2022.
55 Bernard Gwertzman, 'For Marcos, A Restless Night of Calls to US', *New York Times*, 26 February 1986.
56 Francis X. Clines, 'The Fall of Marcos: Slipping Out of Manila; The Final Hours of Marcos: Pleading to Save Face, Then Escape in the Dark', *New York Times*, 26 February 1986.
57 Daniel Southerl, 'A Fatigued Marcos Arrives in Hawaii', *Washington Post*, 27 February 1986.
58 Nick Davies, 'The $10bn Question: What Happened to the Marcos Millions?', *Guardian*, 7 May 2016.
59 David Smith, 'Thomas Lubanga Sentenced to 14 Years for Congo War Crimes', *Guardian*, 10 July 2012.
60 Krcmaric, 'Should I Stay or Should I Go?' p. 496
61 'How the Mighty Are Falling', *The Economist*, 5 July 2007.
62 Christina Lamb, 'Trapped in the Palace', *The Spectator*, 28 May 2011

2장 내부의 적

1. 'Chad Habre Accuses Sudan of Complicity in April Coup Plot', BBC, Summary of World Broadcasts, 12 May 1989. Philip Roessler, 'The Enemy Within', *World Politics* 63, no. 2 (2011), 300–346 at pp. 312–313에서 인용했다.
2. Robert K. Massie, *Catherine the Great*, Head of Zeus, 2019, p. 312.
3. 위의 책.
4. E. R. Dashkova (ed. and trans. Kyril Fitzlyon), *The Memoirs of Princess Dashkov*, 1958, pp. 78–80. Simon Sebag Montefiore, *Catherine the Great & Potemkin*, Weidenfeld & Nicolson, 2001, p. 50에서 인용했다.
5. Massie, *Catherine the Great*, pp. 305–321.
6. 위의 책, p. 297.
7. Sebag Montefiore, *Catherine the Great*, p. 44.
8. 위의 책, p. 36.
9. *Arkhiv kniaz'ia* Vorontsova, XXI, 49 (ed. P.I. Bartenev), Simon Dixon, *Catherine the Great*, Ecco, 2010, p. 122.에서 인용했다.
10. Sebag Montefiore, *Catherine the Great*, p. 51.
11. Massie, *Catherine the Great*, p. 315.
12. Dixon, *Catherine the Great*, p. 123.
13. Massie, *Catherine the Great*, p. 316.
14. Erica Frantz, *Authoritarianism*, Oxford University Press, 2018, p. 56.
15. 다음 단락은 Bruce Bueno de Mesquita and Alastair Smith's The Dictator's Handbook, Public Affairs, 2012(브루스 부에노 데 메스키타, 알라스테어 스미스 지음, 이미숙 옮김, 『독재자의 핸드북: 사상 최악의 독재자들이 감춰둔 통치의 원칙』, 웅진지식하우스, 2012.)에 근거하여 작성되었다.
16. 'Population', Our World in Data, https://ourworldindata.org/grapher/population
17. 북한의 기근에 대한 묘사는 대부분 Stephan Haggard and Marcus Noland, *Famine in North Korea: Markets, Aid, and Reform*, Columbia University Press, 2007(스테판 해거드, 마커스 놀랜드 지음, 이형욱 옮김, 『북한의 선택: 위기의 북한 경제와 한반도 미래』, 매일경제신문사, 2007.)에 근거하여 작성되었다.
18. 여기에 진술된 이야기는 Ji Hyun-ah, 'The Arduous March', Words Without

Borders, 1 May 2013, https://wordswithoutborders.org/read/article/2013-05/the-arduous-march/를 바탕으로 작성되었다.

19 위의 글.
20 Min Yoon, 'The Arduous March: Growing Up in North Korea During Famine', *Guardian*, 13 June 2014.
21 Ji Hyun-ah, 'The Arduous March'.
22 Haggard and Noland, *Famine in North Korea*, p. 68.
23 Daniel Byman and Jennifer Lind, 'Pyongyang's Survival Strategy: Tools of Authoritarian Control in North Korea', *International Security* 35, no. 1 (2010), 44–74 at p. 62.
24 Haggard and Noland, *Famine in North Korea*, p. 11.
25 Ronald Wintrobe, *The Political Economy of Dictatorship*, Cambridge University Press, 1998, pp. 20–40을 보라.
26 de Mesquita and Smith, *The Dictator's Handbook*, p. 16.
27 Niccolò Machiavelli (trans. Tim Parks), *The Prince*, Penguin, 2009, p. 12. 〔니콜로 마키아벨리 지음, 권기돈 옮김, 『군주론: 세상을 읽는 4가지 방법』, 펭귄클래식코리아, 2008.〕
28 Edward Goldring and Austin S. Matthews, 'To Purge or Not to Purge? An Individual-Level Quantitative Analysis of Elite Purges in Dictatorships', *British Journal of Political Science* 53, no. 2 (2023), 575–593 at p. 575.
29 Milan W. Svolik, *The Politics of Authoritarian Rule*, Cambridge University Press, 2012.
30 쿠데타 시도 후 즉각적인 여파에 대한 분석은 Laure Bokobza et al., 'The Morning After: Cabinet Instability and the Purging of Ministers after Failed Coup Attempts in Autocracies', *Journal of Politics* 84, no. 3 (2020), 1437–1452를 보라.
31 Arianne Chernock, 'Queen Victoria and the "Bloody Mary of Madagascar"', *Victorian Studies* 55, no. 3 (2013), 425–449 at p. 433.
32 Stephen Ellis, 'Witch-Hunting in Central Madagascar 1828–1861', *Past & Present* 175 (2002), 90–123 at p. 99.
33 Samuel Pasfield Oliver, *Madagascar: An Historical and Descriptive Account of the Island and its Former Dependencies*, Macmillan, 1886, p. 85.

34 위의 책, p. 80.
35 Ida Pfeiffer, *The Last Travels of Ida Pfeiffer: Inclusive of a Visit to Madagascar*, Harper & Brothers, 1861, p. 240.
36 Oliver, *Madagascar*, p. 86.
37 Brian Klaas, 'Vladimir Putin Has Fallen Into the Dictator Trap', *Atlantic*, 16 March 2022.
38 Adam E. Casey and Seva Gunitsky, 'The Bully in the Bubble', *Foreign Affairs*, 4 February 2022.
39 Andrew Roth, 'Putin's Security Men: The Elite Group Who "Fuel His Anxieties"', *Guardian*, 4 February 2022.
40 위의 글.
41 Casey and Gunitsky, 'The Bully in the Bubble'.
42 Yi Han-yong, *Taedong River Royal Family: My 14 Years Incognito in Seoul*, Dong-a Ilbo, 1996.〔이한영 지음, 『대동강 로열패밀리 서울잠행 14년』, 동아일보사, 1996.〕, Anna Fifield, *The Great Successor*, John Murray, 2019, p. 14〔애나 파이필드 지음, 이기동 옮김, 『마지막 계승자: 김정은 평전』, 프리뷰, 2019.〕에서 인용했다.
43 Fifield, *The Great Successor*, p. 43.
44 위의 책.
45 Jung H. Pak, 'The Education of Kim Jong-un', Brookings, February 2018, https://www.brookings.edu/articles/the-education-of-kim-jong-un/
46 Mark Bowden, 'Understanding Kim Jong Un, the World's Most Enigmatic and Unpredictable Dictator', *Vanity Fair*, 12 February 2015.
47 Jerrold M. Post, 'Saddam Hussein of Iraq: A Political Psychology Profile', *Political Psychology* 12, no. 2 (1991), 279–289 at p. 284.
48 Erica Goode, 'The World; Stalin to Saddam: So Much for the Madman Theory', *New York Times*, 4 May 2003.
49 Dave Gilson, 'The CIA's Secret Psychological Profiles of Dictators and World Leaders Are Amazing', *Mother Jones*, 11 February 2015에서 인용했다.
50 Jerrold M. Post and Robert S. Robins, *When Illness Strikes the Leader*, Yale University Press, 1993, p. 55.
51 위의 책.

52 Alejandro Artucio, 'The Trial of Macias', *International Commission of Jurists*, November 1979, p. 16.
53 위의 글, p. 8.
54 Post and Robins, *When Illness Strikes the Leader*, pp. 55–56.
55 Associated Press, 'Killings Reported in Equatorial Guinea', *New York Times*, 25 January 1978.
56 위의 글.
57 Artucio, 'The Trial of Macias', p. 11.
58 Paul Kenyon, *Dictatorland*, Head of Zeus, 2018, pp. 260 and 262.
59 Randall Fegley, 'Equatorial Guinea, An African Tragedy', *Anthropology and Sociology*, Series II, vol. 39, p. 52. Kenyon, Dictatorland, p. 262에서 인용했다.
60 Bruce Bueno de Mesquita and Alastair Smith, 'Political Succession: A Model of Coups, Revolution, Purges and Everyday Politics', *Journal of Conflict Resolution* 61, no. 4 (2015), 707–743 at p. 708.
61 Artucio, 'The Trial of Macias', p. 16.
62 Kenyon, Dictatorland, p. 262.
63 Simon Baynham, 'Equatorial Guinea: The Terror and the Coup', *World Today* 36, no. 2 (1980), 65–71 at p. 65에서 인용했다.
64 Kenyon, *Dictatorland*, p. 263.
65 위의 책.
66 위의 책.
67 Associated Press, 'Equatorial Guinea Reports Coup', *New York Times*, 6 August 1979.

3장 군사집단 약화하기

1 Paul Kenyon, *Dictatorland*, Head of Zeus, 2018, p. 162에서 인용했다.
2 Nicholas Marshall, 'United States of America v. Cherno Njie (01) and Papa Faal (02)', United States District Court for the District of Minnesota, 3 January 2015, https://www.justice.gov/file/189936/download
3 감비아에서 시도된 쿠데타를 묘사한 많은 부분이 Stuart A. Reid's 'Let's Go Take Back Our Country', *Atlantic*, March 2016에 근거하여 작성되었다.

4 'State of Fear', Human Rights Watch, 16 September 2015, https://www.hrw.org/report/2015/09/17/state-fear/arbitrary-arrests-torture-and-killings
5 Reid, 'Let's Go Take Back Our Country'.
6 Banka Manneh, 2023년 2월 24일에 저자와 진행한 인터뷰.
7 위의 글.
8 Andrew Rice, 'The Reckless Plot to Overthrow Africa's Most Absurd Dictator', *Guardian*, 21 July 2015.
9 'Amnesty International Report 2014/2015', Amnesty International, 25 February 2015, https://www.amnesty.org/en/pol10-0001-2015-en-2/
10 Rice, 'The Reckless Plot'.
11 Banka Manneh, 인터뷰.
12 위의 글.
13 Reid, 'Let's Go Take Back Our Country'.
14 Rice, 'The Reckless Plot'.
15 Marshall, 'United States of America v. Cherno Njie (01) and Papa Faal (02)'.
16 위의 글.
17 Rice, 'The Reckless Plot'.
18 Marshall, 'United States of America v. Cherno Njie (01) and Papa Faal (02)'.
19 Reid, 'Let's Go Take Back Our Country'.
20 위의 글.
21 Marshall, 'United States of America v. Cherno Njie (01) and Papa Faal (02)'.
22 Reid, 'Let's Go Take Back Our Country'.
23 위의 글.
24 위의 글.
25 Banka Manneh, 인터뷰.
26 Armin Rosen, 'A Prominent Dissident Was Just Charged in the US with Plotting to Overthrow One of Africa's Most Oppressive Governments', *Business Insider*, 22 March 2015.
27 Banka Manneh, 인터뷰.
28 Rosen, 'A Prominent Dissident'.
29 Jonathan M. Powell and Clayton L. Thyne, 'Global Instances of Coups from 1950 to 2010: A New Dataset', *Journal of Peace Research* 48, no. 2 (2011),

249–259 at p. 252.

30 King James Bible, 1 Kings xvi, 11.
31 Edward F. Campbell, 'A Land Divided: Judah and Israel from the Death of Solomon to the Fall of Samaria', pp. 206–241. Michael D. Coogan (ed.), *The Oxford History of the Biblical World*, Oxford University Press, 2001에 수록되었다.
32 King James Bible, 1 Kings xvi, 18.
33 Powell and Thyne, 'Global Instances of Coups from 1950 to 2010'.
34 위의 글.
35 'Britain's Simon Mann Sentenced to 34 Years for Coup Plot', France 24, 7 July 2008, https://www.france24.com/en/20080707-britains-simon-mann-sentenced-34-years-coup-plot-equatorial-guinea
36 Cecilia Macaulay, 'Equatorial Guinea's Obiang: World's Longest-serving President Eyes Re-election', BBC, 20 November 2022, https://www.bbc.com/news/world-africa-63674539
37 'Equatorial Guinea', OPEC, https://www.opec.org/opec_web/en/about_us/4319.htm
38 'GDP Per Capita', Our World in Data, 2023, https://ourworldindata.org/grapher/gdp-per-capita-worldbank?tab=chart&country=GNQ~TUR~MEX~KOR
39 Simon Mann, *Cry Havoc*, John Blake, 2012.
40 Ian Evans, 'We Were Betrayed, Claim Mercenaries Jailed After Ex-SAS Man's Failed Coup', *Guardian*, 25 April 2010.
41 위의 글.
42 위의 글.
43 Kim Sengupta, 'An African Adventure: Inside Story of the Wonga Coup', *Independent*, 12 March 2008.
44 David Pallister and James Sturcke, 'Simon Mann Gets 34 Years in Equatorial Guinea Jail', *Guardian*, 7 July 2008.
45 Jonathan Miller, 'Mann: I Was Not the Main Man', Channel 4, 11 March 2008, https://www.channel4.com/news/articles/politics/international_politics/mann+i+was+not+the+main+man/1761247.html
46 Antony Barnett and Martin Bright, 'Revealed: How Britain Was Told Full

Coup Plan', *Guardian*, 28 November 2004.
47 Malcolm R. Easton and Randolph M. Siverson, 'Leader Survival and Purges After a Failed *Coup d'Etat*', *Journal of Peace Research* 55, no. 5 (2018), 596–608 at p. 599.
48 Brian Klaas, 'Why Coups Fail', *Foreign Affairs*, 17 July 2016.
49 Esme Kirk-Wade and Zoe Mansfield, 'UK Defence Personnel Statistics', House of Commons Library, 18 July 2023, https://researchbriefings.files.parliament.uk/documents/CBP-7930/CBP-7930.pdf
50 Paul Collier and Anke Hoeffler, 'Coup Traps: Why Does Africa Have So Many Coups d'Etat?', working paper, Centre for the Study of African Economies, August 2005, https://ora.ox.ac.uk/objects/uuid:49097086-8505-4eb2-8174-314ce1aa3ebb
51 Naunihal Singh, *Seizing Power*, Johns Hopkins University Press, 2014, p. 66.
52 James T. Quinlivan, 'Coup-Proofing: Its Practice and Consequences in the Middle East', *International Security* 24, no. 2 (1999), 131–165 at p. 141.
53 Williamson Murray and Kevin M. Woods, *The Iran–Iraq War: A Military and Strategic History*, Cambridge University Press, 2014, p. 287. Caitlin Talmadge, The Dictator's Army, Cornell University Press, 2015, p. 154에서 인용했다.
54 Hanna Batatu, *The Old Social Classes and the Revolutionary Movements of Iraq: A Study of Iraq's Old Landed and Commercial Classes and of Its Communists, Ba'athists, and Free Officers*, Princeton University Press, 1978, p. 1095. Quinlivan, 'Coup-Proofing', p. 144에서 인용했다.
55 Quinlivan, 'Coup-Proofing', p. 144.
56 위의 글. p.150.
57 Cameron S. Brown, Christopher J. Fariss and R. Blake McMahon, 'Recouping After Coup-Proofing: Compromised Military Effectiveness and Strategic Substitution', *International Interactions* 41, no. 1 (2016), 1–30 at p. 4.
58 위의 글, pp. 4–5에서 인용했다.
59 Quinlivan, 'Coup-Proofing', pp. 143–144.
60 쿠데타가 진행되는 동안 벌어지는 폭력의 결과에 관한 자세한 논의는 Erica de Bruin's 'Will There Be Blood? Explaining Violence During Coups d'Etat', *Journal of Peace Research* 56, no. 6 (2019), 797–811을 보라.

61 Kristen A. Harkness, *When Soldiers Rebel*, Cambridge University Press, 2018, p. 57.
62 위의 책, p. 39.
63 위의 책, p. 36.
64 J. 'Bayo Adekson, 'Ethnicity and Army Recruitment in Colonial Plural Societies', *Ethnic and Racial Studies* 2, no. 2 (1979), 151–165 at p. 161. Harkness, *When Soldiers Rebel*, p. 37에서 인용했다.
65 Anthony Clayton, *Khaki and Blue: Military and Police in British Colonial Africa*, Ohio University, 1989, p. 160. Harkness, *When Soldiers Rebel*, p. 37에서 인용했다.
66 Kristen A. Harkness, 'The Ethnic Stacking in Africa Dataset: When Leaders Use Ascriptive Identity to Build Military Loyalty', *Conflict Management and Peace Science* 39, no. 5 (2022), 609–632 at pp. 619–620.
67 Chris Hedges, 'Kurds Unearthing New Evidence of Iraqi Killings', *New York Times*, 7 December 1991.
68 위의 글.
69 Quinlivan, 'Coup-Proofing', p. 151.
70 Erica de Bruin, *How to Prevent Coups d'Etat*, Cornell University Press, 2020.
71 위의 책, p. 97.
72 Harkness, *When Soldiers Rebel*, p. 146에서 인용했다.
73 de Bruin, *How to Prevent Coups d'Etat*, pp. 97 and 98.
74 'Ghana Voters Back Nkrumah Proposal For One-Party Rule', *New York Times*, 26 January 1964를 보라.
75 de Bruin, *How to Prevent Coups d'Etat*, pp. 96.
76 Lloyd Garrison, 'Coup in Ghana: Elaborately Organized Upheaval', *New York Times*, 5 March 1966.
77 위의 글.
78 de Bruin, *How to Prevent Coups d'Etat*, pp. 99에서 인용했다.
79 John J. Chin, Joseph Wright and David B. Carter, *Historical Dictionary of Modern Coups d'Etat*, Rowman & Littlefield, 2022, p. 438.
80 Harkness, *When Soldiers Rebel*, p. 73.
81 Chin, Wright and Carter, *Historical Dictionary*, p. 438.

4장 반군, 총, 돈

1. Leon Trotsky, *The History of the Russian Revolution*, Victor Gollancz, 1984, p. 511. 〔레온 트로츠키 지음, 볼셰비키그룹 옮김, 『러시아 혁명사』, 아고라, 2017.〕
2. United Press International, 'Thousands Dead as Quakes Strike Nicaraguan City', *New York Times*, 24 December 1972.
3. 'Case Report Nicaragua-Earthquake', United States Agency for International Development, December 1972, https://pdf.usaid.gov/pdf_docs/pnadq757.pdf
4. 'Earthquakes of Past Bigger Than Managua's', *New York Times*, 26 December 1972.
5. 'Case Report Nicaragua–Earthquake'.
6. David Johnson Lee, 'De-centring Managua: Post-earthquake Reconstruction and Revolution in Nicaragua', *Urban History* 42, no. 4 (2015), 663–685 at pp. 668–669.
7. United Press International, 'Major Section of Managua to Serve as Mass Grave', *New York Times*, 27 December 1972.
8. Reuters, 'Managua Has Disappeared', *New York Times*, 24 December 1972.
9. Robin Navarro Montgomery, 'The Fall of Somoza: Anatomy of a Revolution', *Parameters* 10, no. 1 (1980), 47–57 at p. 51.
10. Rose Spalding, *Capitalists and Revolution in Nicaragua: Opposition and Accommodation, 1979–1993*, University of North Carolina Press, 1994. Lee, 'De-centring Managua', p. 680에서 인용했다.
11. Idean Salehyan, *Rebels Without Borders*, Cornell University Press, 2011, p. 126.
12. Alan Riding, 'Bishops in Nicaragua Say Troops Kill Civilians in Fighting Leftists', *New York Times*, 2 March 1977.
13. Montgomery, 'The Fall of Somoza'.
14. Laurie Johnston, 'Prize-Winning Editor Is Shot Dead in Nicaragua', *New York Times*, 11 January 1978.
15. Mateo Cayetano Jarquin, 'A Latin American Revolution: The Sandinistas, the Cold War, and Political Change in the Region, 1977–1990', doctoral dissertation (2019), Harvard University, Graduate School of Arts & Sciences,

pp. 47–48.

16 Christopher Paul, Colin P. Clarke and Beth Grill, *Victory Has a Thousand Fathers: Detailed Counterinsurgency Case Studies*, RAND Corporation, 2010.

17 Cayetano Jarquin, 'A Latin American Revolution', p. 70.

18 Cynthia Gorney, 'Somoza is Assassinated in Ambush in Paraguay', *Washington Post*, 18 September 1980.

19 Max Boot, 'The Evolution of Irregular War: Insurgents and Guerillas from Akkadia to Afghanistan', *Foreign Affairs* 92, no. 2 (2013), 100–114.

20 Eric Dorn Brose, *German History 1789–1871*, Berghahn, 1997, p. 4.

21 Henry Louis Gates, Emmanuel Akyeampong and Steven J. Niven (eds.), *Dictionary of African Biography*, Oxford University Press, 2011, p. 172.

22 위의 책.

23 'Chad Habre Accuses Sudan of Complicity in April Coup Plot', BBC, Summary of World Broadcasts, 12 May 1989. Philip Roessler, 'The Enemy Within', *World Politics* 63, no. 2 (2011), 300–346 at pp. 312–313에서 인용했다.

24 Associated Press, 'Chad President Reportedly Flees and Rebels March In', *New York Times*, 2 December 1990.

25 'Chad's President Idriss Déby Dies After Clashes with Rebels', BBC, 20 April 2021, https://www.bbc.com/news/world-africa-56815708

26 Roessler, 'The Enemy Within', pp. 314–315.

27 Paul Collier et al., 'Breaking the Conflict Trap', World Bank, 2003, p. 68, https://openknowledge.worldbank.org/server/api/core/bitstreams/ce680d98-c240-5747-a573-b4896762e5f5/content

28 위의 글.

29 위의 글.

30 F. Ngaruko and J. D. Nkurunziza, 'Civil War and Its Duration in Burundi', Paper prepared for the World Bank and Yale University case study project The Political Economy of Civil Wars, 2002. 위의 글, pp. 68–69에서 인용했다.

31 위의 글, p. 72.

32 위의 글, p. 75.

33 Blaine Harden, 'Diamond Wars: A Special Report', *New York Times*, 6 April

2000.

34 Mark Shaw, '"The Middlemen": War Supply Networks in Sierra Leone and Angola', Netherlands Institute of International Relations, working paper 10, March 2003, pp. 19–20, https://www.clingendael.org/sites/default/files/2016-02/20030300_cru_working_paper_10.pdf

35 Collier et al., 'Breaking the Conflict Trap'.

36 Marianne Moor and Liduine Zumpolle, 'The Kidnap Industry in Colombia', Pax Christi Netherlands, November 2001, https://paxforpeace.nl/wp-content/uploads/sites/2/2020/11/the-kidnap-industry-in-colombia-our-business-112001_0.pdf

37 위의 글.

38 Anja Shortland, *Kidnap*, Oxford University Press, 2019, p. 100.

39 Moor and Zumpolle, 'The Kidnap Industry in Colombia'.

40 Michael L. Ross, 'Booty Futures', working paper, 6 May 2005, p. 11, https://www.sscnet.ucla.edu/polisci/faculty/ross/papers/working/bootyfutures.pdf

41 위의 글, pp. 11–12.

42 Stathis N. Kalyvas, *The Logic of Violence in Civil War*, Cambridge University Press, 2012를 보라.

43 Adam Lockyer, 'Foreign Intervention and Warfare in Civil Wars: The Effect of Exogenous Resources on the Course and Nature of the Angolan and Afghan Conflicts', doctoral dissertation, University of Sydney, Department of Government and International Relations, December 2008, pp. 109–110.

44 Nathan Leites and Charles Wolf, Jr, *Rebellion and Authority*, Markham, 1970, pp. 128–129.

45 Jeremy M. Weinstein, *Inside Rebellion*, Cambridge University Press, 2007, pp. 203–204.

46 Jürgen Brandsch, 2023년 2월 3일, 저자와 진행한 인터뷰.

47 이것은 Alex de Waal in *The Real Politics of the Horn of Africa*, Polity, 2015, p. 53에서 제기된 주장이다.

48 위의 글.

49 'Syria Refugee Crisis Explained', United Nations High Commissioner for Refugees, 14 March 2023, https://www.unrefugees.org/news/syria-refugee-

crisis-explained/

50 Henry A. Kissinger, 'The Viet Nam Negotiations', *Foreign Affairs*, 1 January 1969.

51 Associated Press, 'Colombia's Guerilla War killed 260,000, Report Says', CBC, 2 August 2018, https://www.cbc.ca/news/world/colombia-guerrilla-farc-death-toll-1.4771858에서 인용했다.

52 Roland Dumas, cited in Alan Riding, 'Rebels in Control of Chad's Capital', *New York Times*, 3 December 1990.

53 'Supported by France, Convicted by Africa', Human Rights Watch, 30 May 2016, https://www.hrw.org/sites/default/files/report_pdf/francehabre0616en_summaryweb_0.pdf

54 'France Bombed Chadian Rebels to Stop *Coup d'Etat*: Foreign Minister', Reuters, 12 February 2019, https://www.reuters.com/article/us-france-chad-idUSKCN1Q11XB/

55 위의 글.

56 Lockyer, 'Foreign Intervention and Warfare in Civil Wars', pp. 203 and 205.

57 Vincent Schneiter, 'La Guerre de Libération au Nouristan', *Les Temps Modernes*, no. 408-409, July–August 1980, p. 240 위의 글, pp. 205–206에서 인용했다.

58 Thomas A. Marks, 'Mao Tse-tung and the Search for 21st Century Counterinsurgency', *CTC Sentinel*, 2, no. 10 (2009), 17–20 at p. 18.

59 Lockyer, 'Foreign Intervention and Warfare in Civil Wars', p. 98.

5장 외국의 적과 국내의 적

1 Ulrich Pilster and Tobias Böhmelt, 'Coup-Proofing and Military Effectiveness in Interstate Wars, 1967–99', *Conflict Management and Peace Science* 28, no. 4 (2011), 331–350 at p. 331에서 인용했다.

2 위의 글, pp. 331-350.

3 Cigdem V. Sirin and Michael T. Koch, 'Dictators and Death: Casualty Sensitivity of Autocracies in Militarized Interstate Disputes', *International Studies Quarterly* 59, no. 4 (2015), 802–814.

4   Ben Doherty, 'Former SAS Soldier Arrested and Charged in NSW for Alleged War Crime Over Killing of Afghan Civilian', *Guardian*, 20 March 2023.
5   Simon Sebag Montefiore, *Stalin: The Court of the Red Tsar*, Phoenix, 2004, p. 229.
6   위의 책, pp. 226–227.
7   Robert Service, *Stalin*, Pan, 2010, p. 343. 〔로버트 서비스 지음, 윤길순 옮김, 『스탈린: 공포의 정치학, 권력의 심리학』, 교양인, 2010.〕
8   위의 책, pp. 351–352.
9   Sebag Montefiore, *Stalin*, p. 252.
10 위의 책, p. 237.
11 위의 책, p. 229.
12 Service, *Stalin*, p. 356.
13 Peter Whitewood et al., *The Red Army and the Great Terror: Stalin's Purge of the Soviet Military*, University Press of Kansas, 2015.
14 Sebag Montefiore, *Stalin*, p. 230.
15 Robert Service, *The Penguin History of Modern Russia: From Tsarism to the Twenty-first Century* (3rd edition), 2009, p. 225.
16 'Great Purge', *Encyclopedia Britannica*, 2023, https://www.britannica.com/event/Great-Purge
17 Kenneth Pollack, *Armies of Sand*, Oxford University Press, 2019, p. 115.
18 위의 책, pp. 115–116.
19 Kenneth Pollack, *Arabs at War: Military Effectiveness, 1948–1991*, University of Nebraska Press, 2002. Pilster and Böhmelt, 'Coup-Proofing and Military Effectiveness in Interstate Wars, 1967–99', at p. 336에서 인용했다.
20 다음에 오는 단락은 Lindsey O'Rourke, *Covert Regime Change*, Cornell University Press, 2018에 근거하여 작성되었다.
21 위의 책, p. 2.
22 위의 책, p. 49.
23 위의 책, p. 53.
24 Evans Thomas, *The Very Best Men: Four Men Who Dared; The Early Years of the CIA*, Touchstone, 1995, p. 120. 위의 책, p. 57에서 인용했다.
25 'The Bay of Pigs', John F. Kennedy Presidential Library and Museum, https://

www.jfklibrary.org/learn/about-jfk/jfk-in-history/the-bay-of-pigs

26 'Memorandum From the President's Special Assistant for National Security Affairs (Bundy) to President Kennedy', United States Department of State, Office of the Historian, 8 February 1961, https://history.state.gov/historicaldocuments/frus1961-63v10/d39

27 Bill Newcott, 'After 60 Years, Bay of Pigs Disaster Still Haunts Veterans Who Fought', *National Geographic*, 16 April 2021.

28 'The Bay of Pigs', John F. Kennedy Presidential Library and Museum, https://www.jfklibrary.org/learn/about-jfk/jfk-in-history/the-bay-of-pigs

29 Newcott, 'After 60 Years, Bay of Pigs Disaster Still Haunts Veterans Who Fought'.

30 'The Bay of Pigs Invasion', CIA, 18 April 2016, https://www.cia.gov/stories/story/the-bay-of-pigs-invasion/

31 'Memorandum From the Chief of Operations in the Deputy Directorate for Plans (Helms) to Director of Central Intelligence McCone', United States Department of State, Office of the Historian, 19 January 1962, https://history.state.gov/historicaldocuments/frus1961-63v10/d292

32 Alexander Smith, 'Fidel Castro: The CIA's 7 Most Bizarre Assassination Attempts', NBC News, 28 November 2016, https://www.nbcnews.com/storyline/fidel-castros-death/fidel-castro-cia-s-7-most-bizarre-assassination-attempts-n688951

33 Max Boot, 'Operation Mongoose: The Story of America's Efforts to Overthrow Castro', *Atlantic*, 5 January 2018.

34 Bruce Bueno de Mesquita, Randolph M. Siverson and Gary Woller, 'War and the Fate of Regimes: A Comparative Analysis', *American Political Science Review* 86, no. 3 (1992), 638–649 at p. 642.

35 시위와 외교정책 사이의 연관성에 관해서는, 예를 들어 Jessica Chen Weiss, *Powerful Patriots: Nationalist Protest in China's Foreign Relations*, Oxford University Press, 2014를 보라.

36 D. Sean Barnett et al., 'North Korean Conventional Artillery', RAND Corporation, 2020, p. 2, https://www.rand.org/pubs/research_reports/RRA619-1.html

37 위의 글.
38 Julian Ryall, 'South Korea: Why is Seoul's Population Declining?,' Deutsche Welle, 19 June 2022, https://www.dw.com/en/south-korea-why-is-seouls-population-declining/a-62138302
39 Barnett et al., 'North Korean Conventional Artillery', p. 17
40 Cameron S. Brown, Christopher J. Fariss and R. Blake McMahon, 'Recouping After Coup-Proofing: Compromised Military Effectiveness and Strategic Substitution', *International Interactions* 42, no. 1 (2016), 1–30 at pp. 2 and 8.
41 위의 글, p. 8.
42 Nicholas Miller, 2023년 3월 9일에 저자와 진행한 인터뷰.
43 Malfrid Braut-Hegghammer, 'Why North Korea Succeeded at Getting Nuclear Weapons — When Iraq and Libya Failed', *Washington Post*, 2 January 2018.
44 John Wright, Libya, Ernest Benn, 1969, p. 199. Malfrid Brautt-Hegghammer, *Unclear Physics*, Cornell University Press, 2016, p. 128에서 인용했다.
45 위의 책.
46 위의 책, p. 143.
47 John K. Cooley, *Libyan Sandstorm*, Holt, Rinehart and Winston, 1982, p. 230. Thomas Müller-Färber, 'How the Qaddafi Regime Was Driven into Nuclear Disarmament', doctoral dissertation, Hertie School of Governance, Berlin Graduate School for Transnational Studies, June 2016, p. 162에서 인용했다.
48 Müller-Färber, 'How the Qaddafi Regime Was Driven into Nuclear Disarmament', p. 162.
49 Brautt-Hegghammer, *Unclear Physics*, pp. 157–158.
50 Akar Bharadvaj and Kevin Woods, 'When Strongmen Invade, They Bring Their Pathologies With Them', War on the Rocks, 18 May 2022, https://warontherocks.com/2022/05/when-strongmen-invade-they-bring-their-pathologies-with-them/
51 Caitlin Talmadge, *The Dictator's Army*, Cornell University Press, 2015, p. 162.
52 Kevin M. Woods et al., 'Saddam's Generals', Institute for Defense Analyses, 2011, p. 20.

53 위의 글, p. 14.
54 위의 글, p. 20.
55 'Uzbekistan: Two Brutal Deaths in Custody', Human Rights Watch, 9 August 2002, https://www.hrw.org/news/2002/08/09/uzbekistan-two-brutal-deaths-custody
56 Nick Paton Walsh, 'Uzbek Mother Who Publicised "Boiling" Torture of Son Gets Hard Labour', *Guardian*, 13 February 2004.
57 Andrea Koppell and Elise Labott, 'US-Uzbek Ties Grow Despite Rights Concerns', CNN, 12 March 2002, https://edition.cnn.com/2002/US/03/12/ret.uzbek.us/
58 'Joint Press Conference with President Islam Karimov', Tashkent, Uzbekistan, 8 December 2001, US Department of State Archive, https://2001-2009.state.gov/secretary/former/powell/remarks/2001/dec/6749.htm
59 Daniel J. O'Connor, 'Rethinking Uzbekistan: A Military View', *Military Review*, March–April 2020, https://www.armyupress.army.mil/Journals/Military-Review/English-Edition-Archives/March-April-2020/OConnor-Rethinking-Uzbekistan/

6장 총을 쏘면 패한다

1 Héctor Tobar, 'Hugo Banzer, 75: Bolivian Dictator Turned President', *Los Angeles Times*, 6 May 2002에서 인용했다.
2 Susan Ratcliffe (ed.), *Oxford Essential Quotations*, Oxford University Press, 2017, https://www.oxfordreference.com/display/10.1093/acref/9780191843730.001.0001/q-oro-ed5-00007069
3 Barbara Geddes, Joseph Wright and Erica Frantz, *How Dictatorships Work*, Cambridge University Press, p. 179.
4 Gene Sharp, *From Dictatorship to Democracy*, Serpent's Tail, 2012. 〔진 샤프 지음, 백지은 옮김, 『독재에서 민주주의로』, 현실문화, 2015.〕
5 Kristian S. Gleditsch and Mauricio Rivera, 'The Diffusion of Nonviolent Campaigns', *Journal of Conflict Resolution* 61, no. 5 (2017), pp. 1120–1145 at p. 1123.

6   2023년 2월 16일, 한 세르비아 활동가와 나눈 대화.
7   Erica Chenoweth, *Civil Resistance*, Oxford University Press, 2021, p. 95.
8   위의 책, p. 114.
9   위의 책, p. 115.
10 위의 책.
11 Christian Davenport, 'State Repression and Political Order', *Annual Review of Political Science* 10, no. 1 (2007), 1–23 at p. 7을 보라.
12 Erica Chenoweth and Maria J. Stephan, *Why Civil Resistance Works*, Columbia University Press, 2013. 〔에리카 체노웨스, 마리아 J. 스티븐 지음, 강미경 옮김, 『비폭력 시민운동은 왜 성공을 거두나?』, 두레, 2019.〕
13 'Ukraine: Excessive Force Against Protestors', Human Rights Watch, 3 December 2013, https://www.hrw.org/news/2013/12/03/ukraine-excessive-force-against-protesters
14 Oksana Grytsenko and Shaun Walker, 'Ukrainians Call for Yanukovych to Resign in Protests Sparked by EU U-turn', *Guardian*, 2 December 2013.
15 Hanna Arhirova, '10 years Later, a War-weary Ukraine Reflects on Events That Began Its Collision Course with Russia', Associated Press News, 21 November 2023, https://apnews.com/article/ukraine-uprising-anniversary-russia-war-maidan- 2f73f31a5aec45bd7dbcddae8f72edac
16 Susan Ormiston, 'Remembering the 2014 Ukraine Revolution, Which Set the Stage for the 2022 Russian Invasion', CBC News, 23 February 2023, https://www.cbc.ca/news/ukraine-2014-euromaidan-1.6756384
17 Daniel Byman and Jennifer Lind, 'Pyongyang's Survival Strategy: Tools of Authoritarian Control in North Korea', *International Security* 35, no. 1 (2010), 44–74을 보라.
18 'Amnesty International Report 2022/23: The State of the World's Human Rights', Amnesty International, 27 March 2023, https://www.amnesty.org/en/documents/pol10/5670/2023/en/
19 'Russia: Police Raid Prominent Rights Group', Human Rights Watch, 4 December 2008, https://www.hrw.org/news/2008/12/04/russia-police-raid-prominent-rights-group
20 Katherin Machalek, 'Factsheet: Russia's NGO Laws', in 'Contending with

Putin's Russia: A Call for American Leadership', Freedom House, 6 February 2013, p. 11, https://freedomhouse.org/sites/default/files/2020-02/SR_Contending_with_Putins_Russia_PDF.pdf

21 위의 글, p. 12.
22 Andrew Roth, 'Russian Court Orders Closure of Country's Oldest Human Rights Group', *Guardian*, 28 December 2021.
23 Mary Elise Sarotte, *The Collapse*, Basic Books, 2014, p. 9.
24 Matt Ford, 'A Dictator's Guide to Urban Design', *Atlantic*, 21 February 2014.
25 Siddharth Varadarajan, 'Dictatorship by Cartography', *Himal Southasian*, February 2007.
26 Matt Ford, 'A Dictator's Guide to Urban Design', *Atlantic*, 21 February 2014.
27 Yana Gorokhovaskaia and Isabel Linzer, 'Defending Democracy in Exile', Freedom House, June 2022, p. 4, https://freedomhouse.org/sites/default/files/2022-05/Complete_TransnationalRepressionReport2022_NEW_0.pdf
28 위의 글.
29 지아의 경험에 관한 묘사는 Jia Zu, 'I Will Never Forget the Tiananmen Massacre', *Washington Post*, 4 June 1999를 바탕으로 작성되었다.
30 위의 글.
31 Peter Ellingsen, 'Remembering Tiananmen', *Sydney Morning Herald*, 3 June 2014.
32 'Tiananmen 30 Years On: China's Indelible Stain', Amnesty International, 1 June 2019, https://www.amnesty.org/en/latest/news/2019/06/china-tiananmen-crackdown-30-years-on/
33 Nicholas D. Kristof, 'Crackdown in Beijing; Troops Attack and Crush Beijing Protest; Thousands Fight Back, Scores Are Killed', *New York Times*, 4 June 1989.
34 Louisa Lim, *People's Republic of Amnesia*, Oxford University Press, 2014, p. 7
35 Sheryl Wudunn, 'In Beijing, Rage and Despair Over the Soldiers' Brutality', *New York Times*, 5 June 1989.
36 Lily Kuo, 'China's Other Tiananmens: 30 Years On', *Guardian*, 2 June 2019, https://www.theguardian.com/world/2019/jun/02/chinas-other-tiananmens-30th-anniversary-1989-protests

37 Lim, *People's Republic of Amnesia*, p. 189.
38 Deng Xiaoping, 'Deng's June 9 Speech: "We Faced a Rebellious Clique" and "Dregs of Society"', *New York Times*, 30 June 1989.
39 Siegbert Schefke, *Als die Angst die Seiten wechselte*, Transit, 2019, pp. 61 and 62.
40 위의 책, p. 97.
41 Sarotte, *The Collapse*, p. 53.
42 Hartmut Zwahr, *Ende einer Selbstzerstörung*, Sax, 2014, p. 90.
43 Bernd-Lutz Lange and Sascha Lange, *David gegen Goliath*, Aufbau, 2019, pp. 82–84.
44 Zwahr, *Das Ende einer Selbstzerstörung*, p. 89.
45 예를 들자면, 위의 책, p. 90을 보라.
46 위의 책
47 Sarotte, *The Collapse*, p. 71.
48 위의 책, p. 72.
49 위의 책, pp. 73–74.
50 Steven Levitsky and Lucan A. Way, 'Linkage Versus Leverage: Rethinking the International Dimension of Regime Change', *Comparative Politics* 38, no. 4 (2006), 379–400.
51 Yasmina Abouzzohour, 'Heavy Lies the Crown: The Survival of Arab Monarchies, 10 Years after the Arab Spring', Brookings, 8 March 2021, https://www.brookings.edu/articles/heavy-lies-the-crown-the-survival-of-arab-monarchies-10-years-after-the-arab-spring/에서 설명된 것처럼, 이 작전은 아랍의 봄 당시 군주국들이 실제로 대응했던 방식에서 영감을 얻었다.

7장 다른 선택지는 없다

1 Efraim Karsh, 'Conflict of Necessity', *Los Angeles Times*, 30 March 2003.
2 'Assassination', *Encyclopaedia Britannica*, 5 December 2023, https://www.britannica.com/topic/assassination
3 Barbara Schmitz, 'War, Violence and Tyrannicide in the Book of Judith', pp. 103–119. Jan Liesen and Pancratius Beentjes (ed), *Visions of Peace and Tales of*

War, De Gruyter, 2010, p. 112에 수록되었다.

4   Moses I. Finley, *The Ancient Greeks*, Penguin, 1977, p. 58. Shannon K. Brincat, '"Death to Tyrants": The Political Philosophy of Tyrannicide — Part 1', *Journal of International Political Theory* 4, no. 2 (2008), 212–240 at p. 215에서 인용했다.

5   Aristotle (trans. Terence Irwin), *Nicomachean Ethics*, Hackett Press, 2000, p. 36. 위의 책, p. 217에서 인용했다.

6   위의 책, pp. 216 and 218.

7   Augustine (trans. R.S. Pine-Coffin), *Confessions*, Penguin, 1961, p. 207. (아우구스티누스 지음, 박문재 옮김, 『고백록』, CH북스, 2016.) 위의 책, p. 220에서 인용했다.

8   'John of Salisbury', *Stanford Encyclopaedia of Philosophy*, 27 April 2022, https://plato.stanford.edu/entries/john-salisbury/

9   Cary Nederman, 'Three Concepts of Tyranny in Western Medieval Political Thought', *Contributions to the History of Concepts* 14, no. 2 (2019), p. 9.

10 John of Salisbury (ed. Cary J. Nederman), *Policraticus: Of the Frivolities of Courtiers and the Footprints of Philosophers*, Cambridge University Press, 1990, p. 210

11 Nederman, 'Three Concepts of Tyranny in Western Medieval Political Thought', p. 9.

12 Cary J. Nederman, 'A Duty to Kill: John of Salisbury's Theory of Tyrannicide', *Review of Politics* 50, no. 3 (1988), 365–389을 보라.

13 Robert S. Miola, 'Julius Caesar and the Tyrannicide Debate', *Renaissance Quarterly* 38, no. 2 (1985), 271–289 at p. 274

14 Benjamin F. Jones and Benjamin A. Olken, 'Hit or Miss? The Effect of Assassinations on Institutions and War', *American Economic Journal: Macroeconomics* 1, no. 2 (2009), 55–87 at p. 56.

15 John Chin et al., 'Reshaping the Threat Environment: Personalism, Coups, and Assassinations', *Comparative Political Studies* 55, no. 4 (2022), 657–687.

16 암살 사건에 대한 묘사는 대부분 Frances Robles, '"They Thought I Was Dead": Haitian President's Widow Recounts Assassination', *New York Times*, 30 July 2021에 근거하여 작성되었다.

17 위의 글.
18 John Pacenti and Chris Cameron, 'US Prosecutors Detail Plot to Kill Haitian President', *New York Times*, 1 February 2023.
19 위의 글.
20 'Haiti President's Assassination: What We Know So Far', BBC, 1 February 2023, https://www.bbc.com/news/world-latin-america-57762246
21 Jones and Olken, 'Hit or Miss?', p. 62
22 Chin et al., 'Reshaping the Threat Environment'.
23 위의 글.
24 Elian Peltier and Raja Abdulrahim, 'Can Russia Tame Wagner in Africa Without Destroying It?', *New York Times*, 29 June 2023.
25 위의 글.
26 Jason K. Stearns, *Dancing in the Glory of Monsters*, Public Affairs, 2012, p. 279을 보라.
27 Stuart Jeffries, 'Revealed: How Africa's Dictator Died at the Hands of his Boy Soldiers', *Guardian*, 11 February 2001.
28 Chin et al., 'Reshaping the Threat Environment'.
29 John Hoyt Williams, 'Paraguayan Isolation under Dr. Francia: A Re-Evaluation', *Hispanic American Historical Review* 52, no. 1 (1972), 102–122 at p. 102.
30 Dalia Ventura, 'Aimé Bonpland, el brillante botánico opacado por Alexander von Humboldt que se enamoró de Latinoamérica', BBC, 8 January 2022, https://www.bbc.com/mundo/noticias-59593096
31 Stephen Bell, *A Life in Shadow*, Stanford University Press, 2010, p. 62.
32 Ventura, 'Aimé Bonpland'.
33 Johann Rudolf Rengger, *Historischer Versuch über die Revolution von Paraguay und die Dictatorial-Regierung von Dr. Francia*, J. G. Cotta, 1827, p. 162.
34 Pjotr Sauer, 'Russian Soldiers Say Commanders Used "Barrier Troops" to Stop Them from Retreating', *Guardian*, 27 March 2023.
35 Ivan Nechepurenko, 'Putin Holds Highly Choreographed Meeting with Mothers of Russian Servicemen', *New York Times*, 25 November 2022.
36 위의 글.

37 Andrew Roth and Pjotr Sauer, 'Putin Talks to Mothers of Soldiers Fighting in Ukraine in Staged Meeting', *Guardian*, 25 November 2022.

38 위의 글.

39 Zaryab Iqbal and Christopher Zorn, 'Sic Semper Tyrannis? Power, Repression and Assassination Since the Second World War', *Journal of Politics* 68:3 (2006), pp. 489–501 at p. 492.

40 Dan Williams, 'After Duvalier: Haiti — A Scary Time for Voodoo', *Los Angeles Times*, 7 March 1986

41 'The Death and Legacy of Papa Doc Duvalier', *Time*, 17 January 2011.

42 Albin Krebs, 'Papa Doc, a Ruthless Dictator, Kept the Haitians in Illiteracy and Dire Poverty', *New York Times*, 23 April 1971.

43 Williams, 'After Duvalier'.

44 Homer Bigart, 'Duvalier, 64, Dies in Haiti; Son, 19, Is New President', *New York Times*, 23 April 1971.

45 Rick Atkinson, 'US to Rely on Air Strikes if War Erupts', *Washington Post*, 16 September 1990.

46 'Executive Order 12333 — United States intelligence activities', part 2, section 11, US National Archives and Records Administration, 1981, https://www.archives.gov/federal-register/codification/executive-order/12333.html

47 Frank Church et al., 'Alleged Assassination Plots Involving Foreign Leaders — An Interim Report', United States Senate, Report No. 94-465, 20 November 1975, p. 255, https://www.intelligence.senate.gov/sites/default/files/94465.pdf

48 위의 글, p. 1.

49 청와대 습격 사건에 관한 상세 설명은 대부분 Mark McDonald, 'Failed North Korean Assassin Assimilates in the South', *New York Times*, 17 December 2010을 참고했다.

50 Norimutsu Onishi, 'South Korean Movie Unlocks Door on a Once-Secret Past', *New York Times*, 15 February 2004.

51 Ivan Watson and Jake Kwon, 'How a Plot to Kill Kim Il Sung Ended in Mutiny and Murder', CNN, 19 February 2018, https://edition.cnn.com/2018/02/18/asia/south-korea-failed-assassination-squad-unit-684-intl/

index.html
52 Onishi, 'South Korean Movie Unlocks Door'.
53 Watson and Kwon, 'How a Plot to Kill Kim Il Sung Ended in Mutiny and Murder'.
54 위의 글.
55 '34 Die as Korean Prisoners "Invade" Seoul', New York Times, 24 August 1971.
56 Andrei Lankov, 'How a Secret Plot to Assassinate North Korea's Leader Spiraled Out of Control', NK News, 7 August 2023, https://www.nknews.org/2023/08/how-a-secret-plot-to-assassinate-north-koreas-leader-spiraled-out-of-control/
57 위의 글.
58 Onishi, 'South Korean Movie Unlocks Door'.
59 위의 글.
60 위의 글.
61 Lankov, 'How a Secret Plot to Assassinate North Korea's Leader Spiraled Out of Control'.
62 Choe Sang - Hun, 'South Korea Plans "Decapitation Unit" to Try to Scare North's Leaders', *New York Times*, 12 September 2017
63 Ankit Panda, 'South Korea's "Decapitation" Strategy Against North Korea Has More Risks Than Benefits', Carnegie Endowment for International Peace, 15 August 2022, https://carnegieendowment.org/2022/08/15/south-korea-s-decapitation-strategy-against-north-korea-has-more-risks-than-benefits-pub-87672
64 위의 글.
65 위의 글.
66 Megan DuBois, 'North Korea's Nuclear Fail-Safe', *Foreign Policy*, 16 September 2022.
67 Shane Smith and Paul Bernstein, 'North Korean Nuclear Command and Control: Alternatives and Implications', Defense Threat Reduction Agency, August 2022, https://wmdcenter.ndu.edu/Portals/97/Documents/Publications/NK-Nuclear-Command-and-Control_Report.pdf

68 DuBois, 'North Korea's Nuclear Fail-Safe'.
69 위의 글.
70 베네수엘라에서 일어난 암살 시도에 대한 이 묘사는 Christoph Koettl and Barbara Marcolini, 'A Closer Look at the Drone Attack on Maduro in Venezuela', *New York Times*, 10 August 2018을 바탕으로 작성되었다.
71 Chin et al., 'Reshaping the Threat Environment'을 보라.

8장 말이 씨가 된다

1 Ryan Chilcote and Aliaksandr Kudrytski, 'Belarus Strongman Balances Between Ukraine War, Putin, EU', Bloomberg, 2 April 2015.
2 Andrea Kendall-Taylor and Erica Frantz, 'How Autocracies Fall', *Washington Quarterly* 37, no. 1 (2014), 35–47 at p. 36.
3 Sarah J. Hummel, 'Leader Age, Death, and Political Reform in Dictatorships', University of Illinois at Urbana-Champaign, working paper, 12 December 2017, https://publish.illinois.edu/shummel/files/2017/12/LeaderDeath171106.pdf 에서 인용했다.
4 Seva Gunitsky, 2023년 1월 12일에 저자와 진행한 인터뷰.
5 Rob Matheson, 'Sudanese Celebrate End of Omar al-Bashir's 30-year Rule', Al Jazeera, 11 April 2019, https://www.aljazeera.com/videos/2019/4/11/sudanese-celebrate-end-of-omar-al-bashirs-30-year-rule
6 이 이야기에 관한 묘사는 대부분 핸드폰으로 촬영된 목격자의 영상으로 만들어진 BBC의 비디오, 'Sudan's Livestream Massacre', BBC, 12 July 2019, https://www.bbc.com/news/av/world-africa-48956133을 바탕으로 작성되었다.
7 'They Were Shouting "Kill Them"', Human Rights Watch, 17 November 2019, https://www.hrw.org/report/2019/11/18/they-were-shouting-kill-them/sudans-violent-crackdown-protesters-khartoum
8 위의 글.
9 'Sudan's Livestream Massacre'.
10 위의 영상.
11 Michelle Gavin, 'Sudan's Coup: One Year Later', Council on Foreign

Relations, 24 October 2022, https://www.cfr.org/blog/sudans-coup-one-year-later

12 Aidan Lewis, 'What is Happening in Sudan? Fighting in Khartoum Explained', Reuters, 13 July 2023, https://www.reuters.com/world/africa/whats-behind-sudans-crisis-2023-04-17/

13 Declan Walsh and Abdi Latif Dahir, 'War in Sudan: Who is Battling for Power, and Why It Hasn't Stopped', *New York Times*, 26 October 2023.

14 Bruce Bueno de Mesquita and Alastair Smith, *The Dictator's Handbook*, Public Affairs, 2012. 〔브루스 부에노 데 메스키타, 알라스테어 스미스 지음, 이미숙 옮김, 『독재자의 핸드북: 사상 최악의 독재자들이 감춰둔 통치의 원칙』, 웅진지식하우스, 2012.〕

15 Barbara Geddes, Joseph Wright and Erica Frantz, *How Dictatorships Work*, Cambridge University Press, 2018, p. 230을 보라.

16 Andrej Kokkonen and Anders Sundell, 'Leader Succession and Civil War', *Comparative Political Studies* 53, nos 3–4 (2019), 434–468 at p. 434

17 Andrej Kokkonen and Anders Sundell, 'Delivering Stability: Primogeniture and Autocratic Survival in European Monarchies 1000–1800', Quality of Government Institute, Working Paper Series (3 April 2012), p. 4.

18 'Primogeniture and Ultimogeniture', *Encyclopaedia Britannica*, 27 October 2023, https://www.britannica.com/topic/primogeniture

19 Kokkonen and Sundell, 'Delivering Stability', p. 6

20 Xin Nong, 'Informal Succession Institutions and Autocratic Survival: Evidence from Ancient China', working paper, 3 March 2022, https://xin-nong.com/files/Informal_Succession_Xin_EHA.pdf

21 Kokkonen and Sundell, 'Delivering Stability', p. 4.

22 Anne Meng, 'Winning the Game of Thrones: Leadership Succession in Modern Autocracies', *Journal of Conflict Resolution* 65, no. 5 (2021), 950–981.

23 Erica Frantz and Elizabeth A. Stein, 'Countering Coups: Leadership Succession Rules in Dictatorships', *Comparative Political Studies* 50, no. 7 (2017), 935–962.

24 Chris Hodges, 'Damascus Journal: Fist May Be of Iron, but is Assad's Hand Weak?', *New York Times*, 17 December 1991.

25 Jason Brownlee, 'Hereditary Succession in Modern Autocracies', *World Politics* 59, no. 4 (2007), 595–628 at p. 618.

26 Eyal Zisser, 'Does Bashar al-Assad Rule Syria?', *Middle East Quarterly* 10, no. 1 (2003), 15–23 at p. 17.

27 Amos Chapple, 'What's Changed? Armenia One Year After Revolution', Radio Free Europe/Radio Liberty, 23 April 2019.

28 위의 글.

29 Erica Chenoweth and Maria J. Stephan, *Why Civil Resistance Works*, Columbia University Press, pp. 213–215. 〔에리카 체노웨스, 마리아 J. 스티븐 지음, 강미경 옮김, 『비폭력 시민운동은 왜 성공을 거두나?』, 두레, 2019.〕

30 Markus Bayer, Felix S. Bethke and Daniel Lambach, 'The Democratic Dividend of Nonviolent Resistance', *Journal of Peace Research* 53, no. 6 (2016), 758–771을 보라.

31 Erica Frantz, *Authoritarianism*, Oxford University Press, p. 126.

32 George Derpanopoulos et al., 'Are Coups Good for Democracy?', *Research and Politics* 3, no. 1 (2016), 1–7 at p. 2

33 John J. Chin, David B. Carter and Joseph G. Wright, 'The Varieties of Coups d'Etat: Introducing the Colpus Dataset', *International Studies Quarterly* 65, no. 4 (2021), 1040–1051.

34 Paul Collier and Anke Hoeffler, 'Coup Traps: Why Does Africa have so many Coups d'Etat?', working paper, Centre for the Study of African Economies, August 2005, https://ora.ox.ac.uk/objects/uuid:49097086-8505-4eb2-8174-314ce1aa3ebb

35 위의 글.

36 예를 들어, Clayton L. Thyne and Jonathan M. Powell, '*Coup d'Etat* or Coup d'Autocracy? How Coups Impact Democratization, 1950–2008', *Foreign Policy Analysis* 12, no. 2 (2016), pp. 192–213을 보라.

37 Benjamin F. Jones and Benjamin A. Olken, 'Do Assassins Really Change History?', *New York Times*, 10 April 2015에서 인용했다.

38 Benjamin F. Jones and Benjamin A. Olken, 'Hit or Miss? The Effect of Assassinations on Institutions and War', *American Economic Journal: Macroeconomics* 1, no. 2 (2009), pp. 55–87 at p. 70.

39 Giuditta Fontana, Markus B. Siewert and Christalla Yakinthou, 'Managing War-to-Peace Transitions after Intra-State Conflicts: Configurations of Successful Peace Processes', *Journal of Intervention and Statebuilding* 15, no. 1 (2023), 25–47 at p. 25.

40 전쟁에서 패하는 것의 위험성에 대해서는, Andrea Kendall-Taylor and Erica Frantz, 'Putin's Forever War', *Foreign Affairs*, 23 March 2023과 Sarah E. Croco, 'The Decider's Dilemma: Leader Culpability, War Outcomes, and Domestic Punishment', *American Political Science Review* 105, no. 3 (2011), 457–477을 보라.

41 Barbara F. Walter, 'Conflict Relapse and the Sustainability of Post-Conflict Peace', World Bank, World Development Report 2011 Background Paper, 13 September 2010, https://openknowledge.worldbank.org/server/api/core/bitstreams/3633592d-58d0-5ed5-9394-aea81448f25c/content를 보라.

42 공격 상황에 대한 묘사는 대부분 'Burundi: The Gatumba Massacre', Human Rights Watch, September 2004, https://www.hrw.org/sites/default/files/reports/burundi0904.pdf을 바탕으로 작성되었다.

43 위의 글.

44 위의 글.

45 Zoeann Murphy, '"He was Alive. They Burned Him": Congolese Refugees Call for Long-overdue Justice', *Washington Post*, 19 September 2014

46 'UN Demands Justice After Massacre of 150 Refugees in Burundi', *New York Times*, 16 August 2004.

47 Agathon Rwasa, 2023년 3월 14일에 저자와 진행한 인터뷰.

48 'Burundi: 15 Years On, No Justice for Gatumba Massacre', Human Rights Watch, 13 August 2019, https://www.hrw.org/news/2019/08/13/burundi-15-years-no-justice-gatumba-massacre

49 Georges Ibrahim Tounkara, 'Burundi: Ex-rebel Agathon Rwasa to Run for President', Deutsche Welle, 17 February 2020, https://www.dw.com/en/burundi-ex-rebel-agathon-rwasa-to-run-for-president/a-52404700

50 Marielle Debos, *Living by the Gun in Chad*, Zed Books, 2016, p. 103.

51 '2003–2011: The Iraq War', Council on Foreign Relations, https://www.cfr.org/timeline/iraq-war

52 'L. Paul Bremer III', Encyclopaedia Britannica, 26 September 2023, https://www.britannica.com/biography/L-Paul-Bremer-III

53 L. Paul Bremer, 'Coalition Provisional Authority Order Number 1', Coalition Provisional Authority, 16 May 2003.

54 L. Paul Bremer, 'Coalition Provisional Authority Order Number 2', Coalition Provisional Authority, 23 May 2003.

55 James P. Pfiffner, 'US Blunders in Iraq: De-Baathification and Disbanding the Army', *Intelligence and National Security* 25, no. 1 (2010), 76–85 at p. 79.

56 위의 글, p. 79에서 인용했다.

57 Pfiffner, 'US Blunders in Iraq', at p. 76.

58 Bruce R. Pirnie and Edward O'Connell, *Counterinsurgency in Iraq (2003–2006)*, RAND Corporation, 2008.

59 'The Gamble: Key Documents', *Washington Post*, 7 February 2009.

60 Tom Bowman, 'As the Iraq War Ends, Reassessing the US Surge', National Public Radio, 16 December 2011, https://www.npr.org/2011/12/16/143832121/as-the-iraq-war-ends-reassessing-the-u-s-surge

61 Alexander B. Downes and Jonathan Monten, 'Forced to be Free? Why Foreign-Imposed Regime Change Rarely Leads to Democratization', *International Security* 37, no. 4 (2013), 90–131 at p. 129.

62 개입하는 국가의 동기에 관한 논의는 Jeffrey Pickering and Mark Peceny, 'Forging Democracy at Gunpoint', *International Studies Quarterly* 50, no. 3 (2006), 539–559를 보라.

63 Arthur M. Schlesinger, *A Thousand Days: John F. Kennedy in the White House*, Houghton Mifflin, 1965, p. 769에서 인용했다.

64 Bruce Bueno de Mesquita and George W. Downs, 'Intervention and Democracy', *International Organization* 60, no. 3 (2006), 627–649 at p. 632

65 Downes and Monten, 'Forced to Be Free?', p. 94

66 위의 글.

67 Andrea Kendall-Taylor and Erica Frantz, 'When Dictators Die', *Foreign Policy*, 10 September 2015.

68 Sarah J. Hummel, 'Leader Age, Death and Political Reform in Dictatorships', working paper, University of Illinois at Urbana-Champaign, 12

December 2017, https://publish.illinois.edu/shummel/files/2017/12/LeaderDeath171106.pdf

69 독재자가 수중에 권력을 집중시키는 방법에 관한 논의는 Milan W. Svolik, *The Politics of Authoritarian Rule*, Cambridge University Press, 2012를 보라.

70 Jun Koga Sudduth and Curtis Bell, 'The Rise Predicts the Fall: How the Method of Leader Entry Affects the Method of Leader Removal in Dictatorships', *International Studies Quarterly* 62, no. 1 (2018), 145–159.

9장 독재자를 무너뜨리는 방법

1 David Hoffman, 'Putin Faces a State of Disorder', *Washington Post*, 3 January 2000에서 인용했다.

2 'Guaido Versus Maduro: Who Backs Venezuela's Two Presidents?', Reuters, 24 January 2019.

3 Alan Riding, 'US Leads Efforts to Oust Somoza and Lead Nicaragua to Democracy', *New York Times*, 16 November 1978.

4 Mateo Cayetano Jarquin, 'A Latin American Revolution: The Sandinistas, the Cold War, and Political Change in the Region, 1977–1990', doctoral dissertation, 2019, Harvard University, Graduate School of Arts & Sciences, p. 74.

5 Jason Brownlee, 'Hereditary Succession in Modern Autocracies', *World Politics* 59, no. 4 (2007), 595–628 at p. 613.

6 멕시코에서의 NSO그룹에 관한 묘사는 대체로 Natalie Kitroeff and Ronen Bergman, 'How Mexico Became the Biggest User of the World's Most Notorious Spy Tool', *New York Times*, 18 April 2023을 바탕으로 작성되었다.

7 Ronen Bergman and Mark Mazzetti, 'The Battle for the World's Most Powerful Cyberweapon', *New York Times Magazine*, 28 January 2022.

8 위의 글.

9 'The Persecution of Ahmed Mansoor', Human Rights Watch, 27 January 2021, https://www.hrw.org/report/2021/01/27/persecution-ahmed-mansoor/how-united-arab-emirates-silenced-its-most-famous-human

10 Bergman and Mazzetti, 'The Battle for the World's Most Powerful

Cyberweapon'.

11 Marcel Dirsus and David Landry, 'Interview [with Agathe Demarais]: Sanctions', *Hundred*, 21 November 2022, https://thehundred.substack.com/p/interview-sanctions

12 위의 글.

13 위의 글.

14 Agathe Demarais, 2023년 4월 13일에 저자와 진행한 인터뷰.

15 Abel Escribà-Folch and Joseph Wright, 'Dealing with Tyranny: International Sanctions and the Survival of Authoritarian Rulers', *International Studies Quarterly* 54, no. 2 (2010), 335–359 at p. 335.

16 위의 글, p. 341.

17 위의 글, p. 355.

18 Janis Kluge. Jeanne Wahlen and Catherine Belton, 'Sanctions Haven't Stopped Russia, But a New Oil Ban Could Cut Deeper', *Washington Post*, 15 February 2023에서 인용했다.

19 보비 와인의 체포에 대한 묘사는 대부분 Abdi Latif Dahir, 'Uganda's Top Opposition Leader Says He is Under House Arrest', *New York Times*, 5 October 2023을 바탕으로 작성되었다.

20 위의 글.

21 감비아의 야당에 관한 더 많은 정보를 얻고 싶다면, Jeffrey Smith, 'Gambia's Opposition Unites', *Foreign Affairs*, 25 November 2016을 보라.

22 Yana Gorokhovaskaia and Isabel Linzer, 'Defending Democracy in Exile', Freedom House, June 2022, p. 4, https://freedomhouse.org/sites/default/files/2022-05/Complete_TransnationalRepressionReport2022_NEW_0.pdf 을 보라.

23 Rory Cormac, 'So you could argue that……', Twitter (renamed 'X'), 7 March 2023, https://x.com/RoryCormac/status/1633147729114193923?s=20

24 Milan W. Svolik, The Politics of Authoritarian Rule, Cambridge University Press, 2012을 보라.

25 'Shareholder Structure', Volkswagen Group, 31 December 2022, https://www.volkswagen-group.com/en/shareholder-structure-15951

26 Roshan Goswami, 'Lucid, Activision, EA, Uber: Here's Where Saudi Arabia's

Sovereign Wealth Fund Has Invested', CNBC, 11 July 2023, https://www.cnbc.com/2023/07/11/activision-ea-uber-heres-where-saudi-arabias-pif-has-invested.html

27 여기에 서술한 순수네오에 관한 묘사는 대부분 연합통신사(AP)의 기사, 'US Secretly Created "Cuban Twitter" to Stir Unrest and Undermine Government', *Guardian*, 3 April 2014를 바탕으로 작성되었다.

28 위의 글.

29 위의 글.

30 Associated Press, 'US Aid Chief Faces Questions Over "Cuban Twitter"', *Guardian*, 8 April 2014.

31 'Sputnik and the Space Race', National Archives, Dwight D. Eisenhower Library, https://www.eisenhowerlibrary.gov/research/online-documents/sputnik-and-space-race

32 Amy Ryan and Gary Keeley, 'Intelligence Success or Failure?', *Studies in Intelligence* 61, no. 3 (2017), 발췌.

33 예를 들어, Christopher Ingraham, 'Satellite Data Strongly Suggests that China, Russia and Other Authoritarian Countries Are Fudging Their GDP Reports', *Washington Post*, 15 May 2018을 보라.

34 Andrew Natsios, 'Don't Play Politics with Hunger', *Washington Post*, 9 February 1997. Emma Campbell, 'Famine in North Korea: humanitarian policy in the late 1990s', Overseas Development Institute, *HPG Working Paper*, December 2015, p. 6, https://cdn.odi.org/media/documents/10213.pdf에서 인용했다.

35 Campbell, 'Famine in North Korea', p. 6.

36 위의 글, p. 8.

37 위의 글, p. 5.

38 Susan Ratcliffe (ed.), *Oxford Essential Quotations*, Oxford University Press, 2016, https://www.oxfordreference.com/display/10.1093/acref/9780191826719.001.0001/q-oro-ed4-00018657

39 David Rothkopf, 'Why It's Too Early to Tell How History Will Judge the Iran and Greece Deals', *Foreign Policy*, 14 July 2015에서 인용했다.

40 Ratcliffe, *Oxford Essential Quotations*.

찾아보기

ㄱ

가봉 152, 153
가툼바 대학살 304-307
간접적인 폭력 341, 342
갈반 갈반, 기예르모 326
갈티에리, 레오폴도 57, 58
「감비아의 재탄생: 독재정권에서 민주주의와 발전으로의 이행을 위한 헌장」 126
감비아자유연맹 122
감시 233, 234
강압적 대응의 법칙 223
개입에 반대하는 논거 348-353
거짓말하기 194-196
걸프전 195, 274
게디스, 바버라 57
견제 세력화 137, 142
경쟁자에게 힘 실어 주기 334
경제 붕괴 제재 참조
경호원 263-267
고립 267-269
공수특전단(SAS) 128
공포정치 355
공화국방위군(이라크) 139
과도군사위원회(TMC, 수단) 291
과이도, 후안 322

과장 194-196
교체 가능성 91-94
구약성서 126
국가방위군(소모사) 158-160
국가안보위원회(KNB, 소련) 52
국제인권감시단 212
국제형사재판소(ICC) 73, 74
군대
— 감비아 쿠데타 시도 117-125
— 군사력 121, 135, 153, 154, 164
— 끝장을 보는 접근법 237-239
반체제운동 진압 242-248
작은 단위로 쪼개기 138, 139
재편 149-154
효율성 152, 309, 332
「군인이 반란을 일으킬 때」 144
「군주론」 94
그리스 162, 256, 257
김신조 276
김일성 88, 277, 278
김정은 38, 88, 103, 205, 206, 230, 279-281
「김정은과 핵폭탄」 279
김정일 88, 42
끝장을 보는 전략 237-240

ㄴ

나리시킨, 세르게이 101
나자로바, 알라 232
나자르바예프, 누르술탄 49-53
나치 독일 27, 194, 311

남한/한국
— 북한 참수 279-281
— 이중 전략 279
내무인민위원회(NKVD, 소련) 191
내부의 적
— 개괄 79-83
— 능력-충성심 선택 99-101
— 독재자의 딜레마 89, 96, 104
— 선출인단 관리 90-94
— 실로비키 101, 102
— 위기의 순간 96-99
— 이카로스 효과 95
— 정신 건강 102-113
— 집단 역학 관계 83-86
내전 177, 178
냉전 32, 36, 37, 60, 127, 152, 196, 233, 302, 312, 332
네덜란드 74, 174-176
네피도(미얀마) 234, 235
누르술탄 49, 50
누르오탄 52
《뉴욕타임스》 327, 333
능력/충성 선택 99-101
니야조프, 사파르무라트 35, 46, 47
닉슨, 리처드 199

ㄷ

다갈로, 모하메드 함단 291, 293
다르푸르 분쟁 180
다이아몬드(반군의 자금) 169, 170
대량살상무기 206, 209, 215, 281

대영제국 35, 145, 146
대중의 세력화 333-340
대처, 마거릿 58
대통령경호연대(POGR, 가나) 149
대학살 방지 71
덜레스, 앨런 198
덩샤오핑 240
데비, 이드리스 164, 165, 184, 185, 304, 308
독립선언문(미국) 136
독일민주공화국(GDR) 232
『독재에서 민주주의로』 221
독재자
— 군사집단 약화하기 117-154
— 내부의 적 189-216
— 몰락 연구 26, 27
— 몰락 287-318
— 무너뜨리기 321-357
— 반군 157-186
— 봉기 219-251
— 암살 255-284
— 역사의 종말 37
— 이해를 위한 노력 30-40
— 적 189-216
— 직면하는 핵심적 문제 28
— 차이 28, 29
— 트레드밀 43-76
— 황금 권총의 역설 16-23
독재자 살해
— 개인숭배 272-274
— 경호원 263-267

─ 고립 267-270
─ 도덕성 논쟁 256-258
─ 생존 확률 263
─ 외부 국가의 모의 274-283
─ 위협의 특징과 심각성 280-283
─ 유형 259-261
─ 제기되는 문제들 258, 259
─ 해결책 찾기 263-272
(독재자에 의한) 피해 최소화 344-347
독재자의 딜레마 89, 96, 104
독재자의 트레드밀
─ 망명 59-76
─ 민주화 54-68
─ 수익 분배 47-52
─ 표현의 의미 47, 48
─ 횃불 넘겨주기 53
『독재자의 핸드북』83
독전대 270
돈
─ 교체 가능성 92
─ 분배 45-47
동독 32, 33, 233, 241, 242, 246, 247
두건, 마이클 J. 274, 279
뒤발리에, 프랑수아 273, 274
드마레, 아가 329
디즈레일리, 벤저민 275, 312, 323
디캐프리오, 리어나 169

ㄹ

라나발로나 1세 여왕 97, 98
라이트, 조지프 54
라이프치히 33, 241-247
라코토 왕자 98, 99
락살트, 폴 71
랑베르, 조제프프랑수아 98
랜드연구소 205
러시아
─ 메모리얼 습격 231
─ 병력 소진 270
─ 예카테리나대제 79-82
─ 제재 340-333
레비츠키, 스티븐 247
로스, 마이클 L. 172
루마니아공산당 61
루뭄바, 파트리스 275
루징화(시위자) 239
『루흐나마』46
르와사, 아카톤 306, 307
르완다 38, 227
리비아 19-22, 39, 40, 59, 75, 105, 165, 206-208, 219
리수바, 파스칼 173
린드, 제니퍼 88

ㅁ

마나과(니카라과 독재 전복) 157-162
마네, 반카 118-125, 342
마네스만 본사 171, 172
마닐라 71, 72, 121
마다가스카르 독재 97-99
마두로, 니콜라스 281, 282, 322
마르코스, 페르디난드 '봉봉' 2세 71

마르크스레닌주의민족해방군(ELN, 콜롬
　비아) 171, 172
마리니호텔 17
마오쩌둥 29, 186
마키아벨리, 니콜로 94
만, 사이먼 128-131
만수르, 아흐메드 327, 328
말라보 감옥 109
말자상속 298
망명
— 급격한 변화 74, 75
— 대학살 방지 70-73
— 망명지 선택 59
— 믿을 만한 국가 68, 69
— 안전한 도피 국가 찾기 64-67
— 의리 69
— 이유 60
— 적절한 계획 59-64
— 황금낙하산 69-72
망명(필리핀) 71, 72
망명과 트레드밀 59-75
맥너마라, 로버트 202
메르켈, 앙겔라 39
메모리얼 습격 232, 232
메스키타, 브루스 부에노 데 83, 84, 90, 91,
　110
명목 선출인단 84
모이즈, 조브넬 260, 261
모잠비크민족저항군(RENAMO) 165
모토, 세베로 128
몰락(독재자)

— 내전 304-307
— 독재 이후 민주주의 287-290
— 방법 300-307
— 승계 문제 293-400
— 외국 주도의 정권 교체 308-314
— 이후 정치체제 314, 315
— 잠든 동안 사망 314
— 환희에서 비극으로 290-294
무가베, 로버트 75, 131, 314
무너뜨리기(독재자)
— 사전 분석과 계획 322-324
— 간접적인 폭력 341, 342
— 개입에 반대하는 논거 348-353
— 대중의 세력화 333-340
— 독재자에 의한 피해 최소화하기 341-347
— '모니터링과 준비' 접근법 343
— 반대 세력 통제의 어려움 325-328
— 수단 322
— 외부 세력의 영향력 324-326
— 외부 지원 철회 332-333
— 인내 354-357
— 자유로운 정보 교환 338
— 전략의 한계 340
— 정치적 망명 339
— 제재 330-333
— 주요한 방법 321-324
무세베니, 요웨리 332, 333
무임승차 214, 215 안전 제공 참조
무쿤구빌라, 폴조제프 26, 27
묵인 211-213
미국

— 미국 국제개발처 343
미국 상원 44
미국 투표 74
미국 하원군사위원회 107
민간군사기업(PMC) 128
민족국가 162, 163, 206
민족해방군(FNL, 부룬디) 306, 307
민주주의를 향한 움직임 54-58
민주화 54-58, 77, 68, 263, 295, 303, 304
밀러, 니컬러스 207

ㅂ

바그너 265
바나물렝게족 306
바다 망고 98
바롱 사메디 273 뒤발리에, 프랑수아 참조
바이먼, 대니얼 88
바투틴, 니콜라이 195
바트당 139, 299, 309, 310
박정희 276, 278
반군
— 기반 시설 163
— 기술 163
— 내전 177, 178
— 니카라과 반란 157-162
— 독재자의 몰락 183-186
— 동기 166
— 매수 179-181
— 비용 181, 182
— 소외 164, 165
— 신병 모집 167, 168

— 은신처 174-175
— 자금조달 168-173
— 전리품 선물(先物) 172, 173
— 좋은 평판 179-183
반세르, 우고 219
베네수엘라 160, 82, 322
벤 알리 59, 64, 354, 355
벨기에령 콩고 165
벨로프, 이반 173
벨벳혁명 300
벵가지 시위(리비아) 20, 21
보르트니코프, 알렉산드르 101
보카사, 장베델 36, 37
봉기
— 감시 228-230
— 국제적 환경 247-250
— 끝장을 보는 방법 237, 238
— 민주주의 국가의 대처 220
— 발생 가능성에 대한 집착 202-209
— 방지하는 구조적 요소 229-240
— 비무장 시위대 144-145
— 비폭력 반대운동 223
— 색깔혁명 가능성 230-232
— 정당성 226-228
— 지도상의 절대권력 234, 235
— 진압 243-247
— 탄압 235-238
— 확산 221, 211
— 3.5퍼센트의 법칙 222, 2.3
부계 연장자 상속 297
부스, 존 윌크스 283

부시, 조지 W. 212, 213, 308, 311
부에노스아이레스 58
부작위행위 221
북방군(FAN, 수단) 164
북아일랜드 128
북한
— 가혹한 처벌 229, 230
— 독재자의 딜레마 88-93
— 암살의 역사 267-272
— 원조 제공 344, 345
불확실성(개입에 반대하는 논거) 348
『불확실한 물리학』 208
『붕괴』 245
브레우트헤그함메르, 몰프리드 208
브루인, 에리카 드 142, 140
브리머 폴 309, 310
〈블러드 다이아몬드〉 169
비무장 시위대(총격) 224-226
비민주주의국가 40, 299
비야, 폴 314
비정부기구 47, 212, 231, 232, 336
비폭력 243, 301
『비폭력 시민운동은 왜 성공을 거두나?』 301
비폭력 저항운동 222, 223
빅토르, 오르반 38

ㅅ

사네, 라민 118-125
사르코지, 니콜라 18
사막의 전통 17
사수응계소, 드니 173, 174

사우디 왕실연대 141, 142
사우디아라비아 69, 141, 142
사우디아라비아국민위병 141, 142
사우디아라비아군 141, 142
사회주의통일당(동독) 242, 243
산디니스타민족해방전선(FSLN, 니카라과) 160
산출 정당성 226, 227
산토스, 후안 마누엘 183
색깔혁명 230
샤프, 진 221
서로티, 메리 엘리스 243, 245
서아프리카경제협력체 343
석유 46, 93, 94, 129, 131, 171, 174, 208, 211, 331, 344
선거인단 84, 85
선출인단 관리 89-94
세네갈 67, 68, 117, 118, 342
세코, 모부투 세세 43, 266
셰바르드나제, 예두아르트 222
셰프케, 지그베르트 33, 241, 242, 246, 247
소년병 74, 266
소모사데바일레, 아나스타시오 158-162, 322
소비에트연방(소련) 24, 49, 64, 86, 101, 104, 175, 192-196, 230, 231
— 대숙청 192
— 투하쳅스키 191-194
솔즈베리의 존 258
송기 87
수단 165, 176, 180, 291-292

숙청 95, 96
순수네오 345, 346
술라이마니야중앙보안교도소 147
《슈피겔》 67
스미스, 알라스테어 83, 84, 90, 91, 110
스위스 투표 54
스트로에스네르, 알프레도 161
스티븐, 마리아 301
스페인 109, 346
승계 발생 293-299
승리연합 85, 86, 295
시리아 독재정권 181-183
시므리 126
시진핑 38
시카고상업거래소 173
신속대응군(RSF, 수단) 291-293
실로비키 102, 103
실미도 276-278
실제 선출인단 84, 85, 89, 92

ㅇ

아라파트 야세르 141
아랍에미리트연합국(UAE) 327
아랍의 봄 221, 355
아민, 이디 29, 35, 59, 64
아바조프, 무자파르 212, 213
아베니다볼리바르 282
아브르, 이센 67, 79, 164-166, 184,
아셀(시위자) 48, 49, 52
아우구스티누스 257
아이젠하워, 드와이트 D. 198, 348

아이티
— 암살 260, 261
— 프랑수아 뒤발리에 알현 273, 274
아프가니스탄인민민주당 185
아프리카 165
— 독립 이후 연구 166, 167
악대차 효과 134
안데메, 페드로 에콩 109
안전 제공 213-217
알바시르, 오마르 290-293, 296
알부르한, 압둘팟타흐 293
알아사드, 바샤르 180
알아사드, 하페즈 299
알제리내전 177
암살
— 개인숭배 272
— 경호원 263-267
— 고립 267-270
— 도덕성 논쟁 259
— 문제가 되는 요인 258, 259
— 생존 확률 262
— 외부 국가의 암살 모의 274-283
— 위협의 성격과 심각성 280-283
— 유형 259-261
— 해결책 찾기 263-272
앙골라내전 170
앳킨슨, 릭 274
야누코비치, 빅토르 102, 224-226
양동수 277, 278
에르도안, 레제프 타이이프 38
에스크리바폴치, 아벨 59

엔테베국제공항 333
엘프아키텐 174
역사의 종말 37
연합군임시행정처(CPA) 309
연합통신사 345
영국 선거 54
예조프, 니콜라이 192
예측가능성(개입에 반대하는 논거) 350, 351
예카테리나대제 79-85
오렌지혁명 230
오로크, 린지 196
오바마, 버락 21
오바산조, 올루세군 65
오비앙, 테오도로 112, 128, 129, 314
오스트레일리아공 군특수연대 191
올켄, 벤저민 304
와인, 보비 333, 334
왈, 알렉스 드 180
외국 주도의 정권교체(이라크) 308-311
외국 주도의 정권교체 308-314
외부 지원 철회 332, 333
외부 지원의 효용성 논의 245-338
우간다 29, 35, 59, 332-334
우즈베키스탄 212, 213, 288
우즈베키스탄공산당 212
우크라이나 47, 101, 224, 230, 250, 271
— 가스 계약 47
— 비무장 시위 224-226
《워싱턴포스트》 38, 274, 306, 331, 333
웨이, 루칸 A. 247

위기의 순간 96-99
유럽외교협회 329
유엔 182, 264, 307, 349
유엔안전보장이사회 21
유엔총회 28
윤리적 문제(외부 개입에 반대하는 논거) 352-354
은다다예, 멜키오르 306
『은밀한 정권교체』 196
은신처 174-176
은쿠르마, 콰메 149
음바, 레옹 152
응궤마, 프란시스코 마시아스 108-113, 129
이스모일소모니봉(타지키스탄) 175, 176
이슬람국가(IS) 309
이즈마일롭스키 근위대 81
이카로스 효과 95
이해관계 상충 및 개입에 반대하는 논거 351, 352
인내(독재자 타도를 위한) 354
인민군(이라크) 139
인민해방군(중국) 238, 240, 244
〈인터내셔널가〉 63

ㅈ
자가와족 164, 165
자금(반군) 168-172
자메, 야히아 117-125
자발적 전투원 167, 174
자유로운 정보 교환 338

찾아보기

작위행위 221
장안가(長安街) 238, 239
장자상속 297, 298
저우언라이 209, 354, 355
적(국내/국외)
― 거짓말 194-196
― 그림자의 세계 196-198
― 극단적 폭력 189-191
― 다양한 종류의 독재자 몰락 203-205
― 대량살상무기 204-209
― 목인 210-212
― 비이성적 의사결정 198-202
― 안전 제공자 213-217
― 정치적 민감성 부족 190-194
― 쿠데타 방지 조치 철회 211
적도기니 108-112, 128-131, 314
전국시대(중국) 183
전리품 선물 172, 173
전직 지도자의 목적지 64-69
절대군주제 190, 287, 351
절제군주의 승계 297
정당화(봉기 예방) 226-228
정신 건강 연구 102-113
정치국(중국) 240, 245, 247
정치적 망명 339
정치적 민감성 부족 191
제2차세계대전 36, 59, 64, 194, 311
제재 331-333
조선인민군 204
조직화(예방) 229
존스, 벤저민 304

존슨, 보리스 44
종족 편중 배치 146, 147, 149
중국 36, 51, 86, 87, 140, 183, 208, 209, 238-240, 248
중국공산당 38, 239, 240. 250
중국인민해방군 238, 240, 244
중세 257, 297, 298
중앙군사위원회(중국) 240
중앙아시아 212
중앙아프리카공화국 32, 37, 176, 177, 264-266
중앙정보국(CIA) 106, 198-200, 261, 275, 310
즈윅, 에드워드 169
지도상의 절대권력 234
지현아 87
진압 명령 240-249
짐바브웨 75, 91, 130, 131
집단의 역학 관계 83-86

ㅊ _____

차우셰스쿠, 니콜라에 61-64
처칠, 윈스턴 28
천연자원 93
체노웨스, 에리카 222, 223, 301
체니, 딕 275
초국가적 탄압 338
충성심 90, 99, 141, 180, 193, 206, 266, 267, 309
친위대 264

ㅋ

카가메, 폴 227
카다피, 무아마르 16-23, 38, 40, 64, 75, 105, 207-209, 323
— 황금 권총의 역설 16-23
카다피의 프랑스 파리 체류 17, 18
카르데날, 페드로 호아킨 차모로 160
카르모나, 레예스 사이미 345
카르시카나바드 공군기지 212
카리모프, 이슬람 212, 213, 288
카빌라, 로랑 266
카빌라, 조제프 25, 27
카스트로, 피델 160, 198-202, 312-314
카자흐소비에트사회주의공화국 348
카자흐스탄 독재 48-53
카자흐스탄공산당 49
카타르홀딩LLC 344
카터, 지미 322
칼데론, 펠리페 326
케네디, 로버트 F. 201
케네디, 존 F. 19, 120 199, 201, 312, 323
케이맨제도 346
코맥, 로리 340
콜롬비아무장혁명군(FARC) 183
콩고민주공화국 24, 27, 40, 58, 59, 130, 176, 266, 305
쿠데타
— 가상의 예 132-135
— 감비아 사례 117-127
— 결정적인 성공 133-135
— 관련 그룹 132, 133
— 방지 137-154 쿠데타 방지 참조
— 분석 126, 127
— 악대차 효과 134
— 위험 131
— 이유 131
— 정보기관 131
— 정의 126
쿠데타 방지 137, 140, 148, 151, 191, 204-206, 209-211
— 군대 재편 149-151
— 군대를 작은 단위로 나누기 137, 138
— 군인 선발 144-146
— 사우디아라비아와 이라크 사례 145-148
— 장군과 병사 간의 신뢰 약화하기 139-141
— 정당성 상실 143
— 종족 편중 배치 146, 147, 149
쿠데타 시도(가나) 149-153
쿠데타 시도(감비아) 117-125, 342
『쿠데타를 예방하는 방법』 148
쿠데타의 올가미 302, 303
쿠르드족 147
쿠르스크 전투 194, 195
쿠바 28, 199-202, 345, 343 카스트로, 피델 참조
쿠바공산당 202
퀸리번, 제임스 138
크렌츠, 에곤 245-247
크렘린 228, 231, 232, 234, 236
크롬웰, 올리버 136
클라스, 브라이언 134
클린턴, 빌 329

키신저, 헨리 183
킨샤사(쿠데타 시도) 24-27

ㅌ

타인, 클레이턴 126
탄압 94-96
탕가니카 145, 305
탱크 사용 241
테일러, 찰스 65, 66, 74-75
톈안먼광장 244 장안가 참조
토카예프, 카심조마르트 51, 52
통치자의 권력 상실 33, 34
통통 마쿠트 274
투르크메니스탄(독재) 45-48
투마노프, 파블로 224, 225
투아데라, 포스탱아르캉주 264-266
투입 정당성 226
투하쳅스키, 미하일 191-194
튤립혁명 230
트럼프, 도널드 329
트레이스먼, 대니얼 5
트루히요, 라파엘 275
트루히요, 람피스 312
트리폴리(리비아) 19

ㅍ

파월, 조너선 126
파월, 콜린 213
파파 팔 117, 118, 122, 123
파파독 273, 274 뒤발리에, 프랑수아 참조
판다, 앙킷 35

팔라비, 샤 36
페가수스 326
페르디난트, 프란츠 283
평양 86, 230, 276, 278, 349, 353 북한 참조
포드, 매트 234, 235
포드, 제럴드 275
포섭 225, 229 정당화(봉기 예방) 참조
포스트, 제럴드 106, 107
포클랜드제도 58
포트, 폴 29, 36
폭력
— 간접적인 폭력 341, 342
— 극단적 폭력 189-191
— 비폭력 243, 301
— 비폭력 저항운동 222, 223
표적 탄압 235-237
표트르 3세 80-82
푸틴, 블라디미르 38, 101-103, 191, 229, 231, 265, 270, 271, 321
프랜츠, 에리카 54
프리덤하우스 231
프리드리히대왕 80, 84
프린체프, 가브릴로 283
핀란드만 79
필리핀 대법원 172

ㅎ

하르툼(수단) 290
하크니스, 크리스틴 144, 146
해적의 황금기 173
핵기술 대량살상무기 참조

호네커, 에리히 245, 247
확산(시위) 220, 221
환희에서 비극으로(독재자 몰락) 290
황금 권총의 역설 23
황금낙하산 71, 72, 74 망명 참조
횃불 넘겨주기 53
후세인, 사담 29, 106-108, 139, 140, 148, 210, 211, 255, 274, 308, 310, 323
후지모리, 알베르 60
후쿠야마, 프랜시스 37
히틀러, 아돌프 29

기타 ─────────
3.5퍼센트의 법칙 222, 223
684부대 275, 278
9.11 212
CIA 중앙정보국 참조
NSO그룹 326-328

Philos 041

독재자는
어떻게
몰락하는가

1판 1쇄 인쇄 2025년 7월 28일
1판 1쇄 발행 2025년 8월 21일

지은이 마르첼 디르주스
옮긴이 정지영
해제 김만권
펴낸이 김영곤
펴낸곳 (주)북이십일 아르테

책임편집 김지영 오순아
기획편집 장미희 최윤지
디자인 어나더페이퍼
영업 정지은 한충희 장철용 강경남 황성진 김도연 이민재
해외기획 최연순 소은선 홍희정
제작 이영민 권경민

출판등록 2000년 5월 6일 제406-2003-061호
주소 (10881) 경기도 파주시 회동길 201(문발동)
대표전화 031-955-2100 팩스 031-955-2151 이메일 book21@book21.co.kr

(주)북이십일 경계를 허무는 콘텐츠 리더

북이십일 채널에서 도서 정보와 다양한 영상자료, 이벤트를 만나세요!

인스타그램
instagram.com/21_arte
instagram.com/jiinpill21

유튜브
youtube.com/@아르테
youtube.com/@book21pub

페이스북
facebook.com/21arte
facebook.com/jiinpill21

포스트
post.naver.com/staubin
post.naver.com/21c_editors

홈페이지
arte.book21.com
book21.com

ISBN 979-11-7357-427-6 (03340)

· 책값은 뒤표지에 있습니다.
· 이 책 내용의 일부 또는 전부를 재사용하려면 반드시 (주)북이십일의 동의를 얻어야 합니다.
· 잘못 만들어진 책은 구입하신 서점에서 교환해 드립니다.

흥미롭고, 포괄적이며, 충격적이다. 저자는 우리가 독재자에 대해 알고 있다고 믿는 모든 것을 완전히 뒤집는다. 독재자의 뒤틀린 심리와 그들을 권좌에 머무르게 하는 왜곡된 체제에 대한 도발적인 통찰이 가득하다. 이 책은 눈부신 사례들과 설득력 있는 분석을 통해 푸틴과 김정은 같은 독재자가 더 적은 세상으로 가는 로드맵을 제시한다.
— **브라이언 클라스** Brian Klaas, 『권력의 심리학』 저자

독창적인 관찰, 매혹적인 통찰로 가득한 흥미진진한 책이다. 독재자의 취약성에 관한 이 안내서는, 민주주의가 다시 독재의 유혹과 경쟁해야 하는 이 시기에 우리의 정치 담론에 중요한 기여를 하고 있다.
— **카트야 호이어** Katja Hoyer, 『장벽 너머』 저자

손에 땀을 쥐게 한다. 권위주의 체제의 위험성과, 가장 무자비한 독재자조차 무너질 수 있는 놀라운 방식들을 매혹적으로 조명한 필독서다.
— **브래들리 호프** Bradley Hope, 『빈 살만의 두 얼굴』 공저자

폭넓은 연구를 바탕으로 매우 흥미롭고 매력적인 이야기를 들려준다.
— **피터 게이건** Peter Geoghegan, 『민주주의를 팝니다(Democracy for Sale)』 저자

독재체제가 얼마나 쉽게 무너질 수 있는지 일깨워 주는 영리하고 흥미로운 책이다. 억압적인 정권을 약화하고, 몰락 이후의 혼란을 예방할 수 있는 정책적 방안까지 제시한다. 정치적 가치의 보편성에 대한 자신감을 잃어 가고 있는 이때, 이 훌륭한 책은 그 가치를 다시 추구할 수 있는 의지를 되살려 준다.
— **코리 셔키** Kori Schake, 국제관계학자, 미국기업연구소(AEI) 외교·국방정책 국장

시의적절하고, 권위 있으며, 이해하기 쉬운 책. 꼭 읽어야 할 필독서다.
— **닉 치즈먼** Nic Cheeseman, 정치학자, 버밍엄대학교 민주주의및국제개발학 교수

독재자들이 어떻게 살아남고, 어떻게 몰락하는지를 치밀하고 설득력 있게 그려낸다. 최신 연구와 생생한 실제 사례를 바탕으로 오늘날 독재자 통치의 핵심적 긴장 요소들을 조명하며, 강압적 지도 체제의 복잡한 본질을 탁월하게 포착한다.
— **에리카 프란츠** Erica Frantz, 미시간주립대학교 정치학 교수

독재자들의 세계를 흥미롭게 누비는 경쾌한 탐험. 그들이 어떻게 살아남고, 어떻게 무너지고, 무너진 뒤에는 어떤 일이 벌어지는지를 다룬다. 읽는 내내 읽는 즐거움을 느낄 수 있다.
— **조지프 라이트** Joseph Wright, 펜실베이니아주립대학교 정치학 교수

생각을 자극한다.
— 《**이코노미스트** The Economist》

흥미진진하고, 놀라운 영감으로 가득하다.
— 《**데일리텔레그래프** Daily Telegraph》

강렬하고, 눈을 뗄 수 없다.
— 《**파이낸셜타임스** Financial Times》

방대한 주제를 놀라운 통찰과 재치로 흥미롭게 풀어낸다.
— 《**가디언** Guardian》